中国微博发展报告 (2015－2016)

ANNUAL REPORT ON CHINA
MICROBLOG 2015-2016

首都互联网协会 编

人民出版社

本书编委会

主　任

　　佟力强　北京市互联网信息办公室主任

　　　　　　首都互联网协会会长

编　委（按姓氏笔画）

　　王高飞　微博 CEO

　　佟力强　北京市互联网信息办公室主任

　　　　　　首都互联网协会会长

　　陈　华　北京市互联网信息办公室副主任、副研究员

　　陈昌凤　清华大学新闻与传播学院常务副院长、教授

　　张爱国　北京市互联网信息办公室政策法规处副处长

　　胡延平　DCCI 互联网数据中心 & 未来智库总裁

　　郭庆光　中国人民大学新闻学院执行院长、教授

　　徐　泓　北京大学深圳研究生院财经新闻研究中心主任、教授

　　曹增辉　微博副总裁、总编辑

　　雷　鸣　北京市互联网信息办公室政策法规处副处长、副研究员

　　魏　芫　首都互联网协会常务副会长兼秘书长

主　编

　　雷　鸣（执行）　胡延平　魏　芫

编　辑

　　金　婷　许双六　王利涛　苏日雅　戴晓玲

序　言

　　当前微博已经发展成为中国互联网生态乃至社会生态中不可忽视的重要组成部分,其影响力渗透到了社会的各个层面。但需要注意的是,微博这一新兴互联网产品形式并不是短时间内一跃而起获得巨大成功的,它与其他所有互联网产品一样,有其自身的发展轨迹和演化过程。

　　总的来说,微博在中国的发展历程可以大致分为五个不同的阶段:萌芽期(2007年至2009年7月)、初步发展期(2009年8月至2010年)、繁荣期(2011年至2012年)、调整期(2013年至2014年)以及稳定发展期(2015年至今)。

　　如果需要追溯微博这一形态的起源,在其身上至少可以发现两类互联网产品的身影——博客以及以Twitter为代表的境外微博。博客一定程度上帮助微博完成了对互联网用户的教育过程,养成了人们独立发表态度和观点的习惯;以Twitter为代表的境外微博产品为国内创业者们展现了这一模式所蕴含的生命力,从而催化了微博在中国的快速成长。2007年饭否的上线,开启了中国的微博时代,随后腾讯滔滔、嘀咕、叽歪等一批微博网站上线,引领了中国微博行业早期发展热潮。但总体来看这一时期的微博行业无论在产品形态、商业模式以及微博管理方面尚不成熟,因而以饭否、腾讯滔滔为代表的老牌微博产品在短时间爆发之后迅速走向凋零,为后期微博产品的崛起积累了经验教训。

　　随后,2009年8月新浪微博的横空出世成为微博行业的标志性事件,其在短期之内获得的巨大成功吸引了实力强劲的门户网站如网易、搜狐、

1

凤凰等纷纷跟进。除此之外,以人民微博、新华微博等为代表官方媒体微博以及以和讯微博、搜房微博、移动微博为代表的垂直领域微博也纷纷加入战局。一时间中国微博行业呈现出百花齐放的局面,据统计,2012年中国的微博网站一度达到上百家,而这一时期的微博行业竞争日趋白热化,各家微博为争夺用户也不遗余力。微博以其传播的即时性、公开性、互动性、去中心化等特点,成为用户获取信息、表情达意的利器,同时对整个社会的经济、政治、文化生态产生了日益深刻的影响。但在微博发展过程中,也出现了传播谣言、虚假信息、网络欺诈等问题。这一时期微博行业管理部门及时跟进,出台了一系列行业管理政策,保证了微博沿着正确的轨道发展。

在经历了一段时间的混战之后,行业竞争格局初步确定,新浪微博形成的竞争优势无人能及。它开始得以从繁琐的竞争中抽离出来,专注于自己的业务,进而获得了更大的发展,表现为拥有了议题设置的能力,并积极协助政府进行网络社会治理。

但随着平台规模的不断扩增,其潜藏的问题也日益显现。海量信息带来的受众判断力不足以及各种垂直服务以及微信的冲击,一定程度上阻碍了微博的快速发展,除此之外,虽然完成了与阿里巴巴的整合涉足社交电商,并且成功完成了 IPO 实现上市,但其商业化进程仍显缓慢。微博自成立以来不断进行调整,但在经历调整的阵痛期之后,微博很快确立了自身的媒体平台属性与社交属性的平衡点,主动拥抱新生直播、短视频等传播形式,商业生态雏形初现,依靠自身的努力将产品的发展路径拉回正轨,各项营收数据开始回暖,并且在社会重大事件中再次展现对社会舆论的影响力。

时至今日,微博在互联网生态中的地位已很难撼动,对互联网、经济乃至社会等各个层面还将持续发挥重要作用。其中最重要的作用在于对社会舆论场的改造,传统舆论场所具有的单向、双边、话语权集中等特征被改变,用户能够即时进行双向交互,能够同时容纳众多用户共同讨论,任何一个个体都拥有了发声的平台,这些变化都显而易见。更为值得关注的是,微博这类新兴媒体与强势的传统媒体之间，在话语格局上也出现了变革，以往人们在微博上热议的话题往往紧跟传统媒体的报道热点，但如今微博本身已经成为了议题发酵的中心，甚至在议题设置层面引领着传统媒体跟进。

微博的出现同样改变了受众的生活方式。人们开始频繁地使用微博服务跟进最新消息，这使得时间呈现出碎片化的特征；随着议题发酵速度的不断提升，人们的注意力在一个又一个事件之间快速转换，这使得事件也呈现出碎片化特征；更为重要的是，微博这种以短消息形式传递的信息，一定程度上引发了人们思维的碎片化。

在商业层面，微博这一平台本身就创造了惊人的商业价值，庞大的用户规模堪称有待挖掘的富矿，市场化运作本身带来了想象空间，在平台基础上构建出的品牌价值更是一笔宝贵的无形资产。除此之外，附着在平台外部圈层上的大 V、广告与粉丝经济也创造出了更大体量的价值。

最后，在社会治理层面，政务微博的兴起展现出政府信息公开的坚强决心，政府与民众之间的沟通借由这一平台更为顺畅，民众也能借此更为及时地获取与自身利益密切相关的信息。除此之外，在少数社会治理的盲区，微博平台同样为普通民众提供了强化社会治理的渠道。从这样的角度来看，微博平台本身给社会的良性发展带来了颇为明显的正能量。

总的来说，微博的发展并非一帆风顺，有过快速增长的耀眼时刻，也历经了倒闭潮、竞争对手冲击和政策调整的洗礼，微博的社会影响力也日益增强。今日中国微博行业的发展壮大和日趋成熟，离不开科学和规范的管理，也离不开用户以及社会各方的积极参与，只有企业、政府、用户及社会力量共同协作，才能促进微博行业的持续健康发展。

佟力强

首都互联网协会会长

2017 年 5 月

目　录

中篇　影响篇:微博对中国社会的影响

下篇　趋势篇：微博发展中面临的挑战及展望

上　篇

全景篇：中国微博发展全景透视

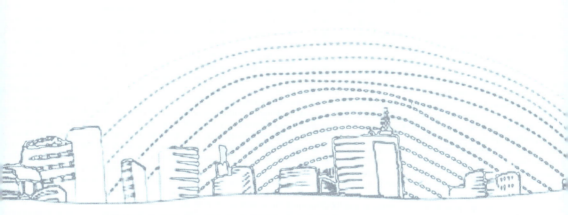

第一章　2015—2016 年上半年中国微博平台整体发展状况

　　微博不仅是互联网用户的社交互动开放平台,更是内容聚合和信息传播的渠道。2014 年中国微博市场发生了重大变化,新浪微博一家独大局面形成,而新浪微博顺势发力,把新浪微博更名为"微博"并从新浪分拆,独立上市,伴随中国微博市场其他参与者的淡出,新浪旗下的微博成为行业唯一的寡头,成为中国微博市场进入平稳期、走入成熟阶段的重要标志。微博市场在经历整合期之后,其他平台的微博用户逐步转向新浪微博,一家独大的中国微博市场在影响力更加凝聚的同时,也面临了更多的挑战。发展阵痛期已过,2015—2016 年的微博商业化路径开始清晰,在互联网技术变革的潮流当中,主动拥抱新事物,注重个人品牌价值提升,不断完善内容资源体系,并在垂直领域深入发展,传播方式更加多元化,长文、短视频逐渐成为微博平台新的热点并带动其他新兴垂直直播与短视频等媒体平台的发展。微博的活跃带动了具有微博时代特色的内容与模式的发展,同时,在此过程中微博深挖平台价值,加快商业化运作,成为中国互联网舆论以及社会新闻舆论场的风向标,是中国互联网领域具有特色的综合社交媒体服务平台。

第一节　中国微博发展进入价值挖掘新阶段

一、微博平台从寡头竞争到一家独大

2015 年至 2016 年上半年，中国微博发展经历了从平缓到重新上升的阶段。从中国网络环境发展来看，2015 年中国网民规模和移动网民规模保持稳定增长，2015 年网民规模同比 2014 年增长 6.0%，移动网民规模同比增长 11.3%，但整体来看，因市场逐渐步入饱和，网民规模和移动网民增速均放缓，中国网民数量红利正在减少。此外，2015 年下半年，中国市场微博用户出现小幅增长，可见，精细化的运营促进了微博市场的繁荣，尽管由于微博市场整合，部分微博平台停止运营及用户撤离导致的中国微博市场用户整体规模在下降，但在 2015 年，新浪微博一家独大之后，网民逐渐向新浪微博迁移，继而中国网民对微博的使用率有所回升，微博市场整体出现回暖迹象。

表 1-1　中国网民规模及微博用户发展状况

	2014 年底	2015 年 6 月	2015 年底	2015 年底同比2014 年底
网民规模	6.49 亿	6.68 亿	6.88 亿	增长 6.0%
互联网普及率	47.9%	48.8%	50.3%	增长 2.4%
手机网民	5.57 亿	5.94 亿	6.20 亿	增长 11.3%
手机网民占比	85.8%	88.9%	90.1%	增长 4.3%
中国微博用户	2.49 亿	2.04 亿	2.30 亿	减少 7.6%

数据来源：CNNIC

同时，中国网络宽带不断提速。根据宽带发展联盟发布的数据，在

2014 年至 2016 年第一季度期间,中国网络宽带平均下载速率一直稳定增长,2016 年第一季度全国平均可用下载速率达 9.46Mbit/s,同比 2015 年第一季度增长 84.7%,为微博市场传播图片、视频等更丰富的信息内容奠定了基础。

（单位：Mbit/s）

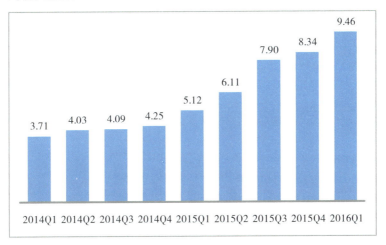

图 1-1　2014—2015 年中国平均可用下载速率

数据来源:宽带发展联盟

　　此外,中国微博发展已经历了跌宕起伏的十年历程,从中国微博市场变化来看,现如今中国微博市场中新浪一家独大。2014 年 7 月腾讯官方公告腾讯网络媒体事业群(OMG)宣布进行架构调整,腾讯微博将与门户融合,此事件被认为是腾讯放弃微博业务的标志;同年 11 月网易微博宣布与网易 LOFTER 合并,不再单独运营;虽然搜狐微博未明确表示,但目前搜狐战略重心放在搜狐视频和新闻客户端中,搜狐微博未见起色。随着中国微博市场第一梯队的三大门户微博业务相继停滞或企业战略中心的转移,新浪旗下的微博成为市场中的唯一巨头。本书研究将会以新浪旗下的微博为主。

二、中国微博平台用户活跃度提高

从微博用户体量来看,2014 年以来,微博 MAU①(Monthly Active Users,每月活跃用户数量)和 DAU(Daily Active User,每日活跃用户数量)持续增长,微博用户活跃度有明显提高。其中截至 2015 年 12 月,微博 MAU 达 2.36 亿,DAU 更是突破 1 亿,代表每天平均每 7 个网民中至少有 1 个使用过微博。根据 2016 年新浪公布的第一季度财报数据,2016 年 3 月 MAU 增至 2.61 亿,DAU 增至 1.20 亿,其增速正在放缓。

(单位:亿)

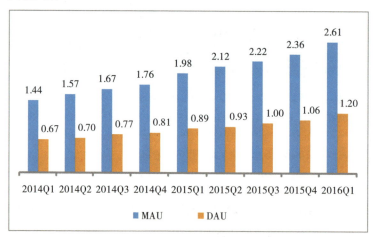

图 1-2　2014—2015 年 MAU 和 DAU 状况(Q1、Q2、Q3、Q4 分别为第一、二、三、四季度)

数据来源:微博各季度财报(备注:因微博与 CNNIC 数据获取方式不同,部分数据维度略有差别)

此外,根据 2015 年和 2016 年第一季度微博各季度财报数据,微博移动 MAU 也处于稳定增长状态,其中 2016 年第一季度微博移动端 MAU 达

① 目前中国微博用户集中在新浪旗下微博平台中,同时考虑到微博发展过程中部分注册用户账号遗失等其他原因,微博注册用户数量已经不再是微博发展的重要评估指标,取而代之的是 MAU(Monthly Active Users,每月活跃用户数量)和 DAU(Daily Active User,每日活跃用户数量)。

2.22 亿,同时截至 2016 年 3 月底,微博 MAU 在移动端的占比达 85%,移动微博用户已经成为微博用户主体。

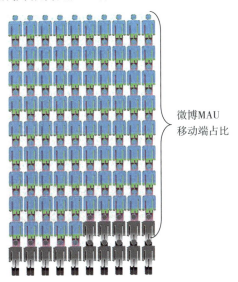

微博MAU
移动端占比

图 1-3 2015 年第四季度 MAU 移动端占比

数据来源:2015 年微博第四季度财报

（单位：亿）

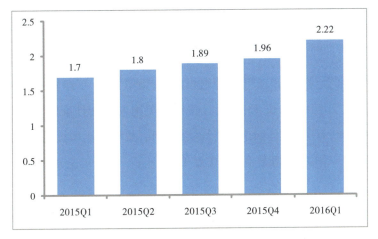

图 1-4 2015Q1—2016Q1 移动 MAU 数量

数据来源:2015 年微博各季度财报

三、微博商业化策略成效显著

清晰的商业化布局或者盈利模式是中国微博市场健康可持续发展的重要因素,而避免商业运作与用户体验的冲突也是微博时刻需要面临的挑战。

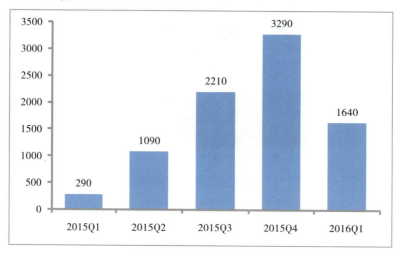

图 1-5　2015 年微博各季度盈利状况

数据来源:2015 年微博各季度财报

整体来看,根据 2015 年微博财报数据,微博 2015 年净营收 4.779 亿美元,同比 2014 年增长 43%,而且按照非美国通用会计准则,微博 2015 年盈利 6880 万美元,且四个季度均实现盈利,盈利同比增长迅速。此外,2016 年第一季度,微博盈利 1640 万美元,约占 2015 年全年盈利的四分之一。

目前来看,广告和营销仍是国内乃至全球社交平台盈利的重要模式。根据 2015 年微博财报数据,微博 2015 年广告和营销营收增长至 4.024 亿美元,同比 2014 年增长 52%,占全年总营收的 84.2%,微博广告主数量也达到 66.4 万个。其中移动广告发展迅速,根据微博 2015 年第三季度财报数据,微博第三季度移动端广告营收占比达 64%,随着移动互联网时代的到来,移动端微博的盈利能力也尤为重要。同时 2016 年第一季度广告和营销营收占第一季度净营收的 83.2%,其中主要来自大客户和中小企业,占比达 88.8%。

同时,阿里巴巴于 2013 年 4 月投资新浪微博 5.86 亿美元,共持有微博股份的 18%。根据微博提交的 SEC 文件显示,在 2013 年至 2015 年这三年时间里,阿里巴巴带给微博 2.94 亿美元的营收。现如今三年的战略合作协议已于 2016 年 1 月到期,根据 2016 年第一季度财报数据来看,微博广告和营销营收环比 2015 年第四季度有所下滑,同比 2015 年第一季度增长 25%,其中阿里巴巴带来的营收为 1110 万美元,仅占微博第一季度广告和营销营收的 11.2%。结合市场反应来看,双方战略合作协议到期对于微博营收状况产生的影响要好于预期。

（单位：万美元）

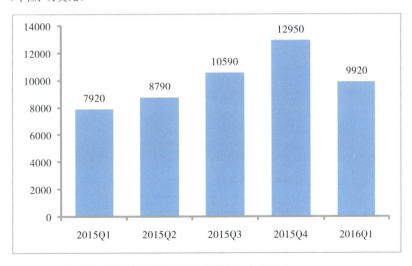

图 1-6　2015Q1—2016Q1 微博广告和营销收入变化状况

数据来源:2015 年微博各季度财报

此外,2015 年微博商业化运作有进一步成熟的成长。2015 年伊始,微博在商业产品推介会中,宣布升级信息流广告体系,将粉丝通、粉丝头条、微博精选、品牌速递等广告产品,面向品牌企业、中小企业及个人用户全面开放。根据微博公开数据,在 2015 年以前已有 4 万家客户投放微博信息流广告,重复投放率达 50%;而且,微博在整合曝光类、内容传播类以及工具类等优质资源的基础上,推出国内首个社交媒体全覆盖解决方案"Big Day",可见微博社会化营销体系越来越成熟。

在谋求商业化的道路上,2015 年 9 月微博推出商业开放平台战略,推出商业数据 API、管理类 API、广告类 API 和通用 API 四大类商业接口。微博将第三方合作伙伴分为微博营销、舆情管理、应用开发、广告优化与投放、社交管理五大类型,为不同的合作伙伴配置了不同的接口和服务,通过这些接口与服务,可以更好地增进企业客户在微博内的用户数据获取和积累。除了发布四大类型接口,微博还推出一体化服务框架,缩短每个产品单独接入的流程,实现一次性接入服务框架。

图 1-7　微博商业服务架构

2015 年微博服务框架基本形成,主要分为基础产品、商业工具和广告产品。除了广告营销合作外,微博在视频、财经、电商等多个领域加深与企业合作。其中在电商领域,根据微博公开资料,截至 2015 年 11 月底,微博橱窗用户已达百万,微电商达人签约人数超过 1 万,电商自媒体扩大至 500 人,此外,微博时尚红人微博阅读量超过 1500 亿,互动量达 3.2 亿。

针对微博如何在商业化过程中平衡用户体验的问题,微博提出三种机制:一是自我调节,即企业营销账号本身对发布内容的把控;二是社交媒体制定的商业收费机制,通过收费的方式,在一定程度上提高营销准入门槛;三是常用信息流清理,通过数据分析技术来判断账号的互动率,互动率高的账号会主动加大其内容曝光率,反之则会被技术性减少曝光或者直接清理。

第二节 微博依然是信息传播最有效的平台

一、微博已成为高效的信息内容生产平台

微博具有社交平台和媒体平台两大属性,2015 年微博媒体属性价值体现愈来愈明显。中国微博市场发展了十年的时间,对于用户来讲,微博平台体验的新鲜感逐渐褪去,取而代之的是习惯了对这种工具的使用,中国多种社交工具的推出也对中国社交用户进行分流,并对微博平台造成一定的冲击,网民对于开放平台中的个人隐私保护意识越来越强,同时随着图片、长微博和视频的广泛应用,微博平台单条微博的信息容量越来越大,2016 年微博放开 140 字限制更是进一步扩充了信息容量,平台中优质信息内容越来越重要,因而内容生产已经成为微博市场发展的重头戏。

(一)微博内容更注重价值体现

此前微博用户关注的内容以名人、企业、媒体为主,而 2015 年各垂直细分领域的优质内容越来越多。根据微博公开资料显示,截至 2015 年 11 月,微博上垂直领域专业作者已经达到 230 万,覆盖 47 个行业,其中月均阅读量高于 10 万的"头部作者"有 25.3 万,2015 年发博量同比增长 64%,人均每天发布微博 11 条,博文阅读量同比增长 83%,每条微博的平

均阅读量可达 9800 次。

首先,微博各内容中各领域更全面更垂直。根据公开资料显示,2015年微博开放运营了 32 个垂直领域。以股票为例,微博股票是 2015 年微博中正式确立并新增加的内容版块,微博股票的官方微博于 2015 年 4 月 13 日正式发布第一条微博,微博移动端也开设了股票版块。而微博股票账号的开设与 2015 年中国复杂变化的股票市场环境有直接的关联。

图 1-8　微博开通股票板块

其次,多方参与微博内容互动,带动内容价值提升。股票相关内容的生产是由微博平台官微、证监会等监管机构、财经媒体、相关企业、股民及微博股评团为代表的自媒体等多方参与的过程。微博 CEO 王高飞曾指出,2015 年微博优化信息流算法,除了让用户基于关注关系获取信息外,还通过对用户浏览习惯的分析,通过推荐其可能感兴趣的内容的方式,提高用户消费信息的效率,且 2015 年用户信息流的互动率提高了 24%。此外,根据新浪微博数据中心数据和公开资料显示,截止到 2015 年底,微博股票用户近 3 千万,认证股评团数量达 5314 个,覆盖 1.94 亿微博用户,而且认证股评团账号博文阅读量达 825.5 亿,互动量也较高。在自媒体领域,2015 年第四季度阅读量年对年增长 84%。而且,2015 年每天微博中产生的个股原创股评达到 30 万条。

 1639.4万条博文　　 1.94亿覆盖用户量

 5823.2万条转发　　 1.3亿次获赞

 5542.3万条评论　　 1746.0万次收藏

图 1-9　微博认证股评团账号互动状况

数据来源：新浪微博数据中心

　　同时,微博产生的内容不局限于信息发布,健康的问答机制与大数据的应用更提高了微博内容的实际应用价值。仍以微博股票为例,微博股票问答是股民与资深股评师或操盘手之间进行互动的主要阵地,满足股民对内容的需求及拓宽股票专家的影响力。根据新浪微博数据中心数据显示,2015 年股票问答中的问题解答率一直在 81.2% 以上。

　　微博本身已经聚集了相当数量的优质内容,微博在垂直化内容的道路上不需要自己做内容。在 UGC 的基础上,微博专业领域的 PGC 内容正逐步成为该领域的意见领袖。一个重要的原因是,在开放式信息链的模式下,微博天然是 kol 的温床。微博上除了媒体机构类 PGC 外,还有数量庞大的新媒体及自媒体 PGC。有别于其微信公众平台的长文章,微博的内容多数情况下以短取胜,传播量、互动率都十分可观。"微博下沉,用户上浮",微博释放了很多原本小众的 kol。内容的优质性吸引了感兴趣的人来追随,自然形成了垂直化的内容结构。和早期相比,微博话题已经从娱乐和社会,发展到更多基于兴趣的垂直领域,比如旅游、电影、汽车、电视、美食等。同时,微博也在尝试与更多机构合作,来完善自己的生态。比如和央视、海信分别合作奥运、欧洲杯,与《跑男》合作,录制进程和走向由网友决定,以及与网红经纪公司、艺人经纪公司、视频自媒体公司等合作,提升微博在垂直领域的影响力和营收。

（二）微博内容形式更丰富多样

微博中视频类内容越来越多。根据公开数显示,2015 年第四季度微博内视频日均播放量达 2.9 亿,同比 2014 年增长 10 倍。相比于简短的文字,视频更适合媒体平台,而且以视频内容为主已经成为当前社交媒体平台发展趋势之一。2015 年底微博与一下科技战略合作,发展"秒拍"和"小咖秀"两个短视频应用,带动微博视频内容整体浏览量和互动量的大幅提升。此外微博还加大对直播的应用,对股票专门开通直播频道。

 微博股票直播 V

3月30日 11:01 来自 微博 weibo.com

微博股票隆重推出《股市直播室》,打造投资者教育平台 目 **股市直播室**

图 1-10　微博股票直播账号

而且,微博与视频行业的融合越来越紧密。微博话题与视频节目得到有效的结合,根据微博视频台数据显示,2015 年微博视频相关热议话题数量过千,带来 4800 万讨论量,阅读次数超 300 亿。同时,微博与主流视频网站实现多屏联动,2015 年微博视频台覆盖 12 家播放平台的网剧、网综、海外剧、动漫四类节目,全年合作节目 313 档,覆盖 108 部网剧、89部网综、76 档海外剧、40 档动漫。

表 1-2　2015 年视频网站微博影响力

视频网站	节目阅读次数	搜索次数	提及次数	官方微博阅读量	播放量
爱奇艺	175.1 亿	447 万	122280 万	152153 万	173.7 亿
优　土	21.1 亿	287 万	18589 万	234405 万	86.1 亿
搜　狐	13.6 亿	391 万	14607 万	119827 万	72.5 亿
乐　视	8.7 亿	107 万	4054 万	178543 万	38.8 亿
响巢看看	2.0 亿	31 万	671 万	1147 万	5.1 亿
AcFun	0.7 亿	30 万	811 万	56168 万	—
哔哩哔哩	0.2 亿	0.13 万	4 万	144271 万	—

数据来源:《2015 微博视频白皮书》

此外,根据微博公开资料显示,2016年第一季度微博的视频播放达10.7亿次,环比2015年第四季度增长64%,同比2015年第一季度增长489%。当前中国市场视频传播的方式越来越普及,短视频、直播等更多样、高价值内容的视频发展成为趋势,微博不只是视频内容传播平台,也是内容生产和溢价平台。

二、微博内容消费获得极大增长

(一)信息消费——微博搜索、推送等

除了用户本身关注他人账号以外,主动的搜索和被动的推送模式成为微博用户消费的主要方式。根据微博搜索事业部公布的数据显示,截至2015年11月,微博用户每日主动搜索量突破2亿,同时用户对于新闻资讯的需求最大,微博用户除了关注最新消息外,也会关注当前大家对于新闻事件的观点和意见。

图1-11 2015年微博搜索需求分布状况

数据来源:《2015微博搜索白皮书》

随着移动、碎片化信息消费趋势的发展,消息推送的方式越来越被广泛使用。推送是基于当下市场重大热点事件和用户浏览信息行为数据,方便用户及时获取信息。而如何实现精准推送,避免信息冗杂造成用户体验不好,也是微博未来发展需要解决的问题。

(二)内容付费——打赏、付费阅读等

微博用户为内容付费以打赏、付费阅读和微博红包为主,根据新浪微博数据中心数据显示,截至 2015 年 11 月,微博实现长微博打赏共 4454.1 万,参与打赏用户超 50 万,被打赏用户达 20 万,同时微博付费阅读金额达 2930.7 万,带给每位作者平均收益近 13 万。其中,财经和传媒行业是打赏的主要对象。

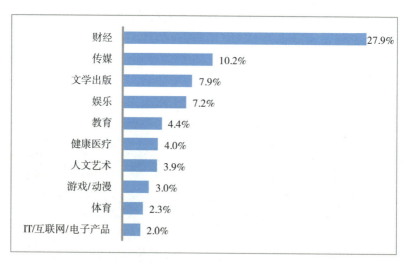

图 1-12　2015 年不同行业账号被打赏成交量 TOP10

数据来源:新浪微博数据中心

此外,广告分成也是微博内容溢价方式之一。根据微博公开资料显示,截至 2015 年 11 月,"头部作者"在微博中获得的收入超过 2 亿,来自微博的广告分成收入也达到 1.28 亿。

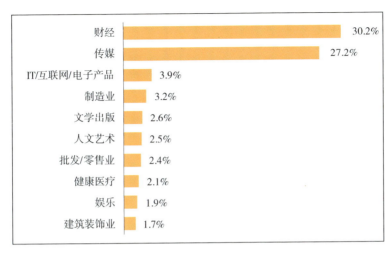

图1-13 2015年不同行业账号被打赏成交额TOP10
数据来源:新浪微博数据中心

三、微博与国内外主流社交媒体比较

中国互联网用户在主动地进入社交媒体——尤其是本土的社交媒体平台。中国的社交媒体平台与国际相应产品在很多方面都有非常多的不同。这种情况不仅仅是源自审核制度。在亚洲,包括中国,互联网使用的不同是由语言、文化、经济发展程度以及潜在的数字生态系统导致的。数字生态系统——关注在线交流的平台——在国家间,甚至国内都非常不同。微博的出现,造成每个人都是信息的发布者和传播者,传统的媒体是通过媒体内容来产生社会化活动(社交),而Facebook、微博等应该是通过在线社交活动产生的媒体内容,社会化媒体实际上是利用社交关系进行社会化的宣传,但实际上基于内容构建新的社会化关系,受关系强弱影响较小。

(一)结束模仿,微博逐渐打造生态

美国的社交市场自2015年开始发生变化,从此前的"社交网络"逐

渐裂变成"IM+社交媒体"。Twitter 是美国社交媒体的鼻祖,微博的诞生晚于 Twitter,微博起初的发展是模仿 Twitter。两者都是微博客产品,都是基于单向关注的弱关系,初期发布微博的字数限制都是 140 个字,而中国的微博在发展的道路上逐渐从自身产品的定位开始出现差异化的布局,至 2016 年,无论从用户还是营收来看,微博的增长速度已经把 Twitter 甩在身后。从产品上看,微博早已结束了单纯对 Twitter 的模仿,Twitter 一度是微博最好的对标,但正如上面所对比,微博已经呈现出赶超趋势,需要找到一个新的对标。

Facebook 是从社交网络起步的,当年推出 Facebook Messenger 也是为了辅助社交。自 Facebook Messenger 从 Facebook 主应用里分离出来开始,Facebook 其实已经在走"社交媒体"加"即时通讯"的路。为什么现在要做社交媒体呢? 显然,与获取感兴趣的信息相比,每天刷朋友的照片显然不是一个长久的生意。考虑到 Facebook 无论从用户还是市值来说都比 Twitter 强很多,人们往往能得出一个"弱关系不如强关系"的结论。但是综合过去两年的产品轨迹,Facebook 比 Twitter 强的根本原因或许并不在于关系,而在于 Twitter 在媒体功能方面做的不够好,让 Facebook 抢了风头。

在兴趣社交方面,微博似乎表现得特别饥渴。微博前段时间全面推进了垂直化战略,目前已经取得阶段性成果,有 12 个行业的单月阅读量已经超过百亿。

截至 2015 年底,微博上垂直领域专业作者已经达到 230 万,覆盖 47 个行业,2015 年底微博单月阅读量过百亿的领域为 12 个,至 2016 年增至 18 个。而 2016 年微博的签约自媒体规模预计将增长一倍,将通过运营手段和商业工具提高垂直领域作者的曝光。

微博 CEO 王高飞表示,将优化信息流算法,让用户在微博中更好地消费内容,从而提升用户参与微博服务的热情,让微博从实时信息网络向社交信息网络进行转变。

微博接下来的重点工作已经不再仅仅是建设内容生态,而是要打造行业生态。这表明微博要站在行业的高度来看问题,要从实时信息网络全面转向社交兴趣网络。

(二)微博与微信——媒体与社交的差异化发展

虽然微博和微信都被称为社交媒体工具,但究其本质而言微博是具有社交属性的媒体工具,微信是具有媒体属性的社交工具,微博的本质是媒体,微信的本质是社交。微博继承了新浪的媒体基因,是一个社交化媒体平台(Social Media Platform);微信是社会化沟通平台(Social Communication Platform)。吴军先生曾在《浪潮之巅》里提到过企业基因的观点,新浪的基因就是网络媒体,而腾讯的基因就是社交和聊天工具,所以这也决定了两家的产品及走向。

微博和微信最核心的区别在于媒体Media和社交Social的侧重——微博的本质是一个媒体工具,同时有社交的功能;微信的本质是社交工具,同时有一些媒体的功能。微博作为一个媒体的工具,关系主要建立在兴趣上,关系质量较弱,多为单向传播,注重的是传播的速度和内容公开,信息的传播速度和广度在微博上是可以非常大的。

微信作为一个社交工具,关系建立在社交上,关系质量较强,多为双向关系,注重的是私人内容的交流和互动,信息的传播速度不快,但受众信息消化率很高。微博和微信这两种产品,各有长短优劣,在核心业务上没有直接的冲突。微博与微信,同样是企业从事移动互联网营销,口碑宣传必备之选,它们都是当今中国企业进行社会化营销无法回避的主流阵地,而二者在诸多产品点上,存在着差异化。微信是"单播+组播"的传播方式,是一种闭环传播,更加私密更加个性化。而微博是广播的传播方式,是开放式传播。

微信的主要传播方式是微信聊天、朋友圈和公众号,聊天和朋友圈的功能只有在互加了好友之后才能用,朋友圈只能评论或点赞,不能转发,非好友间不能互动,公众号只有在订阅了之后才能定向发送。微信是一个熟人网络,信息的传播相对有限,更多注重的是交流。而微博内容的传播侧重于大众传播,传播的内容多以公共性话题为主,无需加好友,就可看到微博内容,并进行评论和转发。作为传播者,受众更广,而作为受众,信息来源更丰富。在微博上,用户更具有隐匿性,因为熟人不多,用户更加倾向于表达真实的自我,满足的是更多的是用户的尊重需要和价值实现需要。而微信因为是熟人关系网络,重在沟通和分享,所以更多的是满足用户的情感和归属的需要。

第二章　2015—2016 年上半年中国微博平台用户信息

在 2015 年市场格局已经明确的状况下,中国微博平台用户逐渐向新浪旗下微博平台转移并集中,当前微博用户主力军仍是以高学历的年轻群体为主,名人微博向各垂直领域延伸,政务微博越来越被重视,媒体微博发展强劲,企业微博覆盖率越来越高。除了细分群体内的账号体系,不同领域、不同类型微博账号也逐渐形成矩阵,传播速率和影响力进一步增强。

第一节　微博用户整体状况

2016 年,微博月活跃用户数量已达到 2.82 亿,预计未来三年将增长至 5 亿。微博用户类型按照认证情况可分为普通用户、认证用户(橙 V 和蓝 V)及达人用户,根据《2015 微博用户发展报告》,在微博活跃用户中,认证用户占 1%,达人用户占 3%。这样的用户结构也是开放的微博平台特征之一。

一、微博整体用户基本属性和特征分析

(一)区域覆盖下沉

从地域上来看,珠三角、长三角和北京是微博国内用户分布最多的区

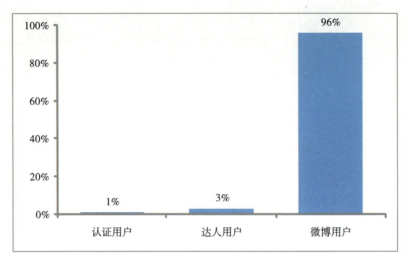

图 2-1　2015 年微博活跃用户类别分布状况

数据来源:《2015 微博用户发展报告》

域,而且它们是我国经济发展中心区域或重要城市,同时我国经济相对发达的中东部地区微博用户分布较多。通过 2015 年中国网民地域分布对比,我们发现微博用户地域分布与中国互联网普及率状况相似,即中国互联网普及率较高的区域,其微博使用率相对较高。

表 2-1　2015 年中国内地各省份和直辖市网络普及率

省　份	普及率	省　份	普及率
北　京	76.5%	山　东	48.9%
上　海	73.1%	重　庆	48.3%
广　东	72.4%	吉　林	47.7%
福　建	69.6%	湖　北	46.8%
浙　江	65.3%	西　藏	44.6%
天　津	63.0%	黑龙江	44.5%

省　份	普及率	省　份	普及率
辽　宁	62.2%	广　西	42.8%
江　苏	55.5%	四　川	40.0%
新　疆	54.5%	湖　南	39.9%
青　海	54.9%	安　徽	39.4%
山　西	54.2%	河　南	39.2%
海　南	51.6%	甘　肃	38.8%
河　北	50.5%	江　西	38.7%
内蒙古	50.3%	贵　州	38.4%
陕　西	50.0%	云　南	37.4%
宁　夏	49.3%	全　国	50.3%

数据来源:CNNIC《第 37 次中国互联网络发展状况统计报告》

　　此外,微博主要市场还是在中国大陆地区,微博港澳台及海外用户占比仅 5%。同时,微博用户在不同层级的城市比例相对均衡,而根据微博公开资料显示,在 2014 年底,微博在三线城市的渗透率不及一线城市的三分之一,只有二线城市渗透率的约一半。从中可以看出,微博用户在向三、四线等其他城市渗透,微博用户地域分布整体呈下沉趋势,且 2015年微博在三、四线城市普及效果较好,侧面反映出微博市场发展已进入相对成熟的阶段。同时根据微博公开资料,截至 2016 年初,微博在一线城市渗透率达到 50%以上,但在二、三、四线城市微博人口渗透率仅在 20%至 30%之间,可见,微博用户未来成长空间主要在二、三、四线城市中。

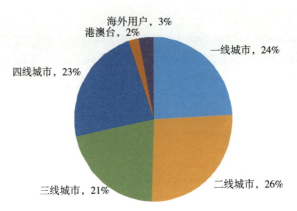

图 2-2　2015 年不同级别城市微博用户分布状况

数据来源：微博数据中心

（二）80/90 后用户是微博主力人群

微博用户的年龄以 17—33 岁为主，即出生于 1982—1998 年的 80/90 后，占微博用户总量的 79%，该部分人群也是当前社会工作的新生力量和主要人群。

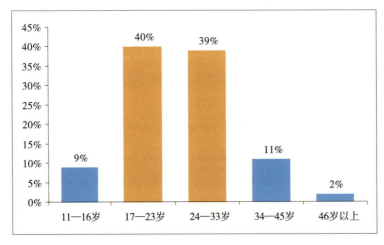

图 2-3　2015 年微博用户年龄分布状况

数据来源：新浪微博数据中心

　　根据新浪微博数据中心数据,我们可以发现,不同性别微博用户的年龄结构存在明显差异,即微博男性用户年龄年长于女性用户。数据显示,17—24 岁微博用户中女性占比较高,同时在 24—33 岁微博用户中,男性占比更高。

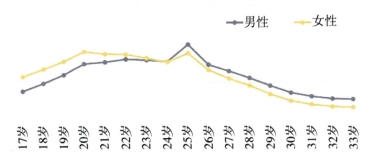

图 2-4　2015 年 17—33 岁的不同性别微博用户年龄分布状况

数据来源:新浪微博数据中心

(三)微博性别比例相对均衡

　　微博本身定位是一个开放的社交平台,而根据新浪微博数据中心数据显示,微博用户男女比例各占 50%,其平台的开放效果十分显著。

图 2-5　2015 年微博用户性别比例结构

数据来源:新浪微博数据中心

(四)高学历用户是微博主力军

　　2015 年微博用户中大学及以上高等学历的人群占比高达 76%,成为微博主力军。

图 2-6　2015 年微博用户学历分布状况

数据来源：新浪微博数据中心

（五）娱乐化内容是微博用户主流兴趣

标签是用户构建自我形象和微博平台定位人群的手段之一，兴趣标签承载了用户的信息特征。整体来看，2015 年微博用户主要兴趣在于娱乐类内容和社会动态。

从 2015 年微博用户标签来看，娱乐明星和搞笑幽默是微博用户最大的共同兴趣，其次是时事。

图 2-7　2015 年微博用户兴趣标签

数据来源：新浪微博数据中心

从微博用户经常关注的话题来看,社会类和明星类成为用户最关注的话题,相关话题数量占比均超过 1/4,其次电视剧、电视节目和电影等相关视频话题数量也相对较多。

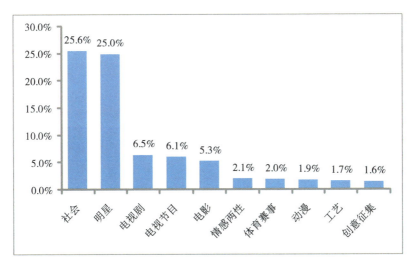

图 2-8　2015 年 TOP10 微博用户关注话题

数据来源:新浪微博数据中心

二、微博会员用户特征分析

(一)微博会员数量快速增长

根据新浪微博数据中心数据显示,在 2014 年至 2015 年第三季度期间,微博会员数量整体呈现出增长态势,且 2015 年第三季度微博会员数量同比 2014 年第三季度增长 60%,增速迅猛。

会员数量大幅增长的背后是,在微博市场中新浪一家独大的背景下,微博用户对于个性化、特色服务需求的增长以及微博用户付费习惯的逐渐养成。目前微博会员共享有 37 项特权,共分为装扮特权、身份特权、功能特权和手机特权,主要用于满足用户对于微博外观、隐私安全、个性功能以及优惠服务的需求。

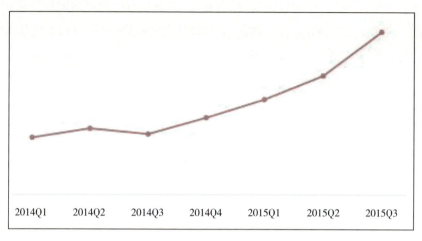

图 2-9 2014—2015 年微博会员增长趋势

数据来源:新浪微博数据中心

图 2-10 微博会员特权状况

(二)会员用户活跃度更高

会员用户均为付费用户(会员体验或活动奖励等除外),它们对微博的关注度和使用率较高。新浪微博数据中心数据显示,微博会员中日活跃用户占比高达 81.5%,此外,微博会员用户每天发布的博文总量是微博整体日活跃用户的 18 倍以上,可见微博会员用户活跃度远高于普通用户,其用户价值也相对更高。

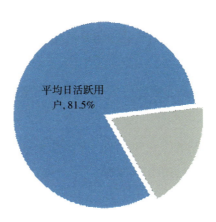

图 2-11 微博会员活跃状况

数据来源：新浪微博数据中心

(三)会员多为女性和 90 后

根据新浪微博数据中心数据显示,从微博会员用户不同账号类型来看,微博会员用户中认证用户和达人用户比例明显较高,占比达 31.5%,而微博整体用户中认证用户和达人用户占比仅为 4%。达人用户和认证用户对于微博使用的积极性较高,对个性化需求也相对较高,因而与会员用户有较好的契合度。

图 2-12 微博会员中不同类别用户的分布状况

数据来源：新浪微博数据中心

从微博会员男女比例来看,女性用户数量是男性的 1.6 倍。推测原

因为,女性对于卡片背景、动态模板、自定义封面等界面美观的需求要强于男性,因而女性成为微博会员的推动力相对更强。

 62.4%　 37.6%

图2-13　微博会员性别分布状况

数据来源:新浪微博数据中心

　　从微博会员用户学历来看,相比于微博整体用户中高中及以下学历人群仅为24%,微博会员用户中高中及以下学历人群占比可达56.4%,微博会员中该部分人群参与积极性较高。

　　从微博会员用户年龄来看,微博会员中17—33岁用户占比达85.8%,即80、90后人群也是微博会员用户的主力人群。

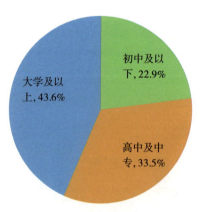

图2-14 微博会员学历分布状况

数据来源:新浪微博数据中心

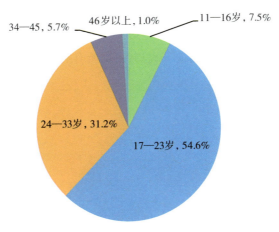

图 2-15　微博会员年龄分布状况

数据来源：新浪微博数据中心

第二节　名人微博变迁

微博大 V 是网络舆论的重要发起者、网络信息的传播者和网络事件的推动者，并可以将个人网络影响力辐射至现实生活中。2015—2016 年名人微博发展趋于在更多的细分领域垂直化，由于微博覆盖内容范围越来越广，平台开放性极高，同时微博用户对于专业内容的诉求更加强烈，各垂直领域的微博大 V 在微博市场中迎来新的发展机遇。按照名人微博账号所在领域的不同，当前可分为搞笑、情感、电影、财经、时尚、动漫、健身等共 36 个领域。在单个领域内，名人微博博文信息也渐渐成为用户的价值导向，名人微博稳定社会秩序的责任也更高。

一、娱乐名人影响力最高

整体来看，2015 年由于微博用户以明星、搞笑幽默、电视等娱乐内容

为主要兴趣和诉求,娱乐相关领域内的名人微博赢得了更多的关注和互动。根据数据显示,在影响力排名 TOP200 名人微博中,搞笑、情感和电影类名人微博账号数量排名前三,总共占据所有类别数量的1/3。

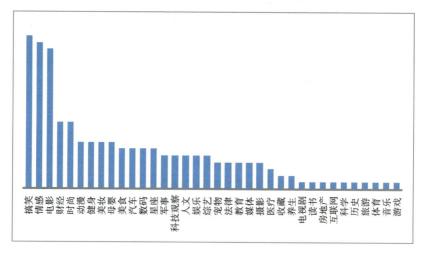

图 2-16　TOP200 名人微博不同类型分布状况(2016 年 3 月)

数据来源:新榜、DCCI

同时,根据对 2015 年微博评选的"十大人气博主"研究,发现这十大人气博主的微博内容以轻松、诙谐、幽默的段子手风格为主,图片和长微博等内容丰富,段子手兴起的背后是微博用户对于个性、特色的娱乐内容的诉求。

表 2-2　2015 年微博十大人气博主

排序	微博账号
1	回忆专用小马甲
2	英国报姐
3	我的朋友是个呆 B
4	小野妹子学吐槽
5	同道大叔

续表

排序	微博账号
6	我与老公的日常
7	谷大白话
8	追风少年刘全有
9	天才小熊猫
10	屌丝打分蜻蜓队长

数据来源:微博公开资料

二、北京地区名人最多,影响力最高

按照名人微博账号所在地域划分,在 TOP200 名人微博中,北京地区的名人微博数量最多,占比达 28%,其次为广东,而海外地区名人微博数量排名第三,其中海外地区的名人微博以电影类为主,占比可达 25.9%。

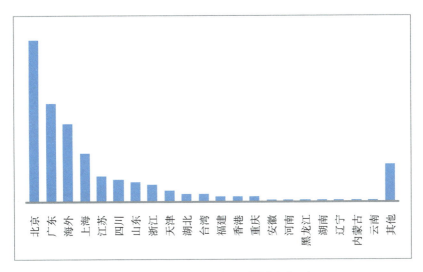

图 2-17　TOP200 名人微博账号地域分布状况(2016 年 3 月)

数据来源:新榜、DCCI

三、微博男性名人用户影响力更高

在 TOP200 名人微博中,男性用户的数量要远多于女性用户,且影响力得分是女性的 1.4 倍。相比而言,女性用户更注重浏览娱乐、生活类内容和参与互动,而男性用户关注较为广泛。

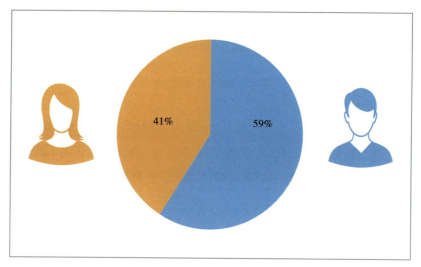

图 2-18　TOP200 中不同性别的名人微博账号数量分布状况(2016 年 3 月)
数据来源:新榜、DCCI

四、名人微博广泛覆盖受众

数据显示,TOP200 名人微博覆盖粉丝量达 5.67 亿,其中 100 万—500 万的名人微博账号数量占比达 52%,名人大 V 覆盖的粉丝量惊人。同时,截至 2016 年 3 月,TOP200 名人大 V 的博文发布量达 538 万。

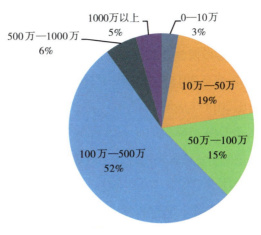

图 2-19　TOP200 中名人微博账号数量分布状况
（2016 年 3 月）

数据来源：新榜、DCCI

第三节　政务微博进入稳定发展期

政务微博是中国各地政府机构和政府官员收集意见、听取民意、信息发布、服务于民的网络官方互动渠道。当前微博已经成为政府信息发布和控制舆论导向的重要平台，是政府网络信息传播的标配，而且政务微博已经形成较为完备的信息采集、新闻发布、舆情处置机制，2015—2016 年政务微博在传播社会主流价值和消除负面舆论影响中的地位和作用越来越大，是真实、权威信息传播的保障。

一、政务微博舆论引导能力提升

随着"互联网+政务"的推动，微博作为其中一环发挥的作用越来越大。2015 年微博针对重大事件的纠错能力、重大话题的推动能力、正能

量的传播能力,特别是对于舆论的引导能力,都得到进一步提升。

（一）2015 年政务微博数量增长较快

从数量上来讲,截至 2015 年 12 月 31 日,经过认证的政务微博数量达 152390 个,同比 2014 年底增长 17.1%,其中政务机构官方微博数量达 11476 个,公务人员微博 37684 个。

政务微博数量的稳定增长离不开我国政府相关方针政策的驱动。其中,在《国务院办公厅关于印发 2015 年政府信息公开工作要点的通知》中,分别在"全面加强主动公开工作"和"加强组织领导和机构队伍建设"中提及政务微博,并提出要统筹运用新闻发言人、政府网站、政务微博微信等发布信息,做好信息公开、政策解读、舆情处置、政府网站、政务微博微信和政府公报等工作,而且指出要在经费、设备等方面提供必要保障。同时,习近平总书记多次对于新媒体等信息化工作和网络空间治理作出重要批示。

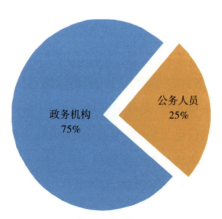

图 2-20　2015 年政务微博认证用户类型分布状况

数据来源:新浪微博数据中心

（二）2015 年政务微博活跃度较高

从政务微博认证账号发布微博的数量来看,2015 年政务微博发布的微博量同比 2014 年翻了一番。数据显示,2015 年政务微博总计发布数量约 2.5 亿条,而 2014 年底政务微博发布量为 1782.3 万余条。结合 2015 年政务微博账号数量,2015 年平均每个政务微博账号发布 1641 余条微博,平均每个政务微博每天发布约 4.5 条微博。同时,2015 年政务微博认证账号发博的总阅读量超过 1117 亿,其微博影响力进一步提升。

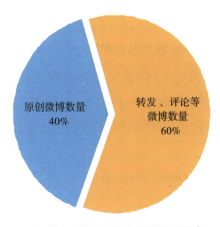

图 2-21　2015 年政务微博认证用户
博文发布状况

数据来源:新浪微博数据中心

此外,随着国家政府对于微博的重视和政务微博运营水平的提高,2015 年政务微博账号互动性明显提升。数据显示,2015 年政务微博转发量和评论量分别同比增长 28.5% 和 16.4%。

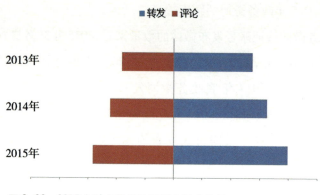

图 2-22　2015 年政务微博认证用户互动状况

数据来源：新华网

（三）2015 年政务微博数量过万的省份达 3 个

2015 年在中国各省市政务微博中，广东省数量最多，达 12240 个，其次为河南和江苏，且政务微博数量均过万。而且，除了广东外，中国东部和中部地区政务微博数量较多，西藏和青海政务微博数量最少，尚不足 500 个。

（四）"生力军"基层政务微博的地位进一步巩固

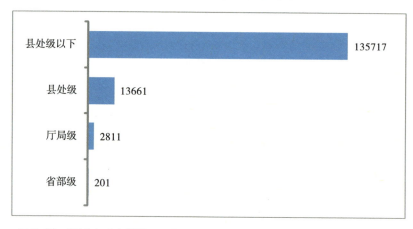

图 2-23　2015 年政务微博开设数量行政级别分布情况

数据来源：新浪微博数据中心

　　基层政务微博是我国政务微博的"生力军",是全国政务微博生态健康发展的重要基础部分。2015 年县处级以下的基层政务微博达 135717 个,占全国政务微博总量的 89.1%,其次为占政务微博总量 9% 的县处级政务微博和 1.85% 的厅局级政务微博,省部级政务微博数量仅 201 个,占比不足 1%。

二、政务机构微博地域、类型等分布特征

(一)2015 年政务机构数量多的省份均为全国人口大省

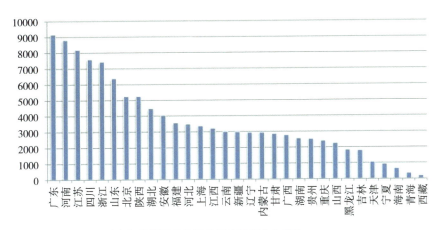

图 2-24　2015 年政务机构微博开设数量行政级别分布状况

数据来源:新浪微博数据中心

　　2015 年在政务机构微博中,排名前三的省份为广东、河南、江苏,与全国政务微博总体地域分布状况相类似。而且,根据中国第六次全国人口普查结果,广东、河南、江苏、四川等政务机构微博数量靠前的省份均为人口数量较多的省份,人口数量较少的青海和西藏的政务机构微博数量排名靠后。

（二）省部级机构微博账号表现抢眼

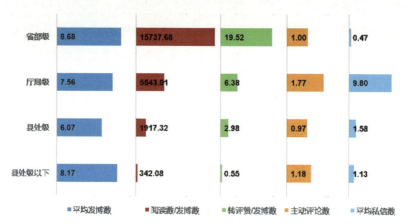

图 2-25　2015 年政务机构 TOP10% 账号相关指标情况

数据来源：人民网舆情监测室

在政务机构微博账号发博数量、阅读数、转评赞方面，省部级机构具有显著优势，与其行政级别高、发布相关政务信息重要性高有一定关系。

在主动评论数和平均私信数方面，厅局级政务机构微博账号表现最优，反映出微博用户或机构与厅局级机构在微博中主动沟通的积极性较高。

（三）党政宣传、团委、公安成为政务微博机构中的第一梯队

按照不同职能数量排名前十的政务机构微博账号分别为党政宣传、团委、公安、司法、医疗卫生、旅游机构、工商税务、交通、市政、招商，其中党政宣传系统微博数量最多，排名前三的政府机构微博数量占比达 67.6%。

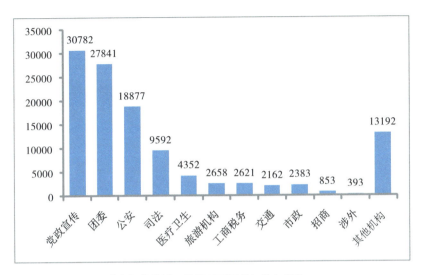

图 2-26　2015 年政务机构微博开设数量不同部门分布状况

数据来源：人民网

（四）公安和党政宣传系统引领政务微博

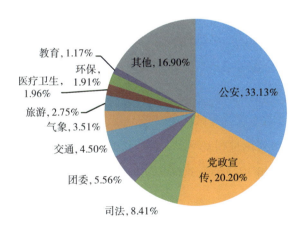

图 2-27　2015 年政务机构微博 TOP10% 账号开设数
　　　　 量部门分布状况

数据来源：人民网

在政务机构微博 TOP10% 账号中,公安系统微博账号数量占比达三分之一,即在最具影响力的 TOP10% 微博账号中,公安系统类最多,可见公安系统在政务微博中影响力最高。同时仅公安和党政宣传系统微博数量占比超 50%,表明 2015 年公安和党政宣传系统在政务微博运作中起到带头作用。

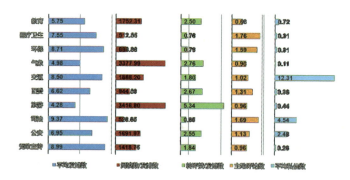

图 2-28 2015 年政务机构微博 TOP10% 账号开设数量部门分布状况

数据来源:人民网舆情监测室

此外,不同部门的政务微博运营存在明显特色差异。从发博数量来讲,司法系统每个账号平均每天发布微博 9.37 条,发博频率最高;从阅读量来看,旅游和气象等生活气息浓厚的政务微博覆盖的用户最多;从转评赞数量来看,旅游系统政务微博更容易扩散、传播;从主动评论数来看,不同部门政务微博讨论量相差不大,普遍偏低;从平均私信数量来看,交通系统平均每天发出 12.31 条,远高于其他部门。

三、公职人员微博地域、类型等分布特征

(一)北京成为 2015 年公务人员微博数量最多的地域

2015 年北京市公务人员账号达 4044 个,成为中国公务人员开通并认证微博账号数量最多的地区,其次分别为广东、江苏、河南和山东。

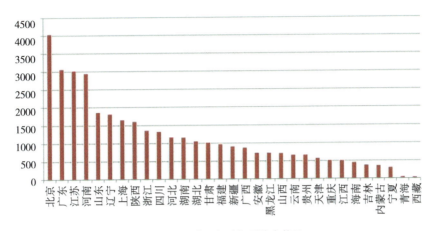

图2-29 2015年公务人员微博开设数量行政级别分布状况

数据来源:新浪微博数据中心

(二)公务人员推动政府微博建设

表2-3 2015年全国十大党政官员微博状况

排名	微博	认证信息	影响力评分
1	陈里	三农、社会学学者,管理学博士	96.07
2	陈士渠	公安部打拐办主任	91.83
3	甘肃刘维忠	甘肃卫生厅厅长	86.92
4	赵云龙	河南省文明办副主任,微博区域专家团特约研究员	82.85
5	北京王惠	北京市政府新闻办公室主任	82.76
6	一叶知秋微直播	湖北省公安交管局宣教中心主任	82.59
7	刘五一	化学博士,郑州供销社主任,县茨山岩画中心主任,曾任新郑副市长	82.16
8	陕西魏延安	共青团陕西省委农工部部长	80.57
9	叶青	全国人大代表、湖北省统计局副局长	80.34
10	巴松狼王	绿色中国年度人物杜少中	79.64

数据来源:新浪微博数据中心

当越来越多公务人员通过微博行使权力和履行义务的时候,公务人员微博影响力已越来越大,甚至不输于部分政府机构。公务人员微博数量在政务微博占比仅25%,相对于中国庞大的公务人员体系,党政官员微博仍有较大拓展空间。

第四节　媒体微博社会责任更高

媒体是中国大众获取信息的重要源泉之一,而当前微博平台与媒体机构和专业媒体人融合更进一步,媒体平台一体化运作也更加顺畅。2016年上半年,微博开放140字措施不仅增大了单条博文信息内容容量,而且更加适合媒体类微博账号博文写作。现在的微博不再只是一个新媒体平台,更是移动互联网时代传统媒体与新媒体发展、融合的重要组成部分。因而,在这个数据信息爆炸的年代,随着媒体微博影响力的提升,博文信息的真实、权威性越来越重要,需要专业的媒体机构、媒体人以及政府共同维护。

一、传统媒体微博占比超六成

按照微博账号类型的不同,媒体微博可分为媒体机构微博和媒体人微博;按照媒体发展状况的不同,媒体微博可分为传统媒体微博和新媒体微博。根据新浪数据中心的数据显示,截至2015年8月,认证的媒体微博账号为2.63万个,其中传统媒体微博账号为1.73万个,占比达66.03%。

对于传统媒体微博来讲,按照行业的不同,又可分为电视、报纸、杂志、电台、通讯社,根据新浪微博数据中心数据显示,电视类微博账号数量最多,共7312个,占比达42%,同时通讯社类微博账号占比仅1%,数量最少。

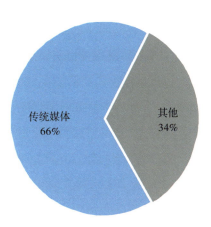

图 2-30　媒体微博中传统媒体占比
（截至 2015 年 8 月）

数据来源：新浪微博数据中心

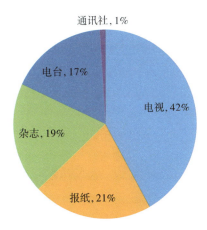

图 2-31　不同行业传统媒体微博账
号数量分布状况（截至
2015 年 8 月）

数据来源：新浪微博数据中心

二、北京地区媒体微博影响力最大

对于媒体机构来讲，无论是传统的报纸还是媒体网站，在 TOP100 微

博账号中,北京地区微博数量最多,即北京地区的媒体影响力要高于其他地区,其主要原因是中国和国外传统媒体巨头以及众多新媒体均在北京。

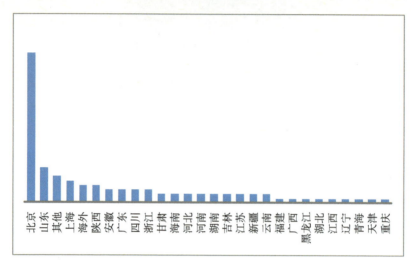

图 2-32 TOP100 媒体网站微博账号地域分布状况(2016 年 3 月)

数据来源:清博指数、DCCI

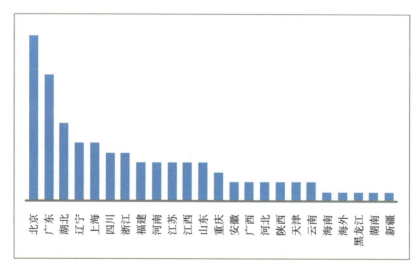

图 2-33 TOP100 报纸行业微博账号地域分布状况(2016 年 3 月)

数据来源:清博指数、DCCI

同时对于媒体人来讲,在 TOP100 媒体人微博中,截至 2016 年 3 月,这 100 位媒体人共发布 57 万条微博,覆盖粉丝量近 1.9 亿,北京地区的微博账号数量接近排名第二的广东地区的两倍。

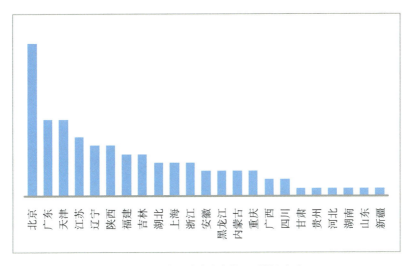

图 2-34　TOP100 媒体人微博账号地域分布状况(2016 年 3 月)

数据来源:新榜、DCCI

三、媒体微博矩阵提升影响力

当前媒体微博运营呈现矩阵化的趋势,以人民网和凤凰网为例,人民网旗下有各省市地区不同频道的微博账号,凤凰网按照不同栏目和版块分设不同类型账号。

此外,传统媒体微博具有极强的内容生产力。根据新媒体指数数据显示,2015 年 9 月份微博传播力指数排名前 100 的传统媒体微博共发布微博 60365 条,其中原创微博 52301 条,原创微博共被转发超过 1000 万次,平均每条被转发 192 次。

图 2-35　人民网、凤凰网旗下各省市地区不同频道的微博账号
数据来源:清博指数

第五节　企业微博覆盖全面

一、企业微博成为企业运营重要一环

(一)企业微博数量增长迅速

随着微博商业化进程加快,越来越多企业开始重视微博对于企业品

牌传播、塑造和产品营销等起到的重要作用。随着微博市场的发展,相关企业之间也建立了良好的宣传沟通机制,企业多个产品之间和生态链下的相关企业间的协同作用也越来越强。

　　从企业微博数量上讲,根据新浪微博数据中心的数据显示,截至 2015 年 11 月,认证企业微博账号数量达 96 万,2014 年同期仅为 74 万,2015 年企业微博账号数量同比 2014 年增长 30%,增速较快。

（单位：万）

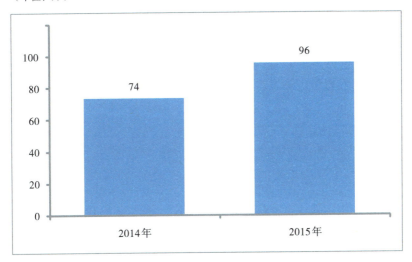

图 2-36　2014—2015 年认证企业微博开通数量状况

数据来源:新浪微博数据中心

（二）IT/互联网/电子产品领域企业微博增长迅速

　　企业微博主要分为 IT/互联网/电子产品、房产家居/装饰、餐饮美食、商务服务、工农贸易、网站、文化体育、服装/箱包服饰/运动户外、汽车交通、生活服务十大类行业,2015 年各行业企业微博数量均比 2014 年增多,其中 IT/互联网/电子产品相关企业微博数量超越房产家居/装饰相关企业,成为微博账号数量最多的行业,同时企业微博账号增长数量也最多,其次餐饮美食相关企业微博数量排名第三,但总量尚不足前两名数量的一半。

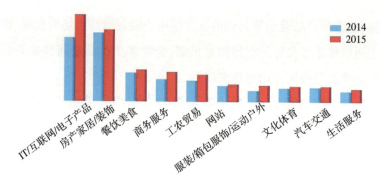

图 2-37　2014—2015 年认证企业微博开通数量状况

数据来源：新浪微博数据中心

目前来看，互联网相关企业与具有互联网特色的微博融合顺畅，传统企业尤其是衣食住行类等与用户日常生活相关企业，与微博的连接处于稳定发展状态。

二、企业微博粉丝年轻而又学历高

（一）20—25 岁人群是企业微博粉丝主力

微博整体用户本身就以年轻群体为主，但企业微博粉丝更集中于 20—25 岁人群，该年龄段人群比例甚至过半。

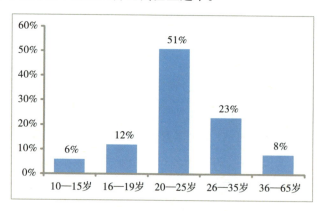

图 2-38　2015 年认证企业微博粉丝年龄分布状况

数据来源：新浪微博数据中心

(二)企业微博粉丝普遍拥有较高学历

根据新浪微博数据中心数据显示,企业微博粉丝中大学及以上学历人群占比高达 76%,高学历用户是企业微博博文内容的主要受众。

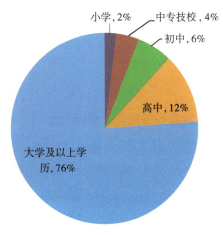

图 2-39　2015 年认证企业微博粉丝学历
　　　　分布状况

数据来源:新浪微博数据中心

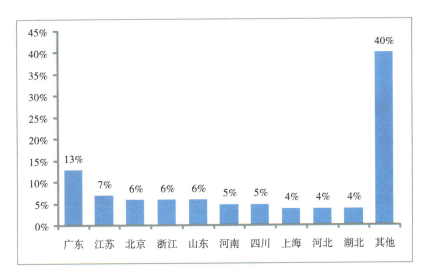

图 2-40　2015 年认证企业微博粉丝地域分布状况

数据来源:新浪微博数据中心

（三）广东地区企业微博粉丝最多

企业微博粉丝数量排名前十的省市为广东、江苏、北京、浙江、山东、河南、四川、上海、河北和湖北，共占据 60% 的企业微博粉丝数量。广东地区不止微博整体用户数量较多，政务机构、公务人员微博账号数量和企业微博粉丝数量均居国内前列。

三、企业微博传播影响力更加广泛

（一）大量的阅读、转发等带动企业信息传播

根据新浪微博数据中心数据显示，截至 2015 年 11 月，认证企业微博粉丝量达 6.6 亿，2015 年认证企业微博中博文总阅读量比 2014 年增长 34%，其中 16% 的微博被评论，31% 博文被赞，53% 博文被转。总体来看，2015 年认证企业微博实现近 20 亿的互动量，企业微博得到有效的传播和进一步的探讨。

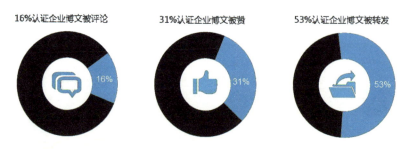

图 2-41　2015 年认证企业用户博文互动状况

数据来源：新浪微博数据中心

此外，依据 2016 年 1—3 月的企业微博品牌榜数据来看，阿里巴巴和小米、魅族、vivo、OPPO 四家手机企业（排名不分先后）品牌影响力最高。

图 2-42　2016 年 1—3 月的企业微博品牌榜

数据来源:新浪微博数据中心

(二)企业微博博文信息更加丰富多彩

根据新浪微博数据中心数据显示,2015 年企业微博中带有短链的博文数量最多,且带有短链和图片的博文数量已经超越纯文本类博文,表明目前图片和短链已逐渐成为企业微博博文的标配。但从平均博文互动量来看,视频类博文互动量最高,即带有视频的博文最受企业微博粉丝欢迎。

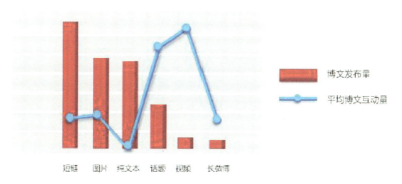

图 2-43　2015 年认证企业微博博文发布和互动状况

数据来源:新浪微博数据中心

中　篇

影响篇:微博对
中国社会的影响

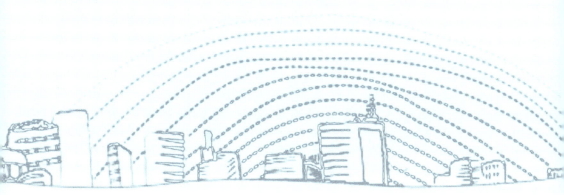

第三章　微博与社会舆论

　　随着网络的发展,微博凭借其传播时效性强、内容自主随意性大、互动活跃等特点在众多突发事件与热点资讯等事件中发挥了重要的传播、影响作用。微博在这个开放舆论场中扮演着越来越重要的角色,对整体网络氛围产生巨大的影响,并对社会舆论的引导作用越来越大。自 2015 年以来,社会整体言论更加自由开放,同时向更加健康的方向发展,微博作为一个开放平台,在信息源选取、关注议题与个人叙事等层面都保持了一定的独立性,助推了网络信息的丰富度,使舆论的方向更加趋向自由。同时,微博在突发事件中的作用逐渐赶超传统媒体,通过微博舆论带动社会舆论方向,让整个社会发出一种声音,进而加速突发事件的解决。微博舆论的监督功能逐步成熟,亦促进了政府工作的完善与管理。2016 年 4 月 19 日,习近平总书记发表了"4·19 讲话",其中着重谈到了互联网时代领导干部工作方法以及官方对待网络舆论的原则和态度,不但体现出中央对于民间舆论场的高度重视,亦提出了领导应当主动拥抱互联网的积极工作态度。在新媒体时代,微博作为连接普通民众与政府的重要渠道,对弘扬主旋律、激发正能量,引导健康和谐的社会舆论的发展方向起着至关重要的作用。

第一节　2015—2016 年上半年微博
热点话题总体分析

一、微博热点话题的舆论呈现

2015 年微博用户关注和热搜的两个话题主要是社会类、明星类。在社会类话题中,反腐、司法案件在微博上引发热议;2015 年反腐力度依然不减,成为网民正能量来源之一。公共管理和社会矛盾这两个领域,热点较多,2015 年社会矛盾领域热点有所下降;华东区域为微博热点话题的高发区域,经济、人口大省不仅微博用户活跃度较高,而且舆情多发;同时热点话题中正负话题失衡,尤其是中性和负面的话题易引发舆论关注。

(一)社会新闻类热点话题引领微博舆论关注

通过对 2015 年微博热门话题榜单进行分析,在微博各垂直领域,社会、明星类话题更为微博用户关注,分别占比 25.6%、25.0%,远远领先于其他话题。社会类、明星类话题数量占比相对较高,同时电视剧、电视节目的话题阅读量也相对较高。

微博是公开信息第一发布平台,包括突发热点、最新动态、新闻资讯,也包括用户随时随地分享的各种新鲜事儿;微博搜索可以检索出秒级的最新事件,相比新闻网页搜索速度更快;用户可以第一时间了解"发生了什么"。同时搜索结果中涵盖了丰富的观点性内容。既有名人观点、媒体报道,又有大量真实用户讨论、吐槽的内容,还有垂直领域的专业点评内容,更有你的朋友(关注人)的言论看法。微博搜索将这些多样化的信息以清晰的模块和合理的排序方式组织在一起,用户还可以了解"大家是怎么看的"。

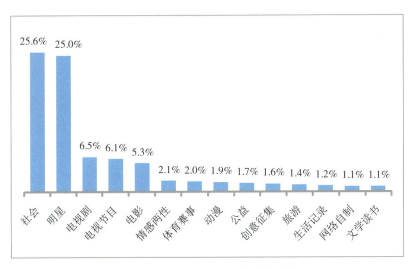

图 3-1　微博用户经常参与关注的话题内容板块 TOP14①

数据来源:新浪微博数据中心

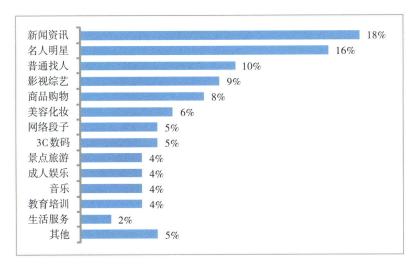

图 3-2　2015 年微博搜索关键词类型和需求分布状况②

数据来源:新浪微博数据中心

---

① 新浪微博数据中心,2015 年度微博热门话题盘点,2016 年 2 月。

② 微博搜索事业部,2015 微博搜索白皮书,2015 年 12 月。

同样,在《2015微博搜索白皮书》中可以看出,新闻资讯和名人明星这两类关键词类型也是搜索量的前两名,分别占比18%、16%。微博热搜榜包括实时热搜榜、好友热搜榜、热点热搜榜、名人热搜榜、潮流热搜榜。其中实时热搜榜:每10分钟更新一次榜单,提供微博中正在发生的大众热点;热点热搜榜:呈现微博中24小时火爆事件,兼顾热度和丰富性;名人热搜榜:呈现微博中24小时热门人物。这三个榜单确保了用户实时搜到正在发生的事情,同时也通过这个榜单让更多的人能够关注并参与进来。

(二)反腐、司法等领域的重磅案件推动舆论场热度升温

2015年全国舆情热点话题共涉及38个领域。话题量居前五位的分别是司法案件、吏治反腐、干部作风、公共政策、突发事故这些领域。此外,教育舆情、社会公德、涉警舆情、交通舆情等话题也较多。

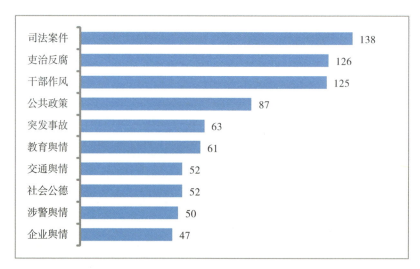

图3-3　2015年微博热点舆情话题TOP10

数据来源:人民网舆情监测室

官员贪腐被查、官员作风问题等成为2015年反腐类舆情的主要话题。吏治反腐一直是国家的重锤,而微博也充当着检举、曝光官员不良作

风和行为主要路径的作用。被媒体曝光、被中央处置的各省市贪腐官员在微博掀起舆论热潮。网络反腐使得少部分领导干部因作风问题屡成负面焦点,如云南村官"艳照门"事件、山西一领导开会爆粗口、网曝福州版"雷政富"案、湖南临湘市长涉毒、湖南凤凰一局长携女下属游三亚夜宿豪华酒店等。

2015 年吏治反腐网络话题彰显了中央从严治党的鲜明态度和对腐败零容忍的决心,同时释放出 2015 年从严惩治、从实改革的反腐主基调信号,吏治反腐领域成为数量较多的舆情话题也反映出反腐已经升级成"全民话题",相关话题顷刻就能引爆网络。

(三)文体、军事等领域热点事件话题较 2014 年上升

2015 年的热点事件分为社会矛盾、公共管理、公共安全、吏治反腐等八大类别,对比 2014 年热点事件可以看出,各类事件整体舆情压力情况变化不大,各类别舆情压力排名保持不变。

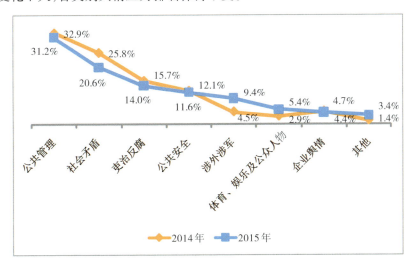

图 3-4　2014 年和 2015 年不同领域热点话题占比

数据来源:人民网舆情监测室

官民关系、贫富差距、仇富心态、医患矛盾、权益纠纷等社会矛盾依然是舆情压力的重要来源,但社会矛盾类事件数量较 2014 年有所减少,而体育娱乐、公众人物、军事外交等事件的数量有较大上升,这些事件的舆论共识度和政府认同度均很高,对舆论生态的负面影响较低。

(四)华东区域为微博热点话题的高发区域

2015 年微博热点话题各地区参与 TOP10 中,广东、江苏、北京用户参与性强,其次是浙江、山东,总体从沿海到内地呈逐步递减的趋势。

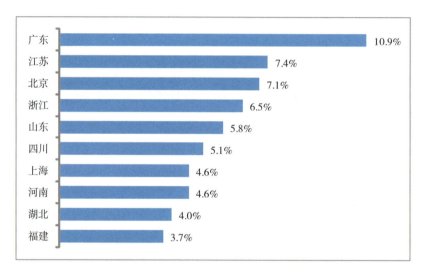

图 3-5　2015 年微博热点话题各地区参与 TOP10

数据来源:人民网舆情监测室

受区域经济、人口结构等多因素影响,各地区的微博用户参与热点话题的积极性各不相同,但将其划归到地域就可以明显看出问题。据新浪数据中心的数据来看,华东、中南地区的微博活跃用户分别占比 32%、28%,占据总用户的 60%。珠三角、长三角、北京等经济发达地区以及人口大省的微博用户占比也相对较高。

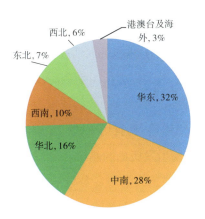

图 3-6　2015 年全国六大地区及港澳台微
博活跃用户占比①

数据来源：新浪微博数据中心

　　2015 年微博舆情热点行政区域分布,总体上从东到西、从南到北呈依次递减的趋势。华东地处沿海且经济较发达、人口规模大、微博活跃用户占比最大,其微博热点话题也占据全国的 18.5%,当然微博热点话题在北京、广州经济人口大城市爆发的规模也较大,分别位列全国热点话题排名的第三、第二,详情可见下一模块中的论述。

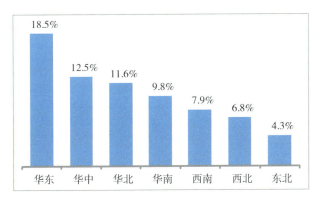

图 3-7　2015 年微博舆情热点行政区域分布状况

数据来源：人民网舆情监测室

────────────

① 新浪微博数据中心:《2015 微博用户发展报告》,2015 年 12 月。

（五）正负面话题失衡，中性和负面话题易引爆舆论

相较于正面话题来说，中性和负面话题容易引发公众情感从而上升为社会热点问题，主要是因为作为新闻受众，人们对负面性的事件比较容易产生同理心和情感共鸣，所以其扩散的速度以及获得关注的可能性会更大。微博中负面情绪传播，具有病毒式传染、持续时间长的特征，会有延时效应，当然也更容易引发舆论的热议。

其中微博大 V 和微博达人的转发参与，将会得到更多的关注甚至成为新闻的来源。而在负面热点舆情上，政法类和社会类信息占绝对比重，这两类热点舆情上较能引发网民的关注并发酵为重大舆情。

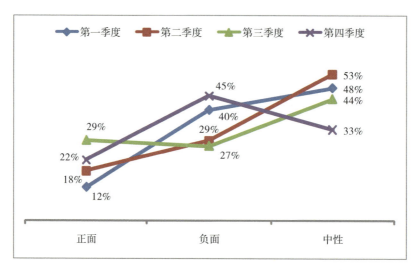

图 3-8　2015 年微博各季度热点话题性质分布状况

数据来源：新华网舆情监测室

综合分析 2015 年四个季度的舆论情感倾向，除了第三季度正负面话题较平衡外，其余季度的负面情感话题都超过了正面情感话题。尤其是第一季度和第四季度，正面情感倾向的舆论分别只占 18%、22%，而负面的则分别占 40%、45%。负面情感倾向的舆论比正面倾向的舆论多了

15%。第三季度主要是正负两极分化,虽然出现了"天津港大爆炸",但是"9·3"阅兵以及习主席访美等事件激起了广大网民强烈的民族自豪感,赢得了国内外舆论的一致好评,为舆论场注入了强大的正能量。

二、微博热点话题塑造网络舆论生态

微博强大的功能之一就是通过关键词与#＊＊＊#标签设置话题,从而使各种不同的话题能够呈簇状发展。舆论生态因不同领域的微博热点不同而不同,时政类微博热点、文娱领域微博热点的舆论生态各不一样。网民对各种性质话题的心态反应、参与方式不同也会形成不同的舆论生态。

(一)时政类、文娱类微博热点话题引发舆论热议

1. 突发事故热点话题占据时政类新闻鳌头

在微博垂直领域中,社会新闻类话题受到网民的较大关注,新浪微博数据中心就新闻类热点话题的热议度和热搜度进行了排名,其榜单如下表所示:

表 3-1 2015 年微博社会新闻类热门话题排行榜①

排名	话题名称	年度话题阅读数（亿）	话题讨论数（万）	话题讨论人数（万）
1	天津塘沽大爆炸	13.86	401.3	157.8
2	9·3 胜利日大阅兵	13.10	442.6	148.5
3	上海外滩踩踏事故	11.64	18.0	16.0
4	双十一来了	6.66	4114.5	3067.5
5	长江客船沉没	6.55	120.5	111.7

① 新浪微博数据中心:《2015 微博用户发展报告》,2015 年 12 月。

续表

排名	话题名称	年度话题阅读数（亿）	话题讨论数（万）	话题讨论人数（万）
6	哈尔滨仓库火灾	5.42	10.4	10.1
7	2015 两会	4.73	59.7	45.0
8	巴黎恐怖袭击	4.47	77.3	6.6
9	亚航客机失联	4.10	2.0	1.7
10	土豆成主粮	3.73	5.5	5.1

数据来源：新浪微博数据中心

2015 年发生的几个重大的突发事件都在榜中，包括国内和国际的突发事件在微博中广泛的热议。国内的突发事件如天津塘沽大爆炸、上海外滩踩踏事故，国际的突发事件如巴黎恐怖袭击、亚航客机失联。

在其中"9·3 阅兵"作为一个举国欢庆的国家实力话题在微博排行榜中名列第二，其话题讨论数为 442.6 万，比天津港大爆炸这一话题的讨论数多 40 万左右，可见其在微博上的传播影响力之巨大。

2. 国家领导人相关事件引发全民关注

（1）国家领导人"接地气"话题受网民广泛点赞

国家领导人相关的话题尤其是习近平主席一直以亲民、与时俱进的形象深入人心。2015 年初，习大大"年轻人不要老熬夜"的一番话感动了无数网友。其 2014 年在庆丰包子铺排队买包子，以及李克强总理贵州视察时，自己掏钱为贫困户买年货等"接地气"行为纷纷受到网民的点赞。

而在 2015 年 12 月 25 日，习近平总书记视察解放军报社。在军报微博微信发布平台，总书记亲自敲击键盘，发出了一条微博："值此新年即将到来之际，我代表党中央、中央军委，向全体解放军指战员、武警部队官兵和民兵预备役人员祝贺新年。希望大家践行强军目标，有效履行使命，为实现中国梦强军梦做出新的更大贡献！"在听取解放军报社工作情况汇报后,习总书记发表重要讲话。12月26日消息一发布,立即在网上引发热烈关注甚至是欢呼,迅速成为网上最热话题。截至12月27日下午3点,总书记首条微博获得78万多网民点赞转发。

(2)国家性重大活动引发全民讨论,舆论正能量显著提升

2015年第三季度,多项重大活动引舆论热议。"9·3"阅兵、习近平访美、北京申冬奥成功、北京成功举办田径世锦赛、长征十一号固体火箭成功首飞等无不吸引网民关注,舆论场充满正能量,民族自豪感、自信心"爆表"。

同样,人们讨论的关于国家实力的话题(习近平马英九会面、世界互联网大会)。舆论场充斥着"国家正能量",网民对"阅兵"、"习访美"关注热情高涨、共鸣强烈。阅兵期间,新浪话题#指尖护卫大阅兵#累积阅读数2.1亿,评论近40万条。"国家正能量"不仅在短时间内得到舆论的一致认可,并在一定程度上给长期存在于自媒体平台中攻击党和国家体制的"杂音"强势一击。

(3)国家性重要会议引网友关注,积极参与讨论

"2016全国两会"的搜索指数达到196019。人代会开幕后,"互联网+""简政放权""国企改革""去库存""双创"等立即成为网络搜索高频词。由央视新闻官方微博主持的#微博看两会#这一话题总阅读数达到22.7亿,获得111.7万的讨论量。

有关2016年#政府工作报告#的话题阅读量已突破3.3亿,23.6万人次参与讨论。"强"式新语新鲜出炉,如"不搞'大水漫灌'式的强刺激"、"以敬民之心,行简政之道"、"为政之道,民生为本"、"念之再三,铭之肺腑"、"多谋民生之利,多解民生之忧"等,这些语句极具个人风格,言简意赅、感情真挚,博得舆论叫好声一片。纵观本次舆情,网友参政议政积极性高,讨论话题大多集中在"民生"、"股票"、"医疗"、"养老"、"反腐"等方面,情感倾向积极正向,不少网友通过各种途径表达了自己对

"两会"的关注、对政府工作报告的肯定和对中国未来发展的美好期盼。

3.年轻用户、高等学历用户参与话题讨论较为活跃

微博新闻话题讨论的用户属性,男女分别占比32.0%、68.0%,女性用户较男性用户较为活跃。而年龄段在17—33岁之间的微博用户占据总的用户年龄段的83.1%,其中17—23岁年龄段的占比54.8%,年轻用户参与话题讨论的积极性更高。

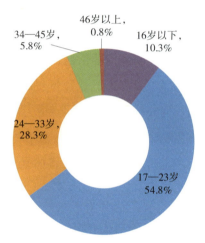

图3-9 2015年微博新闻话题讨论
的用户年龄段

数据来源:新浪微博数据中心

高等学历用户占据总用户的73.6%,参与时政类新闻话题的积极性比中等、低等学历用户要高很多,他们发声也更为理性,诉求公正、真实,同时又保持着积极乐观的心态。

(二)文娱对微博舆论影响重大,但泛娱乐化有所降温

微博的文娱类热点话题一直较为火爆,并且在微博年度热点话题的TOP20中有18个话题上榜,其余两个话题是关于体育话题方面,#2015亚洲杯#、#国足再启航#。在之前分析的社会新闻类热点话题#天津塘沽

大爆炸#年度话题阅读量为 13.86 亿,而微博年度热点话题的第一名是#我是歌手#年度话题阅读数是 106.3 亿。虽然差距悬殊,但总体还要看传播事件周期,如天津塘沽大爆炸是一起突发事件,其事件从开始传播到消退的周期很短。而综艺节目、电视剧这种周期有三四个月,其话题是源源不断地增加,从而话题的累计量规模也较大。事件的性质不同,只对比讨论数甚至阅读量是没有意义的。

2014 年微博十大热门事件,明星娱乐类新闻占据最大比重。在微博平台上,网民更愿意讨论相对轻松的娱乐八卦话题。其中,最火的是"京东上市",而"冰桶挑战"和"锋菲恋"紧随其后,这都表明网民对娱乐信息有很深的卷入度,更愿意围观和评论这类事件。

表 3-2　2014 年和 2015 年微博十大热点事件

2014 年微博十大热门事件	2015 年微博十大热门事件
京东上市	天津塘沽大爆炸
冰桶挑战	9·3 胜利日大阅兵
锋菲恋	姚贝娜去世
李娜夺得澳网冠军	今日看盘
苏格兰独立公投	上海外滩踩踏事故
Xbox 游戏机 9 月中国开售	东方之星沉船事故
贵州近 14 万警力扫黄赌抓获涉案人员 7000 余人	我　们
马来西亚载 239 人航班失联灾害事故	巴黎恐怖袭击
一伙男子持械冲入昆明火车站广场见人就砍	习马会
24 字"社会主义核心价值观"基本内容公布	全面二胎

纵观 2015 年的微博十大事件,在 2014 年情绪表现最为活跃的明星娱乐类话题在 2015 年中则相对平静,网民在 2015 年表现出更为冷静、严肃的态度,泛娱乐化有所降温。最受关注的是#天津塘沽大爆炸#、#9·3

胜利日大阅兵#,其次是#姚贝娜去世#,2015年人们关注的突发事故和国家实力话题较多,与上文所提到的2015年年度微博总榜的数据分析后的结论一样。

1. 综艺类热点话题吸睛显著

2015年近200档综艺节目播出,微博上累计产生2895亿次相关阅读,3亿9千万次相关讨论。在其中明星真人秀节目大受追捧,《奔跑吧兄弟》、《爸爸去哪儿》、《花儿与少年》、《极限挑战全员加速中》、《偶像来了》、《我们相爱吧》、《爸爸回来了》牢牢占据文娱类微博热门话题阅读榜的前20位。

当红综艺节目微博热议特点:线下短暂诞生期(播前预热)→短暂成长期(播出第一期)→长时间成熟期(整个节目周期)→收官后快速衰退。

表3-3　2015年综艺类微博热门话题阅读榜①

排名	话题名称	年度话题阅读数(亿)	话题讨论数(万)	话题讨论人数(万)
1	我是歌手	106.29	812.0	529.6
2	奔跑吧兄弟	103.05	1478.5	863.9
3	爸爸去哪儿	75.82	853.9	450.1
4	最强大脑	40.97	367.1	188.0
5	中国好声音	37.08	457.1	261.7
6	快乐大本营	33.76	633.6	391.6
7	花儿与少年	28.94	382.6	265.1
8	极限挑战	27.41	633.1	372.2
9	全员加速中	25.02	1007.9	415.5
10	湖南卫视跨年	23.83	75.1	53.8

数据来源:新浪微博数据中心

---

① 新浪微博数据中心:《2015微博用户发展报告》,2015年12月。

　　在明星真人秀中,明星的表情、动作、话语甚至冲突都会在微博发展成为一个个话题,话题与火爆程度呈相互推动的格局,话题越多,越从侧面增加节目的收视率;而收视率越高,话题的产量和回应就越多。而网友对这些明星类轻松话题也很愿意跟进,从而形成综艺领域的舆论热潮。

　　2. 电视类热点话题受明星带动明显

　　明星类热点话题会因其参与综艺节目或参演电视剧、电影而大受追捧。较为显著的是明星参演电视剧,因电视剧剧情的发展围绕展开的热点话题源源不断铺展开来。

表3-4　2015年微博电视类话题阅读榜①

排名	话题名称	年度话题阅读数（亿）	话题讨论数（万）	话题讨论人数（万）
1	花千骨	50.84	1089.6	648.3
2	电视剧何以笙箫默	37.57	315.8	220.5
3	琅琊榜	28.52	701.9	278.7
4	武媚娘传奇	20.97	113.6	97.7
5	盗墓笔记	19.39	674.1	377.1
6	旋风少女	14.09	611.7	308.9
7	匹诺曹	12.36	56.1	42.7
8	伪装者	12.03	230.4	131.6
9	他来了请闭眼	11.54	344.0	142.4
10	韩剧制作人	11.12	229.9	123.7

数据来源:新浪微博数据中心

　　以电视剧类#花千骨#为例,从6月份至9月份,#花千骨#话题都在月度话题前10位,排名分别是第7名、第2名、第8名、第5名,热议天数分别是5天、8天、6天、6天。所以其年度话题阅读数为50.8亿,超过了

---

① 　新浪微博数据中心:《2015微博用户发展报告》,2015年12月。

2015年度任何社会新闻类热点话题。综上所述,文娱类热点话题因为其播出事件跨度长,由情节引发的话题可以不断制造出来,所以能保持其话题的长久性。而成为热点话题时大部分是故事情节引发的,一方面,吸引讨论,成为热点话题;另一方面,热点话题又进一步提升收视率和热度,达到良好的循环促进作用。#霍建华白子画#、#赵丽颖花千骨#、#【淮秀帮】《花千骨》的正确打开方式!#等等话题的产生,也进一步提升了演员的粉丝数量。

《花千骨》官博、主演、一些媒体账号和粉丝群体的带动作用明显,他们与话题"花千骨"相关的博文被转发量较高,其中,主演赵丽颖的带动作用尤为突出,总转发次数达到24.6亿,而位居第二位的霍建华只有7.3亿。

(三)热点话题筑造舆论热词

网民在阅读体验中更容易对话题关键词进行选择性阅读,媒体也较多地从提取事件关键信息和增强读者阅读感受的角度突出某类关键词,带动聚焦效应。2015年关于热点社会暴力和突发事件的"动词"主要包括讨薪、强拆、曝光、坍塌、死亡、喊冤、踩踏、爆炸、击毙等。话题中这些"动词"的使用会加速舆情的传播与扩散,引发民间与官方的共同关注,从而上升为较大的社会舆情事件。

热点话题易产生热词从而引发舆论关注,如当#上海外滩踩踏事件#这一热点话题在微博上爆发后,踩踏、官员、大学生等关键词相继产生。综合分析2015年四个季度的微博舆论热点关键词词频、热度权重、关联强度、热度持续性因素,2015年总共有511个舆论热点关键词。第一季度和第二季度舆论热点关键词较多,第三季度和第四季度则相对平衡。这也从侧面反映了2015年上半年的舆论热度高于下半年。2015年四个季度的舆论热点关键词、一级热词以及主要话题如下图所示。

表3-5　2015年微博热点关键词和主要话题

类型季度	舆论热点关键词(个)	一级热词	主要话题
第一季度	149	回应、公务员、官员	讨薪、重大事故(上海踩踏事件)、银行、油价、天价(消费)、养老、存款
第二季度	125	举报、儿童、高考、警察	拐卖儿童(人贩子、虐童)、股市、反腐、教育舆情(高考、《南方都市报》记者卧底替考事件)、交通违法
第三季度	119	访美、主席、阅兵、习近平	国家实力(阅兵、习近平访美)、社会信任(扶老人被讹、深圳血液中心薪酬曝光)、公共安全(天津港爆炸、警察持枪)、行政利民(公安机关不再开据18类证明、分级诊疗制)
第四季度	118	习近平、天价、二孩、官员、暴力、雾霾	国家实力(习近平马英九会面、世界互联网大会)、重大事故(深圳滑坡、平邑石膏矿坍塌)、政策(二孩、养老金、居住证)、环境污染(雾霾)、网络事件(女子地铁哺乳事件、南航急救门)

数据来源:新浪微博数据中心

在2015年第一季度,"公务员"和"官员"这两个群体热度并列第一,涉及话题有公务员工资上调、官员作风贪腐问题、官员履历造假等,舆论情绪反馈以负面为主,标签印象较差。而在第二季度中,在媒体和舆论的相互作用下,"警察"作为一个"强势又弱势"的标签群体被频发关注。在舆论关注度最高的30件涉警舆情中,警察群体的"违规违法"事件占到三成。促使舆论对"警察"这一群体的印象普遍较差,甚至危及政府的形象和权威。国家领导人相关舆论热词在2015年第三季度共产生一级热词4个,分别是访美、主席、阅兵、习近平;第四季度舆论热词中,习近平成为六个一级热词之一,"中国声音"成为舆论场主基调。从习主席访英开启中英关系的"黄金时代",到"习马会"创造历史,再到亚投行正式宣告成立、"一带一路"扩大"朋友圈"等,"中国声音"在全球治理中变得不可或缺。第二届世界互联网大会上,中国关于"构建网络空间命运共同体"

的主张吸引了境内外舆论广泛关注,"中国声音"成为引领世界互联网安全治理的新导向。从线上到线下,"中国声音"唱响舆论场。

(四)时政类话题网络舆论生态——受众积极参与热点话题,把握"话语权"

2015年突发事件如上海外滩踩踏事故、天津塘沽大爆炸以及长江客船沉没的热议天数分别是10天、8天、6天。这三件突发事件都是发生在夜间,微博反应滞后一些,从上午7点以后讨论量飙升从而达到峰值。长江客船沉没与前两件突发事件不同的是,2015年6月1日晚约21:30,重庆东方轮船公司所属"东方之星"旅游客船由南京开往重庆,在长江水域湖北境内突遇龙卷风发生倾覆,暴雨导致搜救困难。在6月2日达到讨论峰值,之后呈递减趋势。而在6月7日,"东方之星"遗体搜救基本结束,前方指挥部在沉船搜救现场举行悼念活动,表达对逝者的哀悼。在微博上引起了大量网友的默哀和缅怀,热议达到最大峰值。

2015年上半年,行政部门办事流程繁琐的问题因"奇葩证明"而再遭质疑。李克强总理在7天内三谈简政放权,提出要进一步简政放权、取消非行政许可审批类别,把改革推向纵深。8月份,公安部通过"打黑除四害官方微博"喊话,图文详解了18个不该由公安机关出具的证明。各行政部门之间、地区之间的信息分散、割据状态有望逐渐改善。

另一方面,政府"以民生为本"的行动获网民点赞。随着多项改革进入深水区,改革进展及成效成为舆论普遍关心的话题,收入分配改革(公务员调薪)、社会保障改革(药价取消政府定价、上调社保基数、延迟退休)、民生领域改革(网络"提速降费"、住房公积金政策调整、全面二孩)、法制领域(反家庭暴力法),激发网民参与公共政策以及改革当中来,为政府制定政策献言献计。

这些政策的改革制定都关乎网民的切身利益,而国家在这些政策制

定前后都会在网上发起话题,激发话题参与热情。人民日报作为#全面二胎修法#话题的主持人,吸引各界的微博网友进行互动,其话题阅读达到1272万人次。其中有地方各省的呼应如"@南京日报"、"@青岛新闻网"、"@羊城晚报"、"@重庆日报"等媒体以及各领域网友的热情参与,当然全面二孩这个话题不仅有人民日报主持的,还有企业界账号所主持的#全面二胎#话题,同样吸引了1.7亿人次的阅读。

图 3-10　#全面二孩修法#

(五)社会公德、民生类话题,网民或成为事件的推进者

在关乎社会道德、民生类话题甚至食品安全问题,网民参与话题讨论的积极性也会显著增长,网民通常对此进行围观和转发以引起相关部门的重视,甚至直接问责相关部门。

分析 2015 年微博热点网民观点发现,在反腐、司法、民生类等热点领域,公平、正义、法治是网民最大期待,反映出网民权利意识进一步增强。在庆安枪击案中,围绕事件真相,网民不惜开展地毯式搜索,试图倒逼事件真相,网民力量可见一斑。网民对热点舆情事件积极参与发声,可能形成有序与无序相互交织的网络参与,二者甚至会带来截然相反的社会、政治影响。涉及公权力的舆情事件中,网民参与数量越多,越容易激发情绪对立,官民关系也就愈发敏感。因此,如何引导网民有序参与尤为重要。

微博给网民一个共同关注事件发展的平台,当网民对一件事的发生经过以及处理产生质疑并自发进行人肉搜索时,有的时候会倒逼事情的真相,有的时候则会因为其触犯了隐私而受到舆论的谴责甚至是法院的判决。

(六)微博庭审直播,引发司法领域的舆论关注

微博新媒体作为新兴社交平台,为新时代的司法公开插上了翅膀。2011年3月,山东省莱阳市人民法院微博现场直播了一起买卖合同纠纷的庭审过程,首开端绪。2013年8月,"济南中院"通过150多条微博、近16万字的图文直播了"薄熙来案"的审理,数亿人得以"旁听"庭审,这是近年来法院通过新媒体进行司法公开以提升司法公信力的经典案例。

微博直播组件,可以让用户在网站上针对某一热点话题进行实时讨论,用户在此发布的信息将会发布到微博上。据统计,新浪微博从2015年3月26日正式推出庭审视频直播到12月31日,已发布1333场。

2016年1月7日,北京市海淀区人民法院利用新浪微博视频直播公开审理深圳市快播科技有限公司传播淫秽物品牟利一案。此案社会关注度极高,案件的公开审理可谓一石激起千层浪,控辩双方在网络上获得的网友支持都不少。

5个阶段庭审全部完整呈现原貌,20余小时直播总时长创造纪录,27条长微博全程庭审播报,高峰期最高4万人同时在线,直播期间累计100余万人观看视频,案件话题页累计阅读达3600余万次。[①] 随着媒体报道的深入,舆论从最初对案件情绪化、娱乐性围观转至对事件背后制度、法理、互联网行业发展的理性讨论中来。

---

① 《微博庭审直播彰显司法公开新境界》,人民网,http://legal.people.com.cn/n1/2016/0111/c42510-28036066.html。

(七)网民热衷"吐槽式"参与热点话题

"吐槽"这一现象在网络空间无处不在,在微博上也随处可见。吐槽的目的,是为了指出对方话语或行为的离奇之处,吐槽者的态度,大多是一种揶揄或者感叹。吐槽是针对被吐槽人的离谱的言行,用客观公正毫无争议、又通俗简短的方式回应对方,以达到揶揄或感慨的娱乐性的目的。比较典型的是,在微博上吐槽春晚。截至 2016 年大年初一,仅#2016 春晚吐槽#一个话题的点击量就已达 67 万次。当然在关于热点话题上,"吐槽"这一参与话题的方式,仍然扮演着重要的角色。

2015 年 1 月 18 日,有网友在微博上爆料,苏州大学一位女老师在苏州独墅湖交警中队被一名工作人员打得满脸是血。由于配有现场图片,该微博很快引起网友关注,数千人进行了转发评论。19 日下午,苏州工业园区交警大队官方微博对此事发布情况通报称,王某(大学老师)在独墅湖中队咨询、质疑时,拍桌子辱骂了胡某,胡某随即动手打了王某。目前,涉事警辅人员胡某已被停职。当日,澎湃新闻微博报道称,王某认为通报内容失实,王某同事去要事发时的监控视频,但交警队称监控坏了。该微博引发 20000 余条转发,评论亦高达 7500 余条,"监控坏了"的说辞遭网民吐槽"监控在关键时刻总是坏"。

"黑色幽默"加剧舆情发酵,"监控在关键时刻总是坏",调侃背后是网民对警方说辞的质疑。随着网民对微博等自媒体的深度使用,网民的真相辨识能力已有所提高,对信息透明的诉求也日趋强烈,"监控没了"容易被网民视为相关部门逃避责任的托词。

(八)多起热点话题的舆论反转,网民更为理性

多起舆情事件在爆发初期引起了社会广泛的关注,因事件卷入者的某些特质促使舆情一边倒的倾向,再加上事件发生的配图给人一种"有图有真相"的感觉。而随着更多事件细节的爆出而发生了舆情反转,引

发舆论持续、高度关注，发展到最后舆论哗然，让人唏嘘。

如成都女司机被打事件上演民意反转、小学生给教师撑伞"有图未必有真相"、媒体曝光"超级低俗屠夫"真面目、传播"人贩子死刑"实为商业营销，等等。这些都促使网民表达日渐理性，而不是一开始就下结论。

从自媒体崛起之日开始，大众传媒的新闻大坝被一次又一次的信息洪流冲破。网民个体可随时参与新闻制造生产（信源），而传统媒体及其从业者也对微博、论坛等网络爆料青睐有加，过度迎合之下，同一内容在微博、微信公众号以及传统媒体、新闻网站、新闻客户端等诸多平台常常呈现未经加工"拷贝式"融合传播态势，媒体在"拼速度、弱把关"的驱使下，将网络原始信息"洗"成新闻的情况已经较为突出。新闻真实性一时间难以得到确认，所以会出现舆情反转的现象也就不足为奇。

第二节　2015—2016 年上半年微博舆论场的变化

相较于 2014 年，微博舆论场泛娱乐化有所降温，网民理性情绪增加；另一边，政务微博账号逐渐成熟、运作更为科学规范，已经成为微博舆论场新格局的新力量；微博在社会舆论方面成为社会问题的一面"镜子"，民间与官方舆论场互动更加频繁，反映并助推舆论共识度的不断加强，受众更为理性、网民正能量不断提升。

2016 年 4 月 19 日，习近平的讲话，明确了官方对待网络舆论的原则和态度。最核心的是提出了"对广大网民，要多一些包容和耐心"，"对网上那些出于善意的批评，对互联网监督，不论是对党和政府工作提的还是对领导干部个人提的，不论是和风细雨的还是忠言逆耳的，我们不仅要欢迎，而且要认真研究和吸取"。这也是习主席首次对网络舆论提出的指示，相信未来网络空间的官方与民间的舆论融合度会更加深,共识度进一步提高。

一、微博舆论场共识度不断提高

(一)上半年的舆论热度总体高于下半年

据监测到的 2015 年全年舆情热点事件共有 1357 起,对比各个月份舆情热点的时间分布状况可以看到上半年的舆论热度总体高于下半年,第一季度的舆情事件总量远远高于其余三个季度的总量。

图 3-11　2015 年微博舆情热点事件时间分布状况

数据来源:人民网舆情监测室

1. 季节性舆情爆发

1 月份、2 月份,是季节性舆情大量爆发的时期。春节的到来,随之产生的春运、火车票黄牛问题、讨薪以及最长寒假等话题大量出现。5 月旅游季节性舆情大量出现,"云南女导游辱骂游客"、"陕西华山天价米饭"、多地"游客不文明举止行为"等事件引网民关注和热议。6 月教育舆情明显增多,"南都记者卧底替考组织系列事件"、"高考发错试卷、放错听力"、"多名河北官员将孩子送往内蒙古高考"等季节性舆情热点再引舆论热议。这些都助推了上半年的舆情事件总体高于下半年,而下半年舆情事件发生的时间分布较均匀,趋势较平缓。

2.反腐舆情高涨

同时 2015 年上半年舆情爆发还有吏治反腐领域,1 月 4 日,"原南京市委书记杨卫泽涉嫌严重违纪违法被组织调查"打响了 2015 年反腐的第一枪;2 月,天津市公安局原局长武长顺等 3 名公职人员被开除党籍、开除公职;3 月,"两会"的召开,也会吸引社会各界的广泛关注,期间云南省委副书记仇和等公职人员被相继调查。2015 年的第一季度的舆情热点事件高达 405 件,占全年的 29.8%。

(二)全国性话题引关注,河南热点话题居首位

2015 年全国性的热点话题以 25.3% 占据第一位。从各大省份来看,上半年全国各省区舆情数量排名前五的是河南(92 起)、广东(83 起)、北京(74 起)、陕西(59 起)、山东(52 起),总体呈现出由东部向中部再向西部递减的趋势。

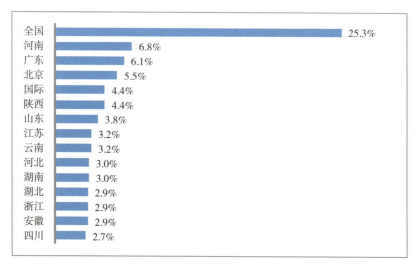

图 3-12 2015 年微博舆论热点事件地域分布 TOP15

数据来源:人民网舆情监测室

河南方面,"平顶山'5·25'特别重大火灾事故"、"少林寺方丈释永信被实名举报事件"、"郑州一小区电表箱着火致多人死伤"、"郑州大学生掏鸟16只被判10年半"话题,以及河南多地"牛奶浇地"系列事件等均是发酵速度快、影响范围广的全国性舆情事件。全国性热点话题如联合申冬奥、春晚、抢红包、穹顶之下、股市波动、反法西斯70周年、"9·3阅兵"、习近平总书记访美等都引发了全国性的关注并激起广泛的讨论。

(三)广东、北京舆论压力依然居首,压力值与热点事件占比并非呈现正相关

2015年微博舆论热点事件地域TOP3分别是河南、广东、北京,而从舆情压力值的地域分布可以看出,广东和北京依然分别位居舆情压力榜第一、第二名,河南则排在第三名。热点事件与舆论压力指数并非是正相关关系。2014年分别排在三、四、八名的浙江、云南和四川退出前十,受哈尔滨仓库火灾事故、庆安枪击事件和天津特大火灾爆炸事故的影响,天津、陕西、江苏、山东2015年度的热点事件占比相较于2014年比例有所提高。

但这TOP10中,热点事件的数量虽然是舆论压力的一个重要的参考标准,但舆论压力也与平均网民正能量有关,在天津和黑龙江这两个地域,受"1·2"哈尔滨仓库火灾事故、庆安枪击事件和天津"8·12"特大火灾爆炸事故的影响,网民对这两个地域的平均正能量指数分别为−0.01和0.08,所以使得这两个地域的舆论压力名次排名相较于2014年分别上升了14名和11名,排在榜单的第十位和第七位,舆论压力指数有了较大幅度的增加。

（四）县级市以上热点事件占比缩小，县级以下舆情处理能力有待加强

相较于 2014 年，2015 年行政层次热点事件占比无明显变化。2015年地级市以及省级市热点舆情占比 49%，比 2014 年低了 7%，全国性热点事件比例有所回升。统计分析显示，2015 年县级舆情比 2014 年（15%）比例有所上升，在一些涉及地方政府舆情事件中，当地政府处理能力备受质疑，值得警惕。如"黑龙江庆安一男子火车站被民警击毙事件"，先是媒体质疑为何不公布完整视频资料，继而又有媒体质疑慰问民警的副县长学历造假、当地教育部门存在贪腐问题等。面对突如其来的质疑声，庆安县有关方面显然缺乏相关准备，缺乏基本的危机应对素养。在媒体强烈围观下，连续几日官方话语缺失，舆论场上尽是一边倒的声音。

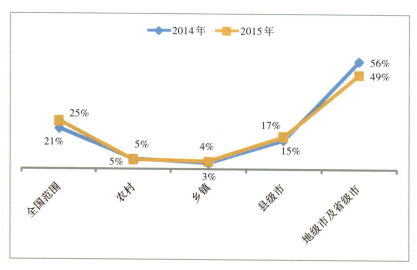

图 3-13　2015 年行政层次热点事件占比（抽样 1354 件）

数据来源：人民网舆情监测室

（五）意见领袖中性言论的增加，极端言论不断边缘化

人民网舆情监测室，采用意见领袖意识形态倾向性量化分析方法，将300多位意见领袖样本划分为中性、左翼温和、左翼极端、右翼温和、右翼极端五类。自2013年秋季，政府加大对互联网的治理力度，一些信口开河、造谣传谣的大V被注销账号，意见领袖群体的网络活跃度明显降低。在人民网舆情监测室选取的315名意见领袖样本中，其中296位曾经开通过实名认证的微博，截至2015年11月，已有33位微博停止更新，39位活跃度较低，一年以内日均发微博数量不超过1条。部分微博"大V"出现向微信公众号迁移的现象，据统计，截至2015年10月，约25%的意见领袖已经开通了个人微信公众号，但其中通过认证的只占到315名意见领袖的15%。[①]

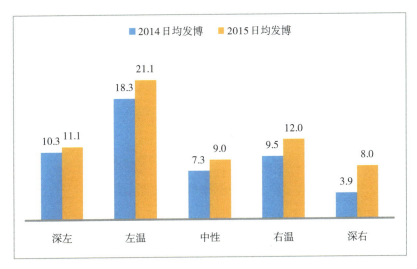

图3-14　意见领袖微博日均发博数

数据来源：人民网舆情监测室

---

① 人民网舆情监测室：《2015年互联网舆情分析报告》，2015年12月。

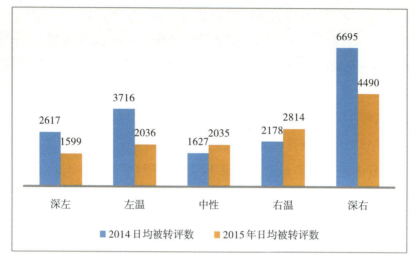

图 3-15 意见领袖微博日均受到转评数

数据来源：人民网舆情监测室

2015 年微博平台上意见领袖的活跃度较 2014 年虽然有所回升,但其中极端声音获得网民支持转发的数量明显减少,极端思潮在微博平台已经边缘化。微博舆论场总体呈现较温和的状态,这不仅反映了网民对待极端言论越来越理性,而且中性温和的舆论环境也从侧面反映出政府各方面的改进和提高。

（六）2015 年媒体、网民与意见领袖话语逐渐趋同

2009 年至 2011 年,微博舆论场的影响力不断增大,政府部门、体制内媒体、市场化媒体、"意见领袖"、普通网民逐渐被纳入同一个舆论平台之中,出现彼此融合的趋势,媒体、网民与意见领袖话语逐渐趋同。

2011 年之后出现了一个分水岭,政务微博等主流话语开始大规模进入网络舆论场,官方舆论场和民间舆论场逐渐融合,整个互联网舆论生态进入调整时期。此前,舆论场内部共识度与其对政府的认同度负相关,即舆论越是质疑和批评政府,就越是团结;但 2011 年之后变为正相关,即各

舆论场越是质疑和批评政府,其内部争议就越多,而在对政府进行积极评价时则更显得团结一致。

图 3-16　2007 年以来舆论共识度和政府认同度走势图

数据来源:人民网舆情监测室

2014 年以来,主流舆论场和民间舆论场进一步加强融合,网络舆论共识度与政府认可度双双快速上升,网络舆论生态步入正轨。

图 3-17　2015 年舆论共识度和政府认同度趋势变化

数据来源:人民网舆情监测室

2015 年 1 月份、4 月份、11 月份舆论共识度和政府认同度相差较大，2 月份、8 月份两者较为贴合。但看 2015 年全年舆论共识度趋势线和政府认同度趋势线不断接近，可见两个舆论场间的共识度不断提升。

二、政务微博发展趋稳，推进"互联网+政务"战略

2015 年的政府工作报告中，李克强总理提出了"互联网+"的概念，互联网已渗透到社会的方方面面，互联网已经融合了金融、教育、医疗等方面，同样互联网也可以融合政务。"互联网+政务"将会大力推动政府治理现代化，是整个政府信息化最重要的核心议题。

在 2016 年 3 月的政府工作报告中，李克强总理明确提出大力推行"互联网+政务服务"，利用"互联网+"推动政务服务发展已势在必行。政府工作报告为"互联网+"再发力，根据百度提供的大数据显示，3 月 5 日十二届全国人大四次会议开幕当天，两会相关话题的实时搜索迅速上升，其中"互联网+"的搜索指数为 7568，居政府工作报告五大"热词"之首。①

作为政务公开的创新方式，政务微博越发受到重视，成为众多行业、众多地区的政务建设"标准配置"。自 2009 年上线以来，微博作为"互联网+政务"的典范，应用新的社交媒体方式，推动了政务公开，使阳光政府、服务型政务得以被指数化考核。在公众知情权、参与权、表达权和监督权的保障中，微博成为中国社会整体进步的核心发动机。即使过去一年微信与客户端发展迅猛，但微博作为社会各界就公共事务展开讨论的广场式平台，依然保有强势活力，政务微博依旧是政务公开、官民互动的首选媒介。

---

① 《从海量搜索看政府工作报告五大"热词"》，人民网，http://theory.people.com.cn/n1/2016/0308/c49150-28180275.html。

（一）政务微博集群化发展，舆论影响力广泛扩散

"政务微博已经进入 3.0 时代。"日前在京举行的 2015 移动政务峰会上，清华大学新闻与传播学院教授沈阳说，政务微博在早期以信息发布为主，后来逐步加入了互动的内容，现在，服务元素的加入使政务微博进入了第三个发展时期。①

2015 年政务微博的发展，形成从中央到地方，覆盖不同级别、不同职能部门的政务微博矩阵，呈现集群化发展特点。随着"互联网+政务"的推进，政务微博运营已经成为政府日常工作的组成部分，运营水平的高低也成为政府部门行政能力的"标尺"。

1. 搭建官方和民间两个舆论场之间的桥梁

两个舆论场概念最早是由新华社前总编辑南振中提出来的，他认为在现实生活中存在两个不完全相重叠的舆论场，一个是主流媒体，着力营造的媒体舆论场，一个是人民群众议论纷纷的口头舆论场。这两个舆论场因为有了网络以后，变得更加膨胀，也更加固态了。自微博出现以来，政务微博就相继开通。而在开通初期问题有以下几种，主要是以信息发布为主，缺少沟通，互动不够；一些微博无人维护，成了空心微博；忽视粉丝或以不当方式追求粉丝；缺乏沟通技巧；等等。两个舆论场重叠之处较少，各自为营。

2011 年人民网副总裁、人民网研究院院长官建文在第十一届中国网络媒体论坛"引领微博时代，改善网络舆论生态"分论坛上做了《积极推进政务微博 打通两个舆论场》的主题演讲。在演讲最后他提到"政务微博真正入驻到民间舆论场，想人民所想、思人民所思，用人民喜闻乐见的语言和网民互动交流，我们两个舆论场就能够打通"。

而目前来看，政务微博在这一方面做得越来越好，亲民、有服务力、权

① 《政务微博进入 3.0 时代》，《光明日报》2015 年 2 月 7 日。

威成为政务微博新的标签。相较于 1.0 时代的政务微博,当前政务微博群体主动转变话语体系,已经能够熟练地使用各种网络语言,极大地拉近了与网民的距离。政务微博虽处在官方舆论场,但民间舆论场与官方舆论场的重叠之处越来越多,政务微博在其中发挥了中流砥柱的作用。

2. 改变政务生态,在舆论引导上更具权威性

"互联网+政务服务"的提出将打破政府部门的条块式划分模式、地域、层级和部门限制,为政府业务流程的重组和优化提供全新的平台,使得提供更完备、全面、无边界的服务成为可能。政府致力于打造的"廉洁高效、信息透明、阳光活力"的政府形象在政务微博上能很好地体现。

政务微博与个人微博最大的不同在于政务微博拥有更多的资源,能够成为连接政府和社会、政府和群众的一个统筹协调中心,政府可通过这个中心为社会提供服务和各种解决方案。这方面,政务微博粉丝服务就是一个典型的例子。北京地铁、上海发布、深圳交警等政务机构微博已经开通微博粉丝服务通道,为公众提供智能回复、业务预约、信息推送等高效便民的政务服务。

而这些政务生态方面的改变,将有力地塑造政府便民、高效的形象,无形中提升政府的公信力和威望,在舆论引导中打造自己的话语体系。

3. 政府等机构对舆论引导作用强化

在互联网时代政府想调控网络舆论,必须控制网络舆论内容的主导权,也就是说政府自己设置议程内容,引发公众进行舆论交流。例如最新发布医改方案,大量主流媒体对新医改方案进行报道,政府征求网民的意见在微博设置相关议程,发现网民对医改方案的落实、医药分开、全民医保、基层医疗机构建设、医务人员待遇等问题比较关心,并进行了热烈的讨论,媒体根据网民的调查情况对医改问题进行报道和评论,政府相关部门观察网民对新医改的意见及评论,并进行调整和改革。政府授意主流媒体在微博主动设置议题,从而为政府和网民搭建一个沟通交流的平台,

对网络舆论进行了很好的引导。

2015 年,政务微博账号更为注重提升自身在突发热点事件中的反应速度,以及通过政务平台为老百姓解决实事的能力,如"@ 北京环保宣传"抓住"北京蓝"热点积极引导舆论引发共鸣,"@ 天津消防"在天津滨海新区爆炸事故发生后的 3 小时之内,对该事故原因进行初步核实,并发布情况通报,及时消解网络谣言,回应网民关切。

4. 交流互动,促成双向传播从而增进舆论共识度

政务微博被视为一个相对低成本、易运营的网上"关系场域"①,实质性的对话与交流在良性政民关系的形成中具有极为重要的作用。"加强政民关系、获得公众理解"的互动解释职能显得尤为重要。

政务微博作为与百姓沟通的"连心桥",近年来不断适应网络话语体系,通过各类网络热点事件与网民进行良性互动,拟人化、个性化、亲民化语言和图文的使用是政务官微突出自身特色和吸引粉丝关注的方法之一。"@ 江宁公安在线"、"@ 南京发布"、"@ 深圳交警"等一批政务微博,既能耍宝卖萌与粉丝互动,也能严肃解答网民疑问,在诸多社会议题上积极引导网络舆论走向,大大提升了网络舆论情绪宣泄后的可修正性。在交流互动中,舆论场间的隔阂会大大缩小,从而增进舆论共识度。

(二)政务微博促使微博舆论环境良性化、秩序化

数据显示,2015 年政务微博总发博约 2.5 亿条,原创发博总数近 1 亿,所发微博的总阅读量超过 1117 亿。这些活跃于微博平台的政务新媒体在社会管理创新、政府信息公开、网络舆论引导、倾听民众呼声、树立政府形象、群众政治参与等方面起到了积极的作用,使得微博平台的舆论环境逐渐向良性化、秩序化的方向发展。

---

① 张宁:《微传播,微关系:对广东省三个政务微博的考察》,《现代传播》2013 年第 4 期。

表3-6　2015年政务微博影响力排行榜

排名	微博	认证信息	传播力	服务力	互动力	总分
1	公安打四黑除四害	公安部治安管理局暨打四黑除四害专项行动办公室官方微博(公安系统)	99.84	88.22	97.77	96.70
2	江宁公安在线	南京市公安局江宁分局新浪微博社区委员会专家成员(公安系统)	100.00	57.06	100.00	91.41
3	平安北京	北京市公安局官方微博(公安系统)	94.02	96.55	80.47	89.13
4	上海发布	上海市政府新闻办公室官方微博(新闻发布)	96.74	76.66	83.99	87.62
5	中国地震台网速报	国家地震台网官方微博(中央机构)	94.92	67.79	89.68	87.40
6	深圳交警	广东省深圳市公安局交警支队官方微博(公安系统)	92.56	75.63	81.39	84.70
7	广州公安	广州市公安局官方微博(公安系统)	88.43	88.47	76.62	83.71
8	南京发布	南京市委宣传部新闻发布官方微博(新闻发布)	89.58	75.30	81.63	83.54
9	成都发布	成都市人民政府新闻办公室(新闻发布)	90.15	76.69	80.22	83.49
10	北京地铁	北京地铁公司官方微博(交通系统)	86.67	99.53	70.05	82.59

数据来源:人民网舆情监测室

1. 公安和新闻发布类微博的运营水平仍处于领先地位

"@公安部打四黑除四害"、"@江宁公安在线"和"@上海发布"位居百强榜前三位。前10名里公安微博占据5个,新闻发布微博占据3个。"@山东高法"、"@武汉交警"、"@河北发布"等9个政务微博进入百强。在地区分布上,中央部委及其下属机构有13个政务微博进入百强,广东也有12个政务微博上榜。

处于政务微博发展前列的公安系统微博,在网络谣言的处理、社会热点关注、回应百姓关切等方面无不体现出专业性。

2. 北上广、苏川地区微博影响力高

在2015年政务微博影响力排行榜的TOP10中,北上广分别都占据着两个名额,江苏南京和成都分别占据两个、一个名额,主要是公安和新闻发布类微博。其他地区的微博运营可以参照这些成功的范例。

(三)政务微博发挥舆论引导的中坚作用

1. 凝聚网络正能量,推动良性生态舆论建设

针对"东方之星长江沉船事故"、"6 月股市暴跌"、"天津港'8·12'特大爆炸事故"、"纪念中国人民抗日战争暨世界反法西斯战争胜利 70 周年大阅兵"等 2015 年重大公共话题事件进行分析,政务微博平台发挥着强大的舆论引导作用,与此同时,在面对突发事件,民众在微博平台上的舆论自净、自律趋势更加明显,呈现出一种良性的生态化发展趋势,微博平台上的正能量扩展必然会反哺线下社会,从而促使全社会舆论生态得以极大改善。

2. 基层政务微博崛起,舆论引导意识下沉至基层政府

在"@公安部打四黑除四害"、"@平安北京"、"@上海发布"等省部和厅局级微博积累起数百万乃至上千万的粉丝,在公共议题中掌握话语权之时,一批基层政务微博也逐渐崛起,展示着基层干部的新形象。据统计,县处级以下微博总量 135717 个,约占全国政务微博总量的 89.1%,其中,政务机构微博 100701 个,与 2014 年相比增幅显著。

市区微博、乡镇微博乃至街道微博以其特有的方式,在微博舆论场中占据一席之地。他们中或凭借亲民的话语风格深受网友喜爱,如"@江宁公安在线"、"@十堰市公安局东岳分局"通过机智的"段子"积极引导舆论化解谣言;或深耕基层服务。据统计,在 2015 年政务微博影响力榜服务力指数最高的十个账号中,县处级以下的基层政务微博就占据五席,基层微博往往能够在网络问政过程中放下"架子",与网民亲切平等沟通,成为政府与民众之间的"连心桥",同时一些基层助农微博搭建渠道,让本地产品"走出去",让实用农牧信息"走进来";或在突发事件中一跃

而起,构建矩阵密集发声,如在抵御台风等救灾场合,广东、浙江、上海等地涌现出大量优秀基层微博,为群众提供气象、道路、出行等信息服务。

三、国家领导人形象的微博传播

2014年中国从国家层面的高度提出了媒体融合战略,习近平主席在谈到媒体融合的时候,明确提出了"宣传思想工作是做人的工作"、"人在哪儿重点就应该在哪儿"。微博作为民间舆论场的重要阵地之一,国家主流声音必须重视。此外,微博可以拉近国家领导人和普通大众之间的距离,营造亲切感,有助于引导舆论、树立新形象。因此以微博为代表的社交媒体自然成为国家领导人形象传播不可忽视的阵地。

(一)传统报道模式单一且模式化,微博报道方式更加生活化、更为亲民有趣

过去公众对于国家领导人形象的感知大多来源于传统媒体的报道,如《新闻联播》、《人民日报》等主流传统媒体报道。公众所认知的国家领导人形象也基本上等同于媒体通过报道所输出的领导人形象。传统媒体国家领导人报道往往十分谨慎,内容较为局限,报道多以宣传国家方针政策等为主。在报道的形式上,传统媒体对于领导人的报道往往遵从着特有的话语体系,遵循着严谨、刻板、严格的报道框架。具有政治性、政策性、严肃性的特点。在这种报道模式下,领导人的形象较为单一、扁平,呈现出符号化的特点。领导人自身的人格魅力得不到有效展现,在民众中难以形成有效的传达,这并不利于树立领导人的形象。如中央电视台《新闻联播》中关于领导人新闻报道的模式就遭到网友的调侃,甚至有网友整理出《新闻联播》报道的模板,并在网上引发热议。相比于传统主流媒体的报道方式,微博对于国家领导人的报道则更为生活化、更加亲民有趣,微博上能够展现国家领导人作为普通人的一面,能够拉近其与民众的

距离,如习近平买包子、习近平与彭丽媛出访他国的一举一动引起的微博传播都显示出了这种亲民、有趣、生活化的传播特点。

(二)微博有助于建构国家领导人亲民、公开的新形象,增强了社会凝聚力

　　良好的领导人形象有助于国家的团结和民族凝聚力的提升,也有助于国家各项工作的顺利开展。而微博作为媒体,可以以一种不同的方式"建构"国家领导人的新形象。2008 年,许多国外学者将那一年的美国总统大选称为"脸书选举",以此来强调新媒体在政治传播中的巨大作用,而奥巴马也被称为"新媒体总统"。

　　近年来,新任主席习近平的亲民形象为中国国家领导人形象增添了一抹亮色。2013 年 12 月 28 日"庆丰包子事件"、2013 年 12 月 31 日"新年致辞事件"及 2014 年 2 月 9 日"习近平漫画事件"、2015 年 12 月 25 日"习近平发微博事件"等事件充分表现出了微博在国家领导人形象传播中的巨大影响力。如习近平吃包子通过微博建构,提倡一种"简朴、节约、不浪费"的风气,同时也呈现了领导日常生活的另一面和亲民的形象,舆论的导向更是折射出中央领导同志的清新作风。而习近平在解放军报微博平台上发送的第一条微博更是引起了巨大反响,数据显示,这条微博的阅读总量已经超过 1 亿,转发量超过 40 万,仅新浪微博平台阅读量超过 9000 万,转发超过 36 万,评论超过 5 万,点赞数超过 10 万,此外还被各家门户网站和新媒体转发,阅读量更是以亿计。① 从这些微博传播事件中可以看出,我国国家领导人的媒介形象,已从过去的过于简单、完美、模式化的形象传播中脱离出来,呈现出公开化、亲民化的形象传播的新特点,而这种转变,微博功不可没。

---

① 详见 http://news.ifeng.com/a/20160125/47225904_0.shtml。

四、微博传递社会正能量

2012 年中国十大流行语排行榜上，"正能量"一词为首个流行词语。所谓正能量，即是指一切予人向上和希望、促使人不断追求、让生活变得圆满幸福的积极动力和感情，一切有利于人的自由全面发展和社会进步的积极因素。① 2012 年 7 月 4 日上午 10 时许，众多博主在新浪微博、搜狐微博纷纷发布"点燃正能量，引爆小宇宙！"和"点燃正能量，运气挡不住！"的博文，起初几个博主的发布行为，引起了众多博主的好奇和跟进，造成一时间众多网友纷纷模仿发布。由此，"正能量"逐渐成为微博中一个被广泛使用的词语。

"正能量"一词的流行，反映出了人们对于社会和谐发展、精神文明不断进步的美好诉求。"正能量"反映了当下社会大众的一种积极向上的生活态度，是人生观、价值观的集中表现，是一种值得提倡的行为方式和价值理念。"正能量"的传播，有利于我国政治、文化、思想等各个方面的进步，有利于个人的自由发展。当下，我国正处于经济社会的转型发展时期，虽积极发展依然为社会主流，但焦虑、浮躁、暴力、非理性、冷漠等不良情绪也在社会中大量存在，当前的中国需要更多的正能量。因此，"正能量"的传播就很重要了。正面报道一般是用赞许的态度对社会上的好人好事、人民社会建设的功绩、政府的政绩等进行赞扬和肯定。这样的新闻报道往往会给人一种光明和向上的希望，在受众当中传递了积极的情绪，正面报道是传递正能量的主要手段之一。

（一）微博空间的低门槛和"微关系"，有助于集聚正能量话题

微博作为一个信息分享与发布的平台充分发挥了网络空间自由便捷

---

① 田忠钰、李严:《微博在推动社会进步中的正能量作用》,《中共贵州省委党校学报》2013 年第 1 期。

的特点。任何人和组织只要通过简单的注册信息填写就能拥有自己的微博空间。微博用户可以发微博传照片,微博用户可以随时随地分享身边积极向上的、文明礼仪的、公平正义的人和事,通过微博的直播报道和互动式几何级传播效应,进而影响到更多的人。

此外,微博用户还可通过加关注和被关注的方式扩大自己的微博关系圈。这种"微关系"区别于我们在现实生活中形成的人际关系。在现实社会中每个人接触最频繁的是自己的亲人、朋友、同学、同事,这是一种十分稳定但传播范围有限的社会圈子,而在微博上形成的"微关系"则是一种更为广泛同时比较肤浅的社会关系,也就是一种"弱关系"。美国斯坦福大学的社会学家马克·格兰诺维特于年提出"弱连接理论",他在研究中发现,在信息的扩散和传播上"弱关系"和"强关系"起着同等重要的作用。在一个"强关系"的社会网络中,人与人之间彼此熟悉、充满信任,但在这样的圈子中他人提供的交流信息总是冗余而有限的。而"弱关系"形成的关系圈成分则更为复杂。因此"弱关系"往往充当了个体与其他社会圈子的桥梁,从中得到的信息是不可能从自己的圈子里获得的。"弱关系"能够避免在一个熟人网络中高度的、同质化的互动,因而创造了更多的机会。① 到目前为止,多数微博网友都已体会到微博是有效连接"弱关系"与社会关系的关键平台。同时这种"微关系"还可构建一种极具现代化的信任关系,很多微博用户比较喜欢微博求助,一些网友在微博中发布生活中所存在的问题,以求有智慧的网友伸出援助之手,这就逐渐流行了"在线等"体。而"微关系"中超大力量的凝聚,也逐渐成为一种有效的问题解决方式,并受到更多微博网友的认可与信任,使得微博在传播正能量中发挥着重要作用。

---

① 刘会:《关于微博"正能量"传播的分析与思考》,《教育教学论坛》2014 年第 13 期。

（二）微博可以快速传递、扩散正能量

微博传播速度具有病毒式的特点，信息被瞬间传播扩散，有爆发式的影响力，如在天津滨海爆炸事件中，政务微博、意见领袖、企业微博以及草根账号形成联动，利用微博的扩散力，传递正能量。如气象类微博的影响力受天气变化的影响较大，在出现极端天气时，其网民关注度往往会出现小高峰。与此同时，气象信息的发布往往也能引发其他政务微博矩阵的联动。2015 年 7 月，"莲花"、"灿鸿"双台风齐齐来袭，分别登陆我国广东、浙江等地沿海地区，多地政务微博、微信纷纷发布预警和灾害信息，气象、公安、宣传各个系统微博联动，帮助群众防抗台风、传递正能量。再如台风来时平安龙湾的微博："@平安龙湾：#抗击特强台风浙江警方在行动#【抗台下的众生相】灿鸿即将来临，昨晚，龙湾各救灾安置点老百姓怡然自得，大家玩手机、搓麻将、看电影、睡大觉，形态各异。然这一切的背后，是一批可爱警察蜀黍的默默付出！@平安龙湾 民警忙转移、忙宣传、忙抓人、忙守卫，台风没来就忙成这样，要是来了，会成超人吗？"

（三）微博意见领袖对传播正能量具有引领作用

20 世纪中期，美国传播学家拉扎菲尔首次将"意见领袖"的概念提出，并概括了意见领袖的根本特征：一般意见领袖都为人际传播活跃者；他们的主观能动性比较强；可以与媒介频繁接触，所掌握的信息渠道比较多；具有活跃的思维模式，善于与外界交流。意见领袖是两极传播中的重要角色，是人群中首先或较多接触大众传媒信息，并将经过自己再加工的信息传播给其他人的人。具有影响他人态度的能力，他们介入大众传播，加快了传播速度并扩大了影响。舆论领袖一般颇具人格魅力，具有较强的综合能力和较高的社会地位或被认同感。在社交场合比较活跃，与受其影响者同处一个团体并有共同爱好，通晓特定问题并乐于接受和传播相关信息。意见领袖在传播中的起到的是中介的作用，他们具有加工与解释功能、扩散与传播功能、支配与引导功能、协调与干扰功能。大部分微博意见领袖都是通过加"V"认证的微博用户,这些用户一般在现实中都具有较大影响力,具有较多社会资源。在互联网中,微博意见领袖的活跃度较高、影响力较大,因此在其进行正能量散布与传播时,往往具有有效的推动作用。

五、中 V 崛起,名人微博生态呈现出分散多元趋势

随着微博平台功能的不断完善,微博用户群逐渐稳定并保持持续增长,微博认证用户的图标分为蓝色 V、橙色 V,达人用户的则是五角星图标。新浪微博采用的身份区分机制将微博主分为实名认证的个人(橙 V)、机构或企业(蓝 V)和未认证的普通公众三类。前两者中会产生大 V。普通公众即使影响力很大也只是"微博达人"或"微博红人"而不可能成为"大 V"。

(一)"新意见领袖"——舆论扩散的中介

众所周知,在微博上也会存在意见领袖,但其含义与传播学意义上的意见领袖又有些许差异。作为微博的早期践行者,作家杜子建认为,将微博上具有影响力的人称为"意见领袖"并不准确,因为"很多网友只把'意见领袖'理解为'舆论领袖'",而"舆论领袖"是"以讨论政治、民生等话题而成名的"。①

而微博上的意见领袖更倾向于把"意见"理解成专业化的建议,比如医疗、美容、化妆、财经等领域的"专业意见领袖";将"舆论"视为更具公共关怀意识的词。准确地说,"大 V"中的一部分会成为意见领袖,但意见领袖并不都是"大 V"。

---

① 杜子建:《微力无边》,万卷出版公司 2011 年版,第 108 页。

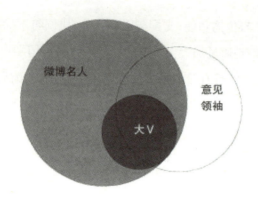

图 3-18 "大 V"、微博名人、意见领袖三者的关系①

随着微博等社会话语场域新兴平台的迅速普及,在网络虚拟公共话语空间出现了庞大的网络意见领袖群体,通过在社会公共话题讨论中的鲜明观点和社会公益行动中的动员能力,成为网民关注的明星人物,进一步演变成为虚拟社会中的"新意见领袖"。②

微博,作为新新媒介中兼具社交与信息功能的媒介,在网络公共事件的传播中发挥着微妙而复杂的作用。"大 V"借助粉丝量的优势,将影响甚小的事件嵌入到自己的链接中,发挥了中介与扩散的作用。正是基于这种作用,"大 V"才被视为意见领袖。

（二）"大 V"是公共事件的"扩音器",产生传播的裂变效应

在旧媒介时代的两级传播过程中,意见领袖主动从大众媒介获取信息,再将获取的信息传播到自己的人际圈,大众媒介是信息源,体现的是媒介对人的单向影响。而新媒介时代,影响力极小的当事人或目击者成为信息源,将信息单向推送给意见领袖（"大 V"）,意见领袖扮演了信息中介的角色,动员或促成了大众媒介的参与,体现出网络舆论对大众媒介

① 靖鸣、杨晓霞:《微博"大 V"的特征与构成分析》,《新闻与写作》2014 年第 2 期。
② 靖鸣、杨晓霞:《微博"大 V"的特征与构成分析》,《新闻与写作》2014 年第 2 期。

的逆向影响。虽然在网络公共事件的传播中,"大V"起了关键的链接作用,但最终形成社会影响并促使事件得到最终解决的关键因素却是数量庞大的普通网民,他们构成的围观效应汇聚成强大的社会舆论。

"蓝V"和"橙V"在传播影响力上发挥了广泛的扩散作用,因为庞大的粉丝群体,能迅速造成传播的裂变效应。一些名人在微博伊始就依靠着自身的名气迅速吸引了一大批粉丝,他们具有强大的微博传播力和影响力。这些"大V"客观上具备了主流声音的影响力,他们在微博中的传播同样代表了主流声音。如在天津滨海新区大爆炸实践中,"@成龙"发布了一条微博,一方面表达了对事件的难过,另一方面赞扬了勇敢的消防队员,积极传播正能量,引起了超过3000条转发、超过5000条的评论和超过13万条的点赞,在微博上引起了很大的传播量;明星邓超作为一名拥有超过4600万微博粉丝的"大V",2015年3月在微博上发布一条关于祝福妈妈生日快乐的微博,引起了超过4万5千次的转发、超过13万条的评论和超过391万次的点赞。邓超在这个微博传递了关于母爱、孝心的正能量,传播力十足。

图 3-19　邓超的微博

六、微博谣言治理显成效

微博平台虽然信息传播速度快、传播内容多、传播面较广,但是虚假信息甚至是谣言也在不断地产生和传播并造成负面影响,这时候主流声音介入微博舆论场往往能够起到稳定甚至反转不利局面的作用。

(一)多方辟谣平台建设,共同治理谣言

2012年5月,微博推出了针对不实信息在内的《微博社区公约》和《微博社区管理规定》,从产品和规则上开创了网站主动治理谣言的先例。之后各个平台相继加入共同治理谣言,净化网络空间。

1. 微博自有辟谣平台建设

微博由于其开放性和匿名性,是网络谣言的高发地区,在针对网络谣言上除了既有的社区公约等条款,还设立了微博自有的专门的辟谣平台——虚假信息辟谣官方账号"微博辟谣"。

图3-20　微博辟谣平台

微博平台专门用于辟谣的官方账号——"微博辟谣"已有粉丝92万,还有纯民间的自发辟谣团体,诸如"辟谣联盟"、"谣言粉碎机"、"各种辟谣"等纯民间自发辟谣组织。其次是"辟谣与真相"粉丝29万、"辟谣联盟"粉丝 7 万、"温州辟谣"粉丝 5 万。以上是辟谣的微博账号。这类辟谣方式的主体多是一些有组织的专业辟谣群体。以"辟谣与真相"为例,这一组织成立于 2011 年 5 月 18 日,是网络上首个民间辟谣组织,目前微博粉丝已逾 29 万人,已发各类辟谣微博近 10000 篇,微博转发量多在三四百条。

而在微博出现最多的是各个地区所建的自有的同时与其他机构合作的网站平台。如"内蒙古辟谣平台"、"浙江辟谣网"、"上海辟谣平台"、"江苏辟谣平台"等。在微博发布时,标签则为#＊＊辟谣#,＊＊是各个省的名字。

2.多家网站辟谣与各省区官微共建辟谣系统

2015 年 8 月,全国首个辟谣平台——北京地区网站联合辟谣平台成立两年。据有关负责人介绍,截至当时,已有 45 家网站、报纸、电视台等机构加入辟谣平台,汇集各类辟谣信息超过百万条。

3.公安系统微博助力辟谣

2015 年 4 月 16 日,"@江苏网警"开始推出《网上谣言 Top10》栏目,截至年末共发布了 25 期,共获得 6200 余次的转发和评论。"@江苏网警"不仅注重内容质量,精选一周谣言案例,还十分注重版式设计,前两期以长微博形式展现,后改版为 9 图形式,每期均精心设计不同版式,深受网民喜爱。

"@江宁公安在线"边卖萌边实干,致力于传播真相粉碎谣言,被网友亲切地称为"江宁婆婆",而其"警察蜀黍作品"系列辟谣长微博,紧扣社会事实热点,揭露谣言和伪科学的真相,语言幽默搞笑,形式符合移动终端的阅读特点,更是深得网友喜爱。

"@平安商丘"充分利用微博遏制谣言传播,澄清不实信息。4 月,一则名为《信阳救助站 13 岁小孩活活饿死,尸体成"干尸"》的帖子在网上风行,对此,"@平安商丘"通过微博及时公布调查结果,排除孩子

受虐待致死嫌疑；5月，"@平安商丘"通报了"多位学生被偷走"谣言；6月，"@平安商丘"通报了"又一大波儿丢孩子"谣言和"振华玻璃厂逃跑了12名重刑犯"谣言。这些一次次的辟谣活动都成为谣言治理的典型案例。

4. 全国辟谣平台强力推出

2016年5月12日，由北京市互联网信息办公室和首都互联网协会指导的北京地区网站联合辟谣平台迎来了重量级辟谣力量，新浪微博联合公安部推出了"全国辟谣平台"，并加盟辟谣平台。

图3-21　全国辟谣平台

据新浪微博相关负责人介绍，该平台是目前全国首个针对全网范围的谣言举报和辟谣平台，以全国189个网警巡查官微和各地公安局的平安系列微博为主力，在微博开设便捷渠道接受网民对互联网谣言的举报处理。

（二）用户参与方式多样，共同遏制谣言

1. 微博辟谣平台举报

在微博辟谣平台上，用户发现谣言时，既可点击微博下方的举报按钮，也可使用"微博辟谣"话题举报谣言。审核之后，微博运营方会快速查删、标注不实内容，同时根据重要程度进行转发或话题主持人推荐置顶。若涉及重大辟谣信息,微博辟谣官方账号会以粉丝头条的形式进行扩大传播,并对发布谣言的账号做出冻结账号等不同程度的处罚。

而网民在"全国辟谣平台"上可以通过微博的首页公告栏和"@微博辟谣"账号粉丝服务中设置的两个醒目的举报入口进行。网友只要在举报页中准确填写被举报内容链接或者上传被举报内容的截图,详细填写举报理由就可以将自己的举报上传至辟谣平台,"全国辟谣平台"上的网警官微和各地公安局的平安系列官微将会第一时间对网友举报进行核查处理,并通过发布#微博辟谣#内容进行官方辟谣。"@微博辟谣"也将联合公安部发布每月辟谣报告,集中公布典型谣言和相关数据。

2. 网民私信公安微博

截至 2016 年 5 月,微博认证的政务机构官方微博数量超过 11 万个,其中公安官微接近 2 万个。政务微博尤其是公安官微已经成为辟谣主力,在重大突发事件中,均能快速公开响应进行警情通报、权威辟谣等。面对网络上的不实信息,本地公安官微均能第一时间发出官方通报信息遏制谣言。集中辟谣甚至成为不少公安官微的日常工作。

网民就某条消息私信问博主,这一方式也成为破除谣言另一快速有效的方式。10 月 12 日,"@警民直通车—上海"接到网民私信,求证一条"松江大学城附近发生有人以孩子偷钱包名义抢孩子"的信息。市局官方微博将此信息转交松江公安分局调查核实。经查,所谓"抢小孩"原来仅仅是一个误会。虽然后来因为校方的疏忽,"松江大学城有人抢小孩"的言论出现爆炸性扩散的趋势,但是"@警民直通车—上海"在快速核查事件真实情况的基础上,指令松江公安分局官方微博、微信,第一时间发布调查核实情况,并以"长微博"的形式,解剖谣言形成的全过程,获得了网友们的一致认同。而博文经"@警民直通车—上海"转发后,又被公安部、松江区官方微博等相继转发,阅读数超过 200 万,平息了谣言。

(三)微博治理谣言成果丰硕

早在 2014 年全国两会上,最高法和最高检向全国人大做工作报告中明确规定,诽谤信息被转发达 500 次可判刑,点击超 5000 次按情节严重论处,造谣引发群体事件等七宗罪将被公诉,有偿删发稿属非法经营,爆料索财属敲诈勒索,网络辱骂属寻衅滋事等。而面对愈演愈烈的谣言现状,国家开始大力整治网络环境。

1. 相关法案出台以法治理谣言

2015 年 11 月 1 日,《刑法修正案(九)》正式施行,在现行刑法第二百九十一条之一中增加一款作为第二款:"编造虚假的险情、疫情、灾情、警情,在信息网络或者其他媒体上传播,或者明知是上述虚假信息,故意在信息网络或者其他媒体上传播,严重扰乱社会秩序的,处三年以下有期徒刑、拘役或者管制;造成严重后果的,处三年以上七年以下有期徒刑。"《刑法修正案(九)》对编造虚假的险情、疫情、灾情、警情提供了法律保障。

2. 打击传谣造谣专项行动

为治理网络谣言,国家相关部门多次亮剑,但网络谣言依旧在"野蛮生长"。据公安部 2015 年 8 月的通报,针对一段时间内互联网和微博、微信大肆编造传播谣言的情况,公安部组织开展专项打击整治行动。截至 8 月底,依法查处编造传播谣言的违法犯罪人员 197 人,责成相关网站关停网络账号 165 个。这也从一个侧面折射出当前网络谣言不断滋生的严峻性。

3. 创新网络辟谣方式

一方面加强部署专项打击整治网络谣言,另一方面也在网络辟谣方式上有所创新,如在天津"8·12"爆炸事故中,不少政务微博微信、自媒体等,及时对谣言进行阶段性汇总、辟谣并发布扩散,挤占了谣言传播空间。重大突发危机事件容易成为谣言滋生土壤,加强网络空间的管理及辟谣方式创新,及时发现不实传言,澄清真相,成为当前社会治理的一项重要任务,考验着各级政府的网络履职能力。

政务微博也不断创新辟谣手段,使辟谣信息比谣言更具传播力和吸引力。针对网络上反复出现的"抢孩子"的传闻,"@平安北京"就专门制作"抢孩子"谣言的图文模板,用群众易于接受的方式辟谣。浙江则开通媒体网站联合辟谣平台,由网信办、公安厅等部门联合 35 家单位参与,一年来辟谣超过 2000 条。

第三节　微博对舆论传播格局的影响

随着互联网的发展,传统的"四大媒体"①格局逐渐被打破,媒体格局正在重塑,网络媒体尤其是移动互联网媒体正在改变当前的传播格局。从传播流程上看,当前的传播已经从注重传播效率和覆盖面的从点到面的信息单向流动,转型为注重互动和精准的点面结合的双向互动。而传播格局中最具特点的改变就是内容的生产和传播权的下沉以及受众的增权。其主要表现就是主流媒体和社交媒体的两个舆论场产生、分立和融合。而微博作为媒体属性更强的社交媒体在我国社交媒体格局中的影响力不可忽视,是我国民间舆论场最为重要的阵地。

一、传统媒体微博保持较强的内容生产与议程设置能力

(一)传统媒体融合转型,深入介入网络舆论场

新华社、中央电视台等央媒走在了媒体融合的前列。传统媒体进军微博平台,传统媒体转型最为典型的要数《人民日报》,在新媒体平台展

①　指电视、报纸、广播、杂志四大媒体。

现其强大的聚集用户的能力。《人民日报》由一份报纸发展成为全媒体形态的"人民媒体方阵",用户总计已扩展到3亿。《人民日报》法人微博聚集用户4537万,被称为"中国第一媒体微博";《人民日报》微信公众号拥有粉丝275万,在微信平台各类公众号中影响力排名第一;人民日报客户端上线一年零三个月,累计下载量已超过7700万。

与此同时,其他纸质媒体、电视台、杂志类甚至通讯社类传统媒体也在微博上开通自己的账号。据新浪提供的数据显示,截至2015年8月,经认证的媒体类微博为26259个左右,其中传统媒体微博17323个。传统媒体微博中,报纸类3571个,约占21%;电视类7312个,约占42%,其中包括电视频道微博和栏目微博;电台类3002个,约占17%,其中包括电台微博、频道微博和栏目微博;杂志类3359个,约占19%;通讯社类79个,约占1%。①

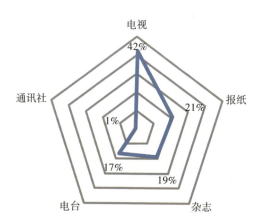

图3-22 2015年传统媒体微博中各类媒体微
博所占比例图

数据来源:新媒体指数抓取的媒体微博数据

---

① 《2015年传统媒体:纸媒表现优于广电媒体》,http://news.china-10.com/445749.html。

以新媒体指数抓取的媒体微博数据为依据,选取 2015 年 9 月 BCI (微博传播力指数)排名前 100 的传统媒体微博,包括 44 家报纸、37 家杂志、11 家电视台、6 家广播电台。

新媒体指数统计显示,9 月 BCI 排名前 100 的传统媒体微博共发布微博 60365 条,其中原发微博 52301 条;原发微博共被转发 1000 万次以上,平均每条被转发 192 次。这体现出传统媒体微博具备较强的内容生产能力,是微博原创性的主要支柱。①

在对重大突发事件的报道中,传统媒体微博保持着较强的议题设置能力。传统媒体微博在微博舆论场中的作用日益体现为重大事件的急速扩散和强大穿透力,以及引发公众讨论话题的引导力。

(二)传统纸媒微博表现优于传统广电媒体微博

统计分析发现,传统媒体官方微博粉丝数众多,《人民日报》粉丝数突破 4500 万,较 2014 年增长 1800 多万。而传统广电媒体微博粉丝有 4200 万,微博影响力位居第二。

传统媒体官方微博第一条和最后一条的微博发布时间相对固定,分别为早 7 点晚 11 点。每天发布的微博数量基本相同,一般在 40 条左右,内容多为原创且质量较高,粉丝参与积极。但各个传统媒体官方微博的影响力也会存在差异,因媒体本身的属性、地域不同而不同。

2015 年 12 月,在 2015 微博 V 影响力峰会上,颁发了"微博 2015 年最具影响力十大媒体"。

---

① 《2015 年传统媒体:纸媒表现优于广电媒体》,http://news.china-10.com/445749.html。

表 3-7 微博 2015 年最具影响力十大媒体

排名	微博	认证信息	粉丝	分类
1	人民日报	《人民日报》法人微博	45647118	报纸
2	央视新闻	中央电视台新闻中心官方微博	42875679	电视
3	新华视点	新华社新华视点微博	21146127	通讯社
4	解放日报	《解放日报》官方微博	1510667	报纸
5	中国之声	中央人民广播电台新闻综合频道、声动中国年度最佳电台	19207175	广播
6	人民网	人民网法人微博	31236199	网站
7	成都商报	《成都商报》官方微博	3068870	报纸
8	中国日报	《中国日报》官方微博	22786270	报纸
9	华西都市报	《华西都市报》官方微博、微博区域新媒体(四川)站	6376292	报纸
10	环球时报	《环球时报》微博	4382706	报纸

数据来源:2015 微博 V 影响力峰会

　　虽然电视台微博和电台微博在总体数量上要远超报纸微博和杂志微博,但最具影响力前十的传统媒体微博中,纸媒微博所占席位要远多于广电媒体微博。从这个榜单中也能清晰地看见,6 家报纸、1 家电视、1 家广播、1 个网站、1 个通讯社,纸媒微博占据 6 席。

　　传统媒体官方微博影响力与传统媒体线下影响力息息相关,《人民日报》微博是报纸传统媒体中影响力相对较大的,微博内容主要集中在新闻事件报道、采访花絮、评论意见、同行交流互动、生活随笔、微博活动信息、栏目话题预告等。对比而言,电视微博侧重采访花絮、栏目节目的预告,杂志则没有明显的内容倾向。传统媒体的线下影响力会影响官方微博的影响力,在舆论引导上也各有侧重点。

总体来说,中央媒体微博在舆论引导方面依然保持领先地位,央视新闻和《人民日报》的微博传播力指数(BCI)遥遥领先,体现出中央媒体微博因信息的权威性、内容的丰富性得到受众的喜爱。新华社虽未进入十强,但是其开通的"@新华视点"、"@新华社中国网事"、"@新华欧洲"、"@新华广东快讯"等一系列微博账号形成微博矩阵,共同提升了主流媒体的舆论引导能力。

二、微博自媒体影响力提升

(一)垂直领域自媒体账号发展迅速

据统计,中国的自媒体账号仅仅在微信和微博中已达千万量级,在微博平台上,来自自媒体生产的内容,已经是传统媒体内容的10倍以上。[1]

表3-8　各垂直微博 V 账号榜

昵　称	粉丝数	领　域
龚文祥	363万	电　商
蔡　澜	929万	美　食
暖情 Kr	73万	电　影
数据化管理	114万	科技观察
南派三叔	1120万	读　书
音乐谷主	6万	音　乐
洪　榕	77万	财　经
成都下水道	38万	医　疗
评述员詹俊	888万	体　育

---

① 曹国伟:《微博和微信上自媒体账号数已破千万》,TechWeb　http://people.techweb.com.cn/2015-12-17/2243255.shtml。

续表

昵　称	粉丝数	领　域
LOL 无双小智	271 万	游　戏
赵　嘉	5 万	摄　影
丁一晨 DYC	546 万	动　漫
阿花花酱	219 万	时尚美妆
陈震同学	134 万	汽　车
张思莱医师	141 万	母婴育儿
清华南都	199 万	教　育
收视率背后的故事	19 万	电视剧
草原 900	248 万	旅　游
全球健身中心	893 万	运动健身
唐立淇占星	117 万	星　座

数据来源：新榜官微，截至 2015 年 12 月

　　微博自媒体计划 2014 年启动，2015 年 6 月已覆盖 33 个垂直领域的 153 万活跃自媒体作者，共生产 6500 万篇长微博，其中微博签约自媒体 1500 多人。自媒体持续发布的优质内容，满足了用户在不同兴趣领域的信息获取和社交需求，同时也使微博在垂直领域的拓展上得以顺利进行。[①] 而截至 2015 年 12 月，前 11 个月里微博垂直领域作者达到 230 万，同比增长一倍，覆盖 47 个行业。根据 2016 年微博 V 影响力峰会上透露的数字，截至峰会时微博已经有 45 个垂直领域的月阅读量超过 10 亿，自媒体作者在微博获得收入 117 亿。

　　微博自媒体也助力了微博短视频与直播的兴盛，2016 年微博 V 影响

---

① 《微博投入价值 1.5 亿资源扶持签约自媒体》，人民网，http://media.people.com.cn/ n/2015/0616/c14677-27163922.html。

力峰会同时透露出截至峰会时 2016 年微博自媒体短视频媒体发布量达
32 万,头部作者发布量日均 6 万,自媒体短视频播放量峰值达 23 亿,头
部自媒体视频播放量占 61%,自媒体短视频人均播放时长为 15.2 分钟。
直播方面,微博自媒体直播日均开播场次达 26 万,日均观看人数达 538
万,网民与微博直播日均互动次数达 7013 万次。除此之外,微博自媒体
在传统的图片生产领域也表现出可观的传播力,2016 年微博自媒体日均
发布图片张数达 1.6 亿张,每天打开量高达 47 亿。

(二)民间舆论场——自媒体的涌现

1.微博签约自媒体账号的加入,改变舆论场格局

微博垂直领域签约自媒体因其在某一领域的专业性,而被微博收为
微博签约自媒体,其粉丝数量庞大。

在面对突发事件时,自媒体账号的用户独创性内容会吸引大量用户
的转发评论,甚至改变整个的舆论格局。在天津港大爆炸时,当人们都在
为这一突发事故感到惊愕、痛心时,舆论场里弥漫着硝烟的味道,一个配
图和一段文字改变了整个舆论格局,"消防员逆行"戳中无数网友的
泪点。

在天津港爆炸的隔天上午 9 点半左右,微博 ID 为"妖妖小精"的网
友发布了一幅名为"世界上最帅的逆行"的图片:漫长的通道里,人们行
色匆匆地逃出通道,与此形成鲜明对比的是一名身穿橘红色消防服的消
防员却朝他们的后方逆行走去,只留下一个背影。

而妖妖小精在微博自我介绍中是《色系军团》漫画译制组负责人,
微博签约自媒体。此微博加配图发出后,在微博广泛转发、评论和点赞。
#最美逆行者#、#世界上最美的逆行#等话题出现,引发新一轮的舆论热
潮,成为天津港大爆炸另一附属标签。

图 3-23　妖妖小精的一则微博

2. 普通网民的原创微博引发较大关注,甚至影响舆论场的基调

在 2015 年两个热点事件——"东方之星"旅游客船倾覆和抗战胜利日阅兵中,没有任何大 V 的言论给人留下深刻印象,影响最大的两条微博均来自不知名的草根网友。在"东方之星"沉船事件中,网友"@ 动脉影"的帖文获得 12 万次转发,帖文称:"今天这么多关于沉船的事故的新闻里,我最感动的是为了降低水位方便救援,三峡大坝蓄起了水,使通过水库的水从每秒 1W7 立方米降到 7000 立方米。这个新闻淹没在了茫茫多的新闻里,不起眼,但是能从这看到这种统领全国人命为重的责任与能力,真的很怀疑除了中国其他国家有没有这种魄力与能力。"

而在"9·3 阅兵"中,一条 7 个字的微博转发近 100 万,9 月 3 号上午 9 时 30 分,阅兵仪式尚未开始,央视正在直播习近平、彭丽媛夫妇在天安门与端门之间欢迎各国嘉宾。而就在此时,一个微博署名"周顾北的周"的网友,在新浪发了一条微博:"#9·3 胜利日大阅兵#这盛世,如你所愿。"而配图则是周恩来总理的一张黑白照片。截至当天晚上 8 点,转发量达 93 万,评论、点赞量达 79 万。该微博账号的粉丝数增至 2.9 万。

（1）情感传播引爆舆论

这七个字经过网友的解读后才发现 1949 年阅兵时的现状，"开国大典的时候飞机不够，您说飞两遍，现在再也不需要飞两遍了，要多少有多少。这盛世，如你所愿吧，山河犹在，国泰民安。当年送你的十里长安街，如今已是十里繁荣"。

1949 年开国大典阅兵与这次阅兵的对比，加上广大网友对周恩来总理的敬重，这条微博无疑是这次阅兵微博中一个舆论峰点，催化了广大网友对祖国现状的无比感动和自豪之情。上述微博发出后，引发广大网友的好奇，并展开搜索。

（2）网友后续跟进，促发舆论转向

这一微博发出后，网友纷纷评论并转发、点赞，其评论状态有以下几种。

其一，"戳中泪点"。网友"二十四个炸毛暖"：看到这个突然戳中泪点。这盛世，如你所愿。网友"噢蕾咿噢蕾咿噢蕾"：戳中泪点，总理，如你所愿！祖国强大了！网友"Lulu 田心"：十里长街，总理犹在。突然泪目。

其二，深切缅怀。网友"一颗机智的荷包蛋"：但愿朝阳常照我土，莫忘烈士鲜血满地。网友"温馨默 M"：总理，您看到了吗？您一定也很骄傲，对吧？

其三，表示致敬。网友"俗世凡尘—逃不掉"：如您所愿，吾辈当更加自强不息！致敬！网友"幸福瞬间 1061"：这盛世的荣耀，向您致敬！

其四，表达期望。网友"William 猴舍小菊猴"：此生无悔入华夏，来生愿在种花家。愿我有生之年，得见你君临天下。网友"雨巷漫悠长"：为中华之崛起而读书！此刻，你我心潮澎湃，我中国已崛起，正朝着中华民族伟大复兴之路而奋进。同学们，为中华之兴盛而读书！人民必胜！

而纵观"9·3阅兵"的舆论的主基调是民族自豪感、对抗战老兵的敬畏和感激之情。而周恩来总理的照片和一段文字，将众网友拉回到 1949 年开国大典。因为这一条微博网友的内心情感爆发得更为热烈，成为这一时期影响力最大的微博，整个舆论场的主基调改变，转向对周总理情怀

的缅怀和个人品质的敬重。

(三)网民自发设置议程,议程更新迭起

1.网民主动挖掘话题

同样以"9·3阅兵"为例,在上午接待宾客时,习近平主席和夫人在天安门城楼里接见各国贵宾,白俄罗斯总统和他的儿子引发了网民的关注,在握完手后合影时白俄罗斯总统的儿子转了好几圈,网友们看到惊呼好萌、好正太,相关的话题在微博上被创建。之后网友自发挖掘出白俄罗斯总统带领他儿子参加各种国际大会的场景,使其成为了热点话题。还有一则"最美的敬礼"也是网友无意中发现,并引发网民的广泛转发。

2.网民与相关官微互动加深

官方微博和网民的互动加深,面对多数疑虑时官方考察后主动回应。即习近平主席坐着红旗车巡视三军士兵时,举起了左手,网民看到后在微博纷纷提出疑问。最后《人民日报》官方账号特意发了一篇微博。

图3-24 《人民日报》的一则微博

三、突发事件传播分析

（一）"成都巨响"案例

2015 年 11 月 26 日下午 1 点 20 分左右,成都市区及郫县、双流、温江等网友纷纷发微博称听到了巨响,事发初期,一些诸如化工厂爆炸等猜测在自媒体平台上快速传播开来。从统计数据来看,截至 11 月 27 日 16 时,微博平台上与"成都巨响"相关的信息量达到 149663 条,呈现出较高的舆情热度。经官方微博的及时应对以及后续跟踪事件最新进展,网友自发普及知识,最终发现成都巨响是由飞机起飞时的"音爆"造成,平息了网友的惊恐、疑惑情绪,可以说这是正确处理微博舆情热点的一起成功典范。

1. 传播路径——起始信源

从事件的传播路径来看,巨响发生伊始,认证网友"@李伯清"（认证信息:评论艺术家,粉丝:317 万）在下午 1 时 28 分发布了一条微博,内容是:"天空传来一声巨响,啥子情况!"并标注了自己的地理位置。李伯清的这条微博被转发、评论近 5 千次,成为事件传播初期最为重要的信息源。

图 3-25 "李伯清"发布的"成都巨响"信息

2. 传统媒体微博加入,稳定公众情绪

14 点 14 分,事发后一小时左右,由成都日报报业集团主管主办、西

部地区发行量和影响力最大的主流媒体《成都商报》发布微博："120 指挥中心表示没有接到任何电话,省市安监局目前也未接到任何通知,市安监局正在各区调查情况",但这个官方解释显然未能打消众多网民的顾虑,网上情绪继续发酵。

图 3-26 《成都商报》发布关于"成都巨响"的博文

3. 官方微博相继介入,进一步扩大官方声音

14 点 57 分,事发后一个半小时左右,"@平安成都"(认证信息:成都市公安局官方微博,粉丝:67 万)发出关于此事件的第一条微博,"对于市民反映的听到巨响的情况,截至目前,公安机关未接到发生爆炸案(事)件的报警及人员伤亡的报告。目前,成都社会治安大局平稳。"这条微博被网民转发评论 3 千多次,对打消网民顾虑,平复网民激烈的情绪产生了良好的效果。平安成都微博发布后的下一分钟,"@成都发布"(认证信息:成都市人民政府新闻办公室,粉丝:617 万)果断对此微博进行转发评论,进一步扩展了官方声音。

图 3-27　"平安成都"及时公布"成都巨响"相关信息

4. 自媒体微博助力官方表态,增添理性情绪

一些活跃网友与官方表态基本同步,对巨响事件的原因做了相对理性的分析,如网友"@占豪"(粉丝:62万)就在微博中写道:"别惊慌,成都是战机研发的地方,飞机加速突破音障在温度湿度条件合适的时候会出现巨响,甚至震碎玻璃。等等看是否有报警,如果没报警大概率是飞机突破音障导致的。"这种理性声音在一定程度上中和着网民的负面质疑情绪,对官方舆论引导给予了正面助推。

图 3-28　自媒体"占豪"助力官方表态

5. 权威调查结果发布使舆情尘埃落定

11 月 26 日晚上 8 点左右,"@成都发布"在媒体采访结果出炉以后发布微博,"成都全搜索新闻网从成飞公司了解到,今日中午,成飞公司的飞机在成都市西北方向上空进行正常飞行时,突破音障发出音爆。据专家分析巨响可能与音爆有关。"媒体的调查,专家的解释,加上官方平台的发布,让"成都巨响"风波终于告一段落。

图 3-29 "成都发布"公布"成都巨响"事件调查结果

在官方、民间、媒体共同介入这场突发事件的舆情当中,及时的回应能有力消解网民的疑虑,权威的发布是舆论场中的定海神针,官方微博要在其中发挥主心骨的作用。同样自媒体微博的影响力也不可小觑,在事件传播、解决当中发挥的影响力越来越大,有助于平息舆情风波。

(二)天津滨海新区爆炸案例

2015 年 8 月 12 日 23:30 左右,位于天津滨海新区塘沽开发区的天津

东疆保税港区瑞海国际物流有限公司所属危险品仓库发生爆炸。截至
2015 年 9 月 11 日下午 3 点,天津港"8·12"爆炸共发现遇难者总人数升
至 165 人,仍有 8 人失联。其中公安消防人员 24 人,天津港消防人员 75
人,民警 11 人,其他人员 55 人。截至 2015 年 9 月 3 日 24 时,事故受损
住宅处置协议共签约 9420 户。2015 年 9 月 29 日,首批赔付款项拨付到
位。经国务院调查组认定,天津港"8·12"瑞海公司危险品仓库火灾爆
炸事故是一起特别重大生产安全责任事故。①

　　1.政务微博的应对情况

　　天津港"8·12"爆炸事件的发生,在社会上引起不小的轰动。政务
微博集中发力,积极关注事态发展,及时准确发布信息,做出警方安全提
示,宣传英雄动人故事。与此同时,多家政务微博坚守网络舆论的阵地,
坚决阻止谣言的滋生蔓延。

　　(1)时刻关注,快速发布

　　爆炸发生后,尽管"@ 中国地震台网速报"尚未了解发生何事,但是
快速编发了网友对震感的反馈,侧面证实了爆炸的真实性。"@ 天津消
防"在事故发生后 3 小时之内,对该事故原因进行初步核实,并发布情况
通报。"@ 中国消防"和"@ 中国政府网"也马上通报了情况

　　(2)把握舆论环境,传播正能量

　　"@ 天津日报"根据"@ 津城献血"的消息,发文感谢一位名叫杨凯的
献血志愿者,并称赞道:"这就是我们身边的英雄!"同时发布微博进行号
召,号召全体市民积极配合抢险救灾现场和政府相关部门工作,做好交
通、献血、志愿服务、医疗等多个方面的工作。

　　(3)随时随地发布信息 提出警示抵制谣言

　　交通方面,"@ 天津轨道交通"发布津滨轻轨 9 号线将于 2015 年 8

_____

① 根据公开资料整理。

月 13 日停止运营的信息,并对因此受影响的乘客表示歉意。服务方面,"@天津气象"公布天津滨海新区爆炸事故现场具体天气预报。面对网络中的不实信息,而"@平安天津"果断予以辟谣,指出一自称父亲在天津港 8·12 爆炸事故中死亡的消息不实,警方已立案侦查。

(4)保持亲民作风 坚持严谨态度

截至 2015 年 8 月 16 日,"@天津港公安局跃进路派出所"仅仅发布了 2 条微博,平时很活跃的它在事发之后久久未更新,而且,"@天津市公安局跃进路"派出所距离爆炸点仅有 234 米,网友们纷纷隔空喊话让其更新。"@天津市公安局跃进路派出所"终于发出办公室被炸毁后的第一条微博:"'在'的能还在吗? '不在'的不能不存在。"以此回应网友关心。据统计,截至 16 日 24 时该微博的转评量接近 9 万条。这也反映了在新媒体时代,人们对政务新媒体的关注成为一种习惯。

2. 政务微博在此次事故中反应的综合评价

天津港"8·12"爆炸事件后,社会舆论一片哗然,正负两方面的信息强势来袭。想要人民群众得到正确的信息,想要负面谣言不攻自破,第一时间权威发布实情,无疑是重中之重,这方面政务微博有着义不容辞的责任。"@天津消防"、"@中国地震台网速报"、"@中国消防"、"@中国政府网"在这次事件中表现得尤为突出。"@天津消防"在事故发生后的 3 小时之内,对该事故原因进行初步核实,并发布情况通报,是反应最快的政务账号。塘沽第一次爆炸发生后,尽管"@中国地震台网"快速编发了网友对震感的反馈,并紧跟其后发布了专业数据,对还原爆炸的时间、过程和规模等起了关键作用。

以《人民日报》为代表的主流媒体在此次事件中的表现值得肯定。首先,报道及时、全面呈现事实,满足了人们对事故信息的需求,抑制了谣言的滋生和传播。事故发生后,《人民日报》官方微博持续不间断地对事故的情况、伤亡人数等数据进行通报。由于其在国内的特有影响力和公信力,因此在微博上引起了广泛的关注。其次,在报道方式上,注重与网民的互动,改变了传统媒体高高在上、严肃的形象,符合互联网的话语体系,取得了较好的沟通效果。最后,从内容上看,《人民日报》官微不但报道事故情况,还号召附近民众让开生命通道、献血,指导大家如何逃离现场和自我保护。这些信息非常实用和全面,引起了很多网民的转发和评论,互动度高,对于周边居民了解事故情况、配合救灾有着较大的帮助。

图 3-30　天津滨海大爆炸中《人民日报》的一则微博

第四章　微博与网民个人

　　微博的产生，充分阐释了 Web 2.0 开放、互动、共享的特点，用户使用微博，主要是以自我效能、归属需求、认知需求、集体自尊等为基点的。人们希望依照自身需求自主选择交友，搜寻对于自己来说真正有价值的信息，并以此来发布信息表现自我。相比其他的社交媒体，微博具有传播速度快、互动性强、传播碎片化等特点，其中碎片化包括传播者、传播渠道、传播内容都呈现碎片化的特点。可以说微博的传播是一对多的网状链接的裂变式传播。

　　一边是网络海量资讯如浩渺烟海，一边是人们担心着自己没有能及时掌握讯息，越来越焦虑的人们需要有发泄、倾诉的渠道，这就使得网络社交成为首选。微博的出现为人们寻找解决该问题的方法，提供了一种思路与选择。微博最基本的功能是为人们提供一个人际网络成员交流的平台，同时，微博的发展也丰富了人际交往的渠道，用户可以从传统的线下到线上的交际方式扩展为线上到线下，也就是说，用户可以先在社交网站上与陌生人认识，进而可以在现实生活中接触。另一方面，微博是以每个人为中心，将个人的社会关系显现出来，从而使用户可以更便利地利用自己已有的社会关系；微博比博客有更简短的内容表达，可以清晰透彻地阐述事情的始末及思想观点。一键转发与分享、广播式的公开发布平台、扩散的链式社交网络等亮点让微博能快速征服网民的心。

第一节 用户行为特点概述

一、微博用户的使用度加深

(一)用户对微博使用依赖性增强

微博以电脑、手机等各种设备作为终端,通过个人平台发布信息,以"关注"和"被关注"的方式实现信息的实时传播与互动。它打破了传统人际交往的地域限制,使得用户在微博中的交往更加广泛,微博已经逐渐成为人们生活中的一部分,并渗透到人们一天的生活场景中,日渐成为人们工作生活、休闲娱乐、了解时事、互动学习不可或缺的工具。与此同时,人们的生活习惯也间接地受到影响,加深了自身对微博的依赖性。

人们的一种行为是由多种不同的动机共同促成的,动机是引起行为的内在原因和动力,同时也会影响行为的强度和持续性,用户使用微博的目的、对微博的评价等都是具体动机的体现,不同的动机对于用户行为的影响程度不同。同时用户内在需求和用户感知的不同,直接影响用户对微博的满意度和使用微博的持续性。微博数据中心显示,截至 2016 年 4 月份,微博月活跃用户达到 2.61 亿,比上一季度净增 2600 万,日活跃用户净增 1400 万。CNNIC 调查显示,相比其他社交媒体用户,微博用户使用微博的频次较高,数据显示,每天使用微博一次以上的比例达 47.5%,每周登陆 4—6 次以上用户累计达 59.3%,每周登陆 2—3 次以上的用户累计达 77.2%,每月使用微博 2—3 次以上的用户占比最高,达 91.9%。由此可见,微博在用户日常使用中并非僵尸应用。

从每天的使用时长来看,九成用户每天微博使用时长至少 5 分钟,23.4%的用户每天使用微博时长在 1 小时以上,日均使用微博时长在半小时以上的用户占 45.1%。浅度使用用户较高的占比,表明微博在日常

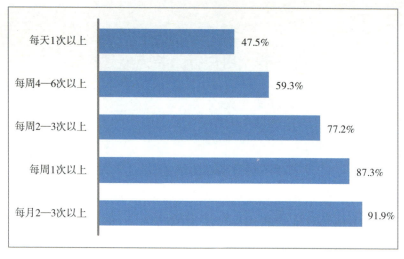

图 4-1 微博使用频次

数据来源：CNNIC 社交应用用户调研

使用中已逐渐成为习惯，总会在不经意间打开浏览，但由于社交属性较弱，所以使用强度不如微信、QQ 等单纯的社交软件。

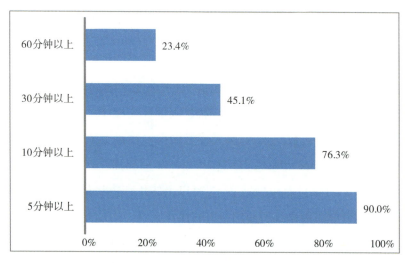

图 4-2 微博每天使用时长

数据来源：CNNIC 社交应用用户调研

微博除了在每日使用时长不及强社交工具属性的微信和 QQ,在移动端平均每日使用频次也略显尴尬,为 5.17 次,不及后两者,但是微博移动端平均每次打开使用时长强于微信和 QQ,为 4.2 分钟,而微信和 QQ 平均每次打开使用时长却低于 3 分钟①。微博用户平均打开使用时长比微信、QQ 等社交软件高是因为微博不仅仅单纯拥有社交属性,还有媒体属性,在微博上,人们可以短时间快速聚焦热点事件,时事性强于微信和 QQ,微博的新闻推送频率要高于后两者,微博上不仅能了解最新热点,还可以看到业内人士对事件的点评解读,也可以发表自己的观点和思想,寻求一种认同和归属感。相比来说,每日打开频次更倾向于社交,每次打开使用时长更倾向于内容,微博与后两者的定位不同。微博具有社交与媒体的双重属性,在社交工具的基础上以内容吸引用户,增强了用户的黏性,加深了用户的使用度。

从微博使用行为来看,用户对微博使用度和依赖性较高,微博发送数量走势贴合生活习惯和作息时间。从早上五点起,微博用户发博量开始上升,到中午十二点达到第一次峰值,随后在下午 1—2 点有小幅下滑,3 点之后微博发送量平缓上升;晚上 7 点后,用户发送量再次小幅上升,在晚 10 点达到峰值后,开始下滑。出现该现象主要是因为按照人们正常的习惯和作息时间,工作学习休息的时间微博的发送量会减少,中午十二点出现高峰,此时人们正是上午工作学习结束的时候,会利用午休闲暇时间了解一下自己所关注话题的最新动态,以及朋友家人的最新状态等,晚上十点左右出现了第二次高峰,人们此时,多半已经准备休息,在一天结束也会查看朋友的状态以及一天的热点动态。网民对微博的使用也是渗入生活的时时刻刻,微博愈来愈融入到人们的生活中去。

---

① Trustdata:《2015 年 1 月至 11 月微博移动端用户研究报告》。

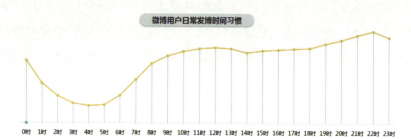

图 4-3　微博用户日常发博时间习惯
数据来源:新浪微博数据中心

从用户在工作日的移动端使用情况来看,微博使用与生活作息也有较高吻合度。在中午 12 点与晚上 22 点,微博的活跃度达到峰值①,正是人们饭后或睡前的休闲时间,而凌晨的睡眠时间,微博的使用减少,工作时间也处于较为适中的活跃度。对比非工作日的使用情况,曲线更加平滑,说明人们周末时间的松散。用户的使用习惯明显随着生活习惯的变化而变化,而微博的使用情况也反映了人们休闲娱乐的时间习惯。值得注意的是无论是工作日还是非工作日,人们微博的使用习惯并无太大变化,均是在凌晨四点达到最低,十二点和晚上二十二点有两个高峰期。

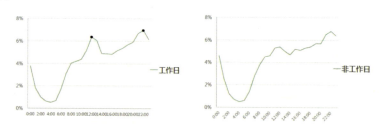

图 4-4　微博用户工作日及非工作日移动端使用情况
数据来源:Trustdata

---

①　Trustdata:《2015 年 1 月至 11 月微博移动端用户研究报告》。

（二）微博用户功能使用程度加深

不同文化环境和地域环境中的用户在使用微博过程中的行为是有差异的,存在一定的文化差异、语言差异,微博用户的使用时间是广泛而充足的,对微博功能的使用也是深刻而多样的。微博是具有媒体、社交双重属性的公开信息平台,所以用户对微博媒体、社交功能的使用也是最基本最重要的两个方面。对 2015 年用户微博使用情况的调查发现,在媒体功能的使用方面,73.9% 的用户通过微博关注新闻/热点话题,使用率较 2013 年有明显增长,另外有 61.6% 的用户主要看热门微博,说明用户对微博的媒体化功能的使用是逐渐增强的。而在微博社交功能的使用方面,59.6% 的用户关注感兴趣的人,52.8% 的用户分享或转发信息,42.4% 的用户在微博上私信或聊天,较 2013 年有所下降,说明,用户对微博的社交化使用在逐渐减弱。

对于社交需求而言,除了明星八卦,人们更为关心的其实是身边朋友的生活在互联网上的对外展示,以此来对比自己、建立话题,获得满足的媒体使用体验。但随着微博的个人用户逐渐变为信息传播的碎片化节点,其信息生产者的能力日益弱化,“专业传播机构”、“自媒体作者”的有序化,带来了优质的信息流,但有限的内容被反复转发,社交媒体中新的二八定律已经形成。人们的原创热情降低,动力却远不如前。因此,当此类信息日益减少的时候,微博的社交价值亦在不断弱化。

57.9% 的用户在微博上看视频或听音乐,36.7% 的用户使用了周边推荐的功能,近 3 成的用户在微博上玩游戏或购物,较以前也有很大增长,这体现了用户对微博的生活服务、休闲娱乐的功能应用程度渐渐提高。而 2015 年新增的使用功能中,关注招聘和股票、微博运动等功能也占据了明显的部分,用户对微博的功能使用越来越全面多样,而排名靠后的几种功能之间的占比差异较小,也体现了人们功能使用的零散化、碎

片化。

综上,用户的功能使用整体是呈现程度加深的趋势的,而且使用目的更加碎片化、多样化,但微博作为社交、媒体的主要功能地位并未动摇,尤其媒体化的使用明显增长,成为人们获取资讯的重要来源,社交化虽稍显弱势,但随着用户使用深度的开发,微博的社交生态仍然存在很大潜力。

图 4-5 2013 年和 2015 年微博用户主要使用功能对比

数据来源:CNNIC 社交应用用户调研

(三)微博可玩性体验升级

智能终端的普及,为社交媒体的迅猛发展铺平了道路,手机、平板电脑等移动端已经成为我们"身体的一部分",社交媒体的受众人群多集中于 80、90、00 后,年轻化的特性使得该群体的娱乐偏好性表现极强。微博的出现为用户关注最新娱乐动向、娱乐新闻、娱乐明星、娱乐事件等,获取各行业最新资讯、周边的热点以及感受整个热点事件的舆情走向,通过互评,寻求对某个问题或是某个事件看法的认同感,对实现以上的种种,提供了一条可选择的便捷道路。微博本身有很强的时事性及较强的互动性,这能使粉丝第一时间得知关注者的动态,还有机会和关注者进行直接的评论互动。

微博以其独特的社会化信息平台属性,成为大众认可的获取信息的重要渠道,用户在娱乐生活方面的取向,也以微博为风向标。明星大 V 的传播参与,综艺电视等官方微博的运营,更打造了用户的阶段性娱乐体验。用户已经习惯到微博上去搜索实时热点,可以发现微博的热门微博和热点话题最小单位是以小时为基准的,1 小时、24 小时、周榜和月榜。

新浪微博数据显示,2015 年微博用户关注参与的排名前五的话题内容分别是,社会、明星、电视剧、电视节目、电影。可以看出微博用户最关心的话题,大都具有娱乐性,另外新浪微博的大 V,对关注者的认知有一定的导向,大 V 们在微博上的言论可以直接或是间接影响粉丝们的观点和价值,粉丝用户也会时刻关注偶像的动态,如拍摄的电影、电视剧、言行、参加的综艺等,这些都会成为他(她)们的生活娱乐的养料。另外,微博使得粉丝寻求到一种途径去窥视名人的生活,可以更近距离接触名人,将名人的社会交往等通过平台,展现在粉丝面前。

2015 年电影行业的用户账号相比 2014 年各方面都有增长,其中增长最大的是入驻的演员数量,2015 年比 2014 年增长了 41.17%。其次是增加的导演的数量,相比 2014 年增加了 10%,电影行业用户的增加,一是可以增加业内人员与观众的交流,培养观众的认知,也可以吸取粉丝意见,创造出更好的作品。二是可以拉近电影与观众的距离,为电影做宣传,树立口碑,提升未来的票房预期。

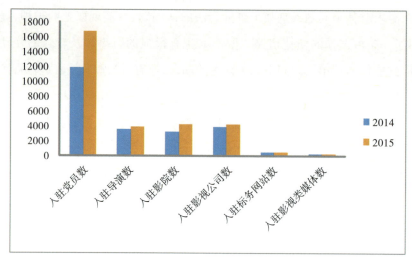

图 4-6　2014 与 2015 微博入驻电影行业用户账号数目

数据来源:新浪微博数据中心

二、微博影响用户消费行为

(一)微博用户服务付费意愿增强

数据显示,拥有大学以上高等学历的微博用户是微博使用的主力,占总体用户的 76%,有研究表明,教育的程度与人们收入及职业呈正相关,高等学历用户占比高,使得微博用户整体收入水平提高,此外,高学历的用户更愿意为微博上所传播的知识、信息、思想等买单,这为微博付费业务的开展做了良好的铺垫。电商的兴起也为微博付费业务的发展提供了出口,广告推广目前在微博上盛行,不管是自身的广告推广还是微博大 V 代理推广,广告的到达率尤为重要,微博的付费推广正好契合广告主意图。

微博开通的多渠道的支付方式一定程度上增进了会员支付的体验,用户对新浪会员付费可以通过支付宝、SP 业务、微博支付、联通免流等渠道,从 2015 年的微博支付渠道来看,支付宝支付仍是一家独大占到 30.7%,SP 业务紧随其后占 23.4%,微博支付相比其他支付表现还是可观的占到 12.6%,多渠道、多方式、多载体的支付体验,增强了支付的便捷性和可选择性,为付费业务锦上添花。

微博 2015 年财报显示,微博增值服务(微博 VAS)营收较上年度增长 9%。从微博会员的数量增长可以发现,用户的服务消费意愿逐渐增强。随着微博支付渠道持续推广,除购物、充值外,粉丝头条、打赏、付费阅读、微博会员以及送花等颇具特色的业务,也丰富了用户的消费内容,进一步提升了微博的使用价值。打赏、付费阅读等消费项目也占据了很大的比重,与会员付费持平,甚至超越了会员服务的比重,人们的个性化需求和内容消费与日俱增。

虽然会员付费、付费阅读以及打赏等对个人来讲都是小额的服务费用,但长期以来,大部分用户习惯了互联网的免费模式,对于付费内容都采取可有可无的态度。从零散方式的支付开始,人们的消费观念渐渐改变,而微博商业化产品的推行,内容和服务质量的提升,也促进了用户付费意愿的增强。这是对服务内容的认可,对知识创造的尊重,也是理性化思维的进步,以及对消费型社会的潜移默化的接受。

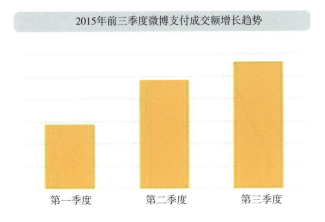

2015年前三季度微博支付成交额增长趋势

第一季度　　　　第二季度　　　　第三季度

图 4-7　2015 年微博支付成交额

数据来源:新浪微博数据中心

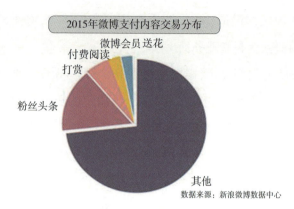

图 4-8　2015 微博支付目的

数据来源：新浪微博数据中心

　　人们为服务付费的意愿也逐渐增强，这一点从付费群体的年龄也可得到论证。任何时代的思维更新，受影响最大，接受度最高，改变最快速的总是年轻群体。微博支付用户的半壁江山被 17—23 岁的青少年占据，24—33 岁的青年群体比例超过三分之一。年轻人的消费倾向越来越个性化、自由化，而年轻人的观念改变正体现了时代思想的变化，也必然会影响并带动整个社会生活方式的革新。

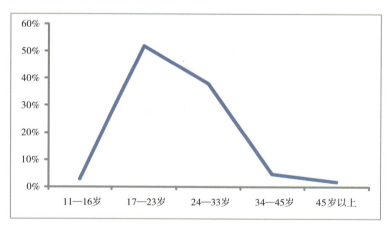

图 4-9　微博支付用户年龄分布

数据来源：新浪微博数据中心

　　微博的支付目的也与用户年龄密切相关,不同支付目的的目标年龄群体表现均有不同。其中,24—33 岁青年群体是付费阅读的主力人群,青年群体正处在人生重要的节点上,并对求知和新思想的接收有着较强的欲望,他们更希望通过阅读获取问题的答案;送花活动则受到17—23 岁年龄群体的青睐,青少年正处于青春荷尔蒙期,更倾向于通过新颖新潮的方式获得满足感;理财计划、问答等在 34 岁以上用户群颇受欢迎,该年龄段的人群,已有自己稳定的收入,对于理财规划有较强的意识。

　　不同年龄层付费目的呈现差异化,表明现今人们的消费需求个性化明显,不同年龄层有不同的偏好,且对消费价值的认知也不同,每个年龄层都有属于自己的"私人定制"。消费偏好也在性别、学历、地区等方面表现出明显差异。据新浪微博统计,微博支付用户中,女性消费者占56.1%,高等学历占比高达 79.3%,沿海发达地区的消费人群比例也远高于其他地区。

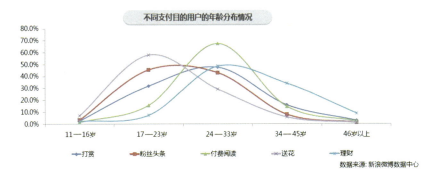

图 4-10　各年龄段用户支付目的对比

数据来源:新浪微博数据中心

(二)微博用户的商业化产品接受度提高

　　微博平台属于社交化网络平台,其自身具有媒体属性,但并不具有电

商功能。只有企业通过微博传播产品,将用户变现时,微博平台才具有电商价值,微博用户购买行为产生的前提必须是企业直接或间接的微博营销活动的进行,由于微博的本质是信息的快速传播与实时分享,微博上的一切营销活动必须以这种方式为依托,在决定了微博营销方式的同时,也决定了微博用户购买行为的方式。

微博的商业模式在不断地完善,用户对商业化产品的接受度逐渐加深,活动参与度也不断提高。据 CNNIC 调查,2015 年微博用户的商业活动参与度达 49.7%,用户参与较多的是周边信息搜索、电影等消费点评和站内广告。社交类应用商业化行为,尤其是发布广告等内容,可能会影响用户体验,必须在盈利和用户体验方面做好平衡。相较 2013 年的结果,2015 年微博的商业化行为是得到用户认可的,商业活动参与度呈现全面增长,用户体验也达到正面效果,商业化接受度明显提高。其中增幅最大的是站内购买商品,两年增长了 1.4 倍。

图 4-11 2015 年微博用户商业活动参与情况

数据来源:CNNIC 社交应用用户调研

图 4-12 2013 年和 2015 年微博用户商业参与情况对比

数据来源：CNNIC 社交应用用户调研

微博用户商业参与度的提高，也是由于随着电商的发展壮大、网络营销遍地开花，支付体验也有了极大改善，人们的在线购物意愿不断提升。而且，微博的社交化运营，带来了良好的分享体验，增加了人们的购物信心。据 PWC 调查，消费者越来越多地信赖社交媒体是因为受社交上言论的影响，同时也可以在社交平台购买产品。社交网络上的评论、反馈等对购物行为影响最大，用户调查占比达 45%，而另外一些社交活动，如产品促销、阅览广告、关注流行前沿、关注产品趋势以及直接购买产品等也对买家的购物产生了影响。所以微博上的社交评论、分享、推荐等对用户的在线购物有很大的参考价值，而品牌运营、广告促销、购物链接等内容也在一定程度上推动了用户的在线购物行为。

（三）微博红人影响粉丝消费

社交媒体是网红诞生的主要场所，也是网红与粉丝互动的主要场所，

常见的网红活跃平台可见于综合社交平台、垂直视频、社区论坛、社区电商等,微博由于其庞大的用户规模平台的媒体属性及用户的消费属性,已成为网红的主要聚集地。新浪微博已成为网红的重要聚集地,目前已汇聚各垂直领域达人 2000 万。CNNIC 调查显示,73.9% 的用户会关注新闻或热点话题,52.8% 的人会分享转发,值得注意的是微博分享和转发的内容不乏商品和购物信息。微博数据中心披露,半数的用户愿意分享购物经历,用户购物经历的分享会直接或间接影响她(他)人的购物行为。另外微博的媒体开放性,允许用户通过短链接为其他第三方网站导流,导流的同时也丰富了微博的内容,打通了全网的信息交互渠道。

微博的商业化氛围主要体现在两方面:一是微博用户本身的消费属性。微博用户对广告或是网购的接受程度普遍较强,近 77% 的用户表示能接受广告推送,82% 的用户表示最近一个月有过网购行为,44% 的用户每日会通过微博打开电商应用,这一比例高于微信、QQ 等其他社交平台。二是微博中入驻了大量的卖家群体,截至 2015 年 10 月微博上活跃的 B2C 电商官网账号达 1600 多个,签约的微电商达人,超一万个。

微博上网红对用户的消费影响主要有两种方式:一种是网红拥有自己的店铺,自己充当流量入口,将粉丝导入自己的淘宝等店铺中,自建品牌或是销售他人品牌,用户因为网红本身的个人魅力,而产生购买行为。另一种是 B2C2C 模式,商品供货商找到当红达人,利用达人的粉丝进行营销推广,同时给予当红达人一定佣金报酬。主要流程是达人获得商品信息,通过微博推送给粉丝,粉丝再转发到自由的交际圈中,从而扩大宣传范围,如果期间粉丝进行购买行为,商品由供货商直接发出,达人从中赚取佣金。

案例:网络名人雪梨在微博上有大量粉丝,粉丝数达 168 万,她也是淘宝店主,拥有自己的服装品牌,每次出样衣时,都会先前将图片放到微博上让粉丝评论点评,同时与粉丝互动,从粉丝的建议中进一步改进设计,直到达到要求为止,同时她会将淘宝店短链接导入到微博中,让粉丝提前预定,根据预定量来进行生产,并且还会亲自做模特试衣,将拍摄的照片放到网上,以增加粉丝的购买欲,销量往往是普通店铺的数十倍,并且库存极低。粉丝的消费行为往往会受到名人的影响,出于膜拜的心理,粉丝往往会模仿自己喜爱名人的穿着,以此得到满足感,正因如此粉丝经济才会发展得如此如火如荼。

图4-13　网络名人"雪梨"

三、微博用户的社会参与增强

(一)微博用户的社会参与意识增强

社会参与是对社会各个方面,如经济、政治、文化、社会工作等活动的行为和意识参与。如今人们的社会参与度因通信、传媒技术的发展不断增强,网络参与成为人们关注社会、参与互动的重要途径,在微博上,已经形成了社会热点或突发事件的网络聚焦现象。

　　从对微博功能的使用情况来看,73.9%的用户通过微博关注新闻/热点话题,这意味着新浪微博已经成为一个大众舆论平台,成为人们了解时下热点信息的主要渠道之一。微博带来的弱关系平台,汇聚了大量的信息流,这些信息流在平日显得杂乱无章,似乎并无逻辑和规律可循,而一旦遇到大型突发事件,公众的焦点会在微博平台上迅速集中。例如,在2015年8月12日的天津塘沽爆炸和长江客船沉没事件中,微博的报道速度远远超过了传统的广电媒体。新兴的互联网原住民,几乎已经习惯了第一时间打开微博来获取最新的灾难相关报道,而不再倚重传统的广播电视。

　　"出了大事,第一反应上微博。"这是如今很多用户的心态。微博成突发事件信息聚集点,不可或缺的舆论场。有人说微博就像一个公共客厅,大家聚集在此围观、讨论热点公众事件。随着人们对社会热点的关注度增强,对明星娱乐的深度挖掘、围观心理日盛,微博因其庞大的人群与资源、便捷的发声渠道,成为了最好的平台选择。

　　案例:2015年10月5日,有网友爆料称,在青岛市乐陵路92号的善德活海鲜烧烤家常菜吃饭时遇到宰客事件,该网友在微博上称点菜时已经问清楚虾是不是38元一份,老板说是,结账时居然被告知是38元一只,变成了1520元一份儿。该微博发出后被青岛市交通广播FM897转发,迅速引起网友关注和热议,短时间内转发3000多条,评论达2000多条。引起众多网友调侃,"@一颗大冰糖:马云与王健林青岛会面共商发展大计餐后双方资产双双清零意外破产";"@freeclown:炫个富,我敢点芝麻饼";"@Gtans-s先生:这一桌菜能在北京二环买套房了"等微博上的广泛热议和关注引起了相关部门的重视,10月6日7时49分"@青岛市北区物价局",公开发布了《关于"善德海鲜烧烤家常菜"大排档价格违法问题的处理意见》,烧烤店虽然已明码标价,但极不规范,物价部门责令其退还非法所得,并按照涉嫌价格欺诈、违反明码标价及侵害消费者权益的规定,依法进行立案查处。随后青岛市物价局公布对该店作出 9 万元罚款的行政处罚。青岛市下达了对该店责令停业整顿并吊销营业执照的行政处罚告知,并对市北区市场监管局主要负责人停职检查,对该区物价、旅游等部门主要负责人进行诫勉谈话。

图 4-14　青岛"天价"大虾微博

(二)微博增加了基层网民的话语权

在微博时代人人手中都握有话筒,人人都可以成为记者,来自微博的监督可以说是无时不在、无处不在。网民通过微博参与社会热点讨论的积极心态愈发强烈。每到两会期间,用户就会在微博上对报告、提案等进行围观讨论,发表自己作为国家公民的一份态度,两会真正通过网络成为全国人民的大会。2016 年 3 月份举行的两会,获得了微博用户的极大关注。约 280 个两会相关话题在微博上产生热议,各大媒体积极发布新闻动态,专家及时进行内容解读,甚至代表们也对提案答疑解惑、采集意见建议,在微博上形成了良好的讨论氛围。用户可以通过平台及时获取全面公开、客观准确的信息资讯,并参与到互动讨论中,仅#2016 两会#话题就产生了 8.8 亿阅读,31.1 万讨论。

对于在微博上爆发的大事件和热点事件,网友的社会参与态度更加明显。2016 年 4 月份发生的和颐酒店女生遇袭事件,当天女主"@弯弯_2016"发布的控诉事件的微博,互动量达到 39.2 万,转发量达 17.8 万次,话题阅读量更是高达 27 亿,后续随着事态进展,几乎每条微博转评都是数万的互动量,当事人"@弯弯_2016"的微博粉丝也从 0 迅速增加到 28万,女性的安全问题也成为媒体和公众讨论的热点。4 月 12 日,英国著名理论物理学家史蒂芬·霍金也开通个人微博,在微博上,他向中国网友问好,并表示将在社交媒体上与中国用户交流心得,这条微博的互动量达到了 163 万次,而其微博也迅速吸粉,仅仅两天时间,霍金的微博粉丝已达到 300 万。

表4-1　2015 年微博社会新闻类热门话题阅读榜

排名	话题名称	年度话题阅读数（亿）	话题讨论数（万）	话题讨论人数（万）
1	天津塘沽大爆炸	13.86	401.3	157.8
2	9·3 胜利日大阅兵	13.10	442.6	148.5
3	上海外滩踩踏事故	11.64	18.0	16.0
4	双 11 来了	6.66	4114.5	3067.5
5	长江客船沉没	6.55	120.5	111.7
6	哈尔滨仓库火灾	5.42	10.4	10.1
7	2015 两会	4.73	59.7	45.0
8	巴黎恐怖袭击	4.47	77.3	6.6
9	亚航客机失联	4.10	2.0	1.7
10	土豆成主粮	3.73	5.5	5.1

数据来源:新浪微博数据中心

微博上社会事件爆发的迅速和热烈,都强调了人们通过微博对社会的关注和热心参与。从过去一年的几个社会突发事件可以看出,网民已经形成在微博关注热点并讨论的习惯,跟随相关的官微及时了解真实情况,和志同道合的网友探讨内容,发表看法和情绪,甚至团结起来鼓励或帮助他人,为社会贡献自己的一份力量。

(三)微博成为网民关注社会热点的重要渠道

无论是传统媒体还是网络媒体,信息方向单一,来源也不够丰富,无法满足人们的情感和信息需求;而其他社交应用,欠缺了平台式的舆论场,用户难以聚集并维持秩序。从微博微信的使用目的对比可以发现,用户更倾向于在微博上及时了解新闻热点、发表评论,用户使用微博以此为目的的分别占到了 72.4% 和 46.5%,均高于微信的 50.2% 和 35.2%。显然,用户通过微博关注社会、参与社会的态度更加强烈。过去两年,用户对微博和微信的使用方向逐渐清晰化,各自的社交状态也逐渐沉淀下来。微信朋友圈虽然在很大程度上代替了微博的功能,公众号也培养起新的朋友间的阅读方式,但是微博的媒体属性依然强大,这种广播式的传播加互动模式,使用户不仅仅可以看到新闻事件本身,而且可以从转发状态了解事件的关注度和影响力,从评论中了解别人的看法和态度。从信息的获取上讲,微信代替不了微博,微博是各种最新消息的源头,丰富、及时、权威,而微信更像是消息加工处理器,介于朋友间的传播,格局受到极大限制。用户在微博上获取信息的同时,感受舆论,并且以个体身份参与其中,这是微信朋友圈难以给予的社会责任感、大气格局。

网民更倾向在微博上关注社会、获取热点,主要是因为微博传播快速、全面、影响大。用户对新浪微博平台信息整合性、及时性、权威性的认可,促进了人们对微博的信任和参与。与其他新闻媒体相比,微博在传播速度和深度上,有巨大的优势。一方面因为微博是公开信息平台,加速了信息的传播,各机构官方微博及时发布或回应信息,第一时间快速响应,

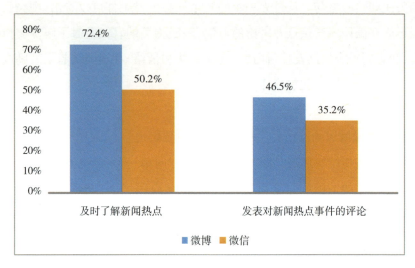

图 4-15　微博微信使用目的对比

数据来源:CNNIC 社交应用用户调研

机构、专家的权威也给予了网民信任,个人用户也成为新闻源头或传播者,一对多加多对多,各类人群、各个角落都会被覆盖到;另一方面因为微博是社交网络平台,加深了事件的传播,网民的讨论、当事人的反应、事件的持续关注,这些都使得热点话题在短期内不会消退,事件发展脉络也在各方的报道中清晰透明。用户从微博上获取信息,是快速而全面的,满足了用户的好奇心、责任感,促进了用户的社会参与。

　　数据显示:用户从微博上获取新闻热点的原因中,占比最高的是因为微博的时效性,因为第一时间快速响应而使用微博获取新闻热点的达62.8%,紧随其后的原因是微博涉及人群的广度以及话题关注的持续性,其中因为能够辐射各类人群而使用微博获取新闻热点的人达 54.4%,因为话题关注度高,短期不减退而使用的占 52.7%。因为时间发展脉络清晰及快速传播触达用户而使用的占比相同,均为 47.6%,因为机构/专家权威性而使用微博获取新闻热点的占比相对较低,为 40.7%。

图 4-16　用户从微博上获取新闻热点的原因

数据来源：CNNIC 社交应用用户调研

第二节　微博功能改善使用户体验多元化

一、微博消费功能丰富化

(一)消费内容可选择性增多

随着平台功能和内容的不断改善,微博的媒体属性越发明显,用户不仅降低了信息的发布成本,还极大地丰富了不同方式的多元化体验,更加自由便捷,活跃度不断提高。尤其在多媒体内容领域,短视频、长微博、直播等功能为用户提供了更多元化的表达方式,使得微博的信息组成结构得到进一步优化,延长了用户在微博的逗留时间,丰富了网民的生活。2015 年 6 月微博图片分享数量比半年前增长了 70%,而且受益于社交、移动和视频的相互结合,用户大大提升了获取资讯的兴趣和流量,短视频

小咖秀截至 8 月初的用户量增长超过 1500 万,日活跃用户突破 500 万,日均原创短视频达到 120 万条,第四季度微博上的日均视频浏览量高达 2.9 亿。可以看出,用户对信息消费的多元化需求是逐步提升的。

头条文章,让专业媒体人士可以更好地在微博发布内容,进一步优化了内容生态。2016 年使用过头条文章的作者已至 72 万,日发布数量达 13 万,文章互动量也提高了超过三成,头条文章日打开量达 10140 万。月均阅读量高于 10 万的"头部作者"数量达 25.3 万,同比增长 34%,2015 年发博量同比增长 64%,人均每天发布微博 11 条,博文阅读量同比增长 83%,每条微博的平均阅读量达到 9800 次,已经有 10 个领域"头部作者"的规模超过 5000 人。

目前,微博还对原创微博开放了 140 字的发布限制,用户发布微博时不必再字字计较,用更加自然的语言进行表达。虽然截至 2016 年 3 月份,只对会员用户开放了此功能,但微博方面表示,会在"合适的时间"对全体用户进行适用,毕竟这项改革针对的是大多数的普通用户。

用户在将来还会有更广阔的发挥空间,毕竟微博在成为一个内容平台后,取消字数限制,允许图片、视频、长文字等内容能够基于微博平台的原生功能发布而不依赖于第三方的工具或其他平台,便成了一个时间问题。

图 4-17　用户针对微博取消字数限制的反应

用户对内容的消费增长,也促进了服务内容的变现,从单纯的信息消费变为更加实质性的表达。以长微博打赏为例,微博用户对博文作者努力和观点认可后,以物质金额对博文作者进行鼓励。据统计,2015 年 1 到 11 月份,微博实现长微博打赏总计 4454.1 万,参与打赏的用户超过 50 万,被打赏用户也达到 20 万。

图 4-18　无字数限制的长微博

图 4-19　用户为喜欢的长微博打赏

图 4-19 所示为 2016 年 3 月份最后一周打赏最多的一篇文章,作者在文章中阐述了相关的案件事实和诉求,表达了对正义的热切呼唤,获得了许多网友的认可与支持。打赏不在于金额多少,而是一种态度,热心网友的态度必将形成一股社会关注的力量,促进社会团结。对社会事实和价值观的认同,成为了人们信息消费的动力,促进了消费的增长。如此,

信息的创作、消费、变现，形成良性循环，有利于优质信息的产生，优化微博平台的内容生态，创造绿色网络环境。

网红经济的变现也是网民对多媒体信息消费的物质转变，短视频的出现造就了热门网红"papi酱"，一个集美貌与才华于一身的女子，从2015年7月份开始创作短视频，半年内累积了千万粉丝，单个视频的互动量达80多万，吸引了千万级的投资，粉丝的增长和互动指数都证明了网红在多媒体内容创作方面的优势，可以看出，人们的多媒体消费的需求增长和形式认可。投资额也成为内容价值的体现，这种模式正是对短视频内容的升级消费。

图4-20　papi酱吐槽短视频

（二）用户的个性化需求得到满足

随着人们生活水平的不断提高以及科技的突飞猛进，特别是互联网的出现和高速发展，给人们的社会需求注入了前所未有的活力，普通的社会供给已经远远不能满足当前人们的各种需求，特别是青少年一代，他们更加趋向于需求生活的个性化，以此来展现自我的个性，体现出自我的社会价值。于是，各种各样的个性化需求便应运而生了。用户获取资讯的需求正处于迭代升级的过程中,对信息的个性化需求越来越强,除了万人瞩目的热点事件之外,每个用户想看到的信息千差万别,而且还希望找到兴趣相投的同道中人一起交流、讨论。

得益于微博对信息流产品的优化,用户生产和消费内容的积极性明显提高。通过大数据识别加用户举报方式,将原本可能分发至用户信息流中的低质量、低互动内容以及垃圾营销信息限制展示。同时,对用户浏览习惯进行分析,在信息流中推荐其可能感兴趣的内容,从而提高用户消费信息的效率,据新浪微博统计,2015 年用户信息流的互动率提高了 24%。

微博对 32 个垂直领域的布局,也为用户个性化的信息需求做了更清晰的规划和供求。用户方便快捷地从微博获取更有价值的内容,四季度阅读量增长 84%。与电视综艺节目的不断合作,向电影、旅游等垂直领域深入拓展,吸引到越来越多的新用户,同时提升当前用户的活跃度。仅仅用了半年时间,微博就已经成为了国内最主要的电影点评平台,成为了旅游分享和商家点评领域的榜首。电商、汽车、音乐、游戏等诸多垂直领域的大幅扩张也体现了用户在兴趣领域的活跃,满足了用户对不同领域的个性化需求。

自媒体的活跃与用户的互动使得微博的内容生态更加丰富。2015 年 9 月,微博自媒体发博量同比提升 64%,月阅读量超过 100 万的自媒体数量上升了 39%;截至 2015 年 11 月,微博垂直领域作者达到 230 万,同比增长 1 倍,覆盖 47 个行业。

用户对阅读的质量要求越来越高,个性化的内容推送成为用户新的选择方向,微博付费阅读的使用有了大幅的增长,数据显示,2015 年 1—11 月份,微博付费阅读成交金额高达 2930.7 万,且一季度到三季度的增长趋势明显,表明定制内容的个性化服务得到了用户的认可,用户对高质量的信息推送需求逐渐增长。

图4-21　2015年微博用户付费阅读交易额

数据来源：新浪微博数据中心

二、用户互动形式多样化

（一）用户兴趣分享增强

微博功能的完善进一步增强了用户的社交体验，微博用户在微博平台上的行为不断丰富，转发、评论、点赞、收藏等行为极大地丰富了用户的互动体验。长微博的完善、打赏功能的开发以及视频微博的推广，也进一步使微博用户之间的交互更加多元化。据新浪微博统计，2015年1—11月份，微博实现长微博打赏总计4454.1万，参与打赏的用户超过50万，被打赏用户也达到20万。可见，长微博打赏逐渐赢得用户认可，用户对个人所喜爱的作者及内容有了更加明确直接的表达，互动也突破了传统的转赞评模式。

微博用户的分享行为，有助于社群文化的认同与群体参与的实现，促进了兴趣群体的参与度和互动率。在微博这个最广泛的社交媒体平台上,应用信息推广如今已不是阻碍,用户对兴趣内容的分享随着技术功能的改进,出现了新的高潮。从2014年11月份至2015年10月份,应用信息分享总量共5.0亿条,分享人数规模也达到4770.2万人,阅读总量989.1亿次,以转赞评来衡量用户的互动指数,数量也已突破6.1亿次,用户对兴趣应用的互动行为可见其高。

图 4-22   用户对兴趣应用的互动行为

从各分类信息总量占比来看,微博用户更倾向于分享游戏、影音、拍照、浏览器、社交等应用。而且,女性是应用分享信息的主力军,女性更爱拍照类和影音类应用;男性更爱游戏类应用;游戏类、理财类和资讯类应用对男性的吸引力要明显高于女性。

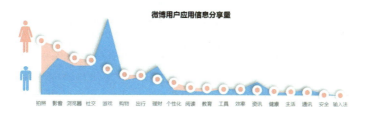

图 4-23   微博用户应用信息分享量

不同年代的用户人群对应用的分享互动也体现出差异变化。70后偏爱浏览器和理财应用,与其年龄、生活背景有很大关系;80、90后则更加热衷于娱乐休闲式的分享互动,影音拍照备受关注。以互动指数来分

析,拍照类应用的转赞评最为突出。30 岁以下用户占据了分享用户的90.3%,年轻群体的喜好影响了整个应用分享的偏向。

表4-2 不同年代用户应用分享排行

	70 后	80 后	90 后
1	浏览器	拍照	影音
2	理财	影音	拍照
3	影音	社交	社交
4	拍照	游戏	游戏
5	社交	出行	浏览器

视频分享是微博中最常见的分享内容,也是微博中分享内容的主流,微博与秒拍的合作为手机用户提供了更丰富的视频拍摄以及分享模式,秒拍与微博联手推出的短视频,吸引了大量用户,小咖秀更是风靡一时,明星用户的活跃,带动了整个微博的视频潮流。据新浪微博统计,自从上线,秒拍一直在拍照类应用的分享互动中表现突出,仅 2015 年 12 月份,秒拍应用分享信息总量为 107.3 万条,阅读量为 15.3 亿次,互动指数为1634.3 万次。用户对短视频形态的情绪表达和互动传播反应良好,而且,关键词也是以"努力"、"文明"、"给力"等正面词语为主,只有极少数的 7.7%的负面词语出现。由此可见,微博网络文化绝大部分是在传递正能量,真正的兴趣社区、健康风气已逐渐形成。在小咖秀传播迅速爆发的 7、8 两个月中,众多明星参与录制了对嘴型飙戏的小视频,用明星恶搞的噱头,给足了粉丝福利,明星与粉丝的互动也找到了新的交流模式,用户体验得到创新式的发展与提升,用户的娱乐需求越来越直接、正面化。

图 4-24　金星"橙汁"段子引发娱乐圈明星争先模仿

　　微博的照片分享功能,也给更多的摄影达人、普通用户提供了更好的照片分享体验,为用户增添了不少乐趣,照片可以记录人们的生活、经历,相比文字拥有更直接的观感和视觉体验,摄影作品的分享可以与他人共享图片资源,用户也可以通过朋友分享的照片,了解朋友的最新状态。有时候不经意间分享的照片,也能蔓延成网络现象级事件。如:2015 年 2 月 25 日,美国知名社交网站上,名为"@ swiked"的美国女孩上传了一张照片,是一条横条纹的连衣裙。"@ swiked"觉得裙子的颜色是白色和金色相间的,而她的朋友们,则很坚持地认为是蓝色和黑色。双方争执不下,又都说服不了对方,她只好将照片发到网上。没想到,这张照片被传到微博、微信等社交平台上,而后迅速地火了起来,网友们纷纷指出自己认为的颜色。最终演变成了一场互联网大战,上千万的网友参与到讨论中来,这也成为 2015 年中国互联网上第一个现象级的网络事件。

(二)用户兴趣互动垂直化

　　碎片化是一个时代现象,深入社会生活、思想价值的各个角落。用户的需求也越来越碎片化,尤其表现在内容方面。微博是一个基于兴趣的

优质内容的公开社交媒体平台,垂直领域的细分将信息资源聚集,并吸引了众多兴趣用户,形成了焦点化的互动讨论圈。与电视综艺节目紧密合作,向电影、旅游等垂直领域深入拓展,仅仅用了半年时间,微博就已经成为了国内最主要的电影点评平台,成为了旅游分享和商家点评领域的榜首。同样的拓展势头还出现在电商、汽车、音乐、游戏等诸多垂直领域。因庞大的平台优势,通过垂直引流和社交分享,围绕在垂直领域的兴趣圈成长扩大,用户的信息阅读、分享互动也更加圈子化,向兴趣焦点聚拢。

随着社会生产力的提高和科学技术的发展,体育行业在国民经济中占据越来越重要的地位,我国的体育事业发展蒸蒸日上,人们对体育的热衷与认知也进入了一个快速发展的时代。用户关注行为从传统电视媒体,逐渐地快速转移到社交媒体。微博体育通过发布热门赛事、体育明星等体育相关新闻的优质内容,成为了体育的最大信息载体。同时通过"线上打卡、线下嗨跑"等新型运动模式,引领大众"晒跑步"、"晒健身"。全民健身的概念日益深入人心,更多的办公室白领、打工族、学生等群体纷纷通过微博体育活动以及明星效应所传播的正能量加入到全民健身的队伍中。

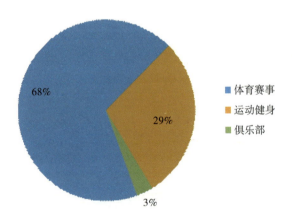

图4-25 微博用户参与体育话题讨论类别

数据来源:新浪微博数据中心

据不完全统计,目前中国的体育爱好者有两亿多人,用户在微博垂直领域的聚集,也促使微博成为体育赛事及话题热议平台。2015 年,微博泛体育用户接近两亿,其中核心体育兴趣用户接近 1700 万。体育类微博认证账号数量达到 31.4 万个,账号不仅覆盖管理层、俱乐部、运动员以及媒体等多类结构,还覆盖了竞技体育、运动健身以及电子竞技等多个领域,基本实现了对体育行业的全覆盖。2014 年 11 月到 2015 年 10 月份,微博平台共产生 8.13 亿条与体育相关的博文,博文赢得阅读数计833 亿次。

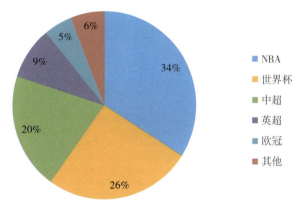

图 4-26　微博用户参与体育赛事话题互动情况
数据来源:新浪微博数据中心

微博的体育平台成为了各类体育爱好者的赛事关注地、热点讨论区,机构和个人产生了良好的互动。参与赛事类话题讨论的女性用户明显高于男性,通过对比相关话题的博文情感词,女性用户更关注体育明星,而男性用户更关注体育赛事本身;18—24 岁的青少年参与最多,占比 45%。

NBA 赛事话题的参与讨论程度最高,相关话题的阅读量达 170 亿,用户平均参与讨论 5.1 次,总体讨论量与覆盖用户都远超出其他赛事。篮球迷、追星族围绕赛事、明星、周边产品等内容交流讨论,#NBA 精彩

GIF#热门话题中就以动态图片分享的模式,鼓励粉丝用户记录 NBA 比赛的精彩瞬间,促进用户的分享交流,吸引了 56 亿阅读和 4.1 万粉丝,共产生 122.8 万条讨论。NBA 官方微博、俱乐部、自媒体创作人等也积极参与到话题互动当中,为用户提供精彩内容。

图 4-27　NBA 官微赛事发布

在运动健身类的体育话题中,马拉松、跑团、打卡、减肥、晒线等等,也将用户的运动健身推向高潮。用户线上联合、线下互动,互相监督,共同运动。微博跑团就是用户以明星、企业、地域、兴趣俱乐部等为中心组建的跑步团体,如王源跑跑团、光明乐跑等,都聚集了上万的跑步爱好者进行线下活动、约跑互动,增强了运动积极性,扩大了人们的社交圈。还有反手摸肚脐、晒晒马甲线等瘦身话题也带动了人们新的审美视角、健美潮流,用户通过话题互动学习达人经验、减肥技巧,或者曝晒成果照片,形成一个个的小型社区,为追求完美身材而共同奋斗。

在电影领域,微博依托庞大的用户规模,在电影行业机构、电影从业者

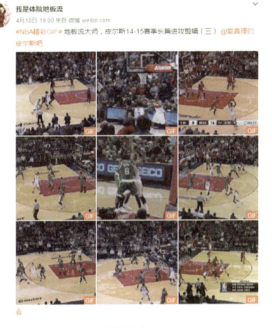

图 4-28　用户 NBA 赛事微博发布

与普通观众之间,构建起相互连通的社交生态,仅仅半年时间,微博就成为国内最主要的电影点评平台,兴趣用户数量近亿。微博平台上形成了众多以电影为中心的用户社区,在电影上线前后,对导演、演员、剧情等进行讨论、评价。据新浪微博统计,2015 年电影话题数量共 2 万多个,讨论人数约 1.2 亿,讨论次数累计 4.1 亿,全年电影话题阅读次数高达 2975 亿。

　　电影是人们重要的娱乐项目之一,围绕电影和明星的话题也常常络绎不绝,电影本身就是天然的兴趣话题,官方微博的驻入、明星的加入,经微博的引流,在垂直领域形成了庞大的讨论圈。2015 年 2 月份上映的《有一个地方只有我们知道》,因徐静蕾、吴亦凡等明星大 V 的知名度,在刚开始就获得了极大的关注,集结了用户群体,经过几个月的放映传播,以及官微的运营,用户分享互动热烈,单个话题的讨论量就突破 600 万,这是其他电影门户网站或者影评平台难以匹敌的。用户在电影社区中分

享精彩片段和观后感,对电影和明星演技进行评价,表达态度并交流情感。人物画册以及自然景观的宣传,将影片的优点特色表露无遗,用户影响力发挥到极致。

图4-29　微博上的电影话题

(三)粉丝互动出现新形态

粉丝是微博生态中一个重要的组成部分,如今用户之间的交流已打破了传统的语言界限,物质的、精神上的沟通越来越丰富。以红包形式传递快乐、传播祝福,表达人们相互之间的礼物情谊,或者在微博宣传时,以更直接的方式帮助他人增加传播度。

每到年终,微博最受人瞩目的就是"让红包飞",粉丝红包让明星、企业与粉丝,关注好友之间的互动更加充满乐趣,充满活力。仅在两个多月的大型平台活动中,#让红包飞#就受到了千万人的关注,百亿次的阅读,盛况空前。微博自建支付系统的优化、活动形式的创新,以及与支付宝的合作,都带给了用户便捷、多样的体验。"塞红包"、"抢红包",用户与粉丝的双向互动拉近了交往的距离。明星大V拼人气,粉丝的热情越高涨,"塞钱进红包"的举动越积极,抢红包的循环也不断延续下去,范冰冰、王思聪等在刷高人气的同时也成功地拉动了粉丝之间的红包互动;而普罗大众之间的粉丝红包也使互动更加活跃,你来我往,不论是陌生人还是强关系弱联系的朋友,物质的交流极大地推进了粉丝关系。

图 4-30　微博年终的"让红包飞"活动

　　用户如今的交流已不满足于简单的信息沟通,粉丝的互动转向更加实质的精神支持,行为更加有方向感、集中力。过去一年多轰轰烈烈的"帮上头条"的网民呼声,终于被付诸实践。用付费形式,在用户感兴趣的微博上点击"帮上头条",就可以为这条微博增加推送,帮偶像或产品做宣传、为自己认为重要的事情出一份力。在传播学中,媒体具有一种"议程设置"的功能,即人们对社会公共事务中重要事务的认识和判断与传播媒介的报道活动有关,媒介强调越多的,公众关注的越多。这也就是头条的魅力,在自媒体发展的今天,人人都想获得关注,上头条无疑是最好的方法。虽然从许多用户评论可以看出,"帮上头条"功能在多数网民看来只是一种圈钱行为,但这种功能确实也为积极性高的或者有强烈愿望、需求的用户提供了新的方式和方向,粉丝互动出现了新的形态。

图 4-31　微博上的"帮上头条"

第三节　微博与人际关系

一、现实人际关系弱化

（一）强关系人际圈缩小

中国是以强关系为主的社会,在社交网络中,强关系也是人际圈的主要构成部分。据 CNNIC 调查,微博用户联系人中,同学、现实生活中的朋友、同事、亲戚占比最高,都属于强关系群体,说明微博人际圈是以强关系社交为主的。

相较于其他社交网络,微博除了熟人关系链的在线交互外,还有基于生人网络弱关系链和虚拟空间相关性的社交关系模式。微博的弱关系社交特征也较为明显,55.6%的用户会关注明星,47.5%的用户会关注网络红人,还有部分比例的用户会和网友以及陌生人联系。人们除了与现实生活中的朋友进行互动外,还会关注明星、行业领袖等用户,形成一个非常庞大的追随网络。同时也会因为对某一话题的关注,而迅速走到一起,从而造成很大的传播效应,这也是微博具有社交媒体属性的一个重要基因。

从上文提到的微博的使用功能变化来看,微博的社交化使用是减弱的,对微博的人际圈也产生了消极的影响,微博用户的人际关系整体呈减弱趋势,尤其强关系大幅度弱化。从图中可以发现,从 2013 年到 2015年,微博用户的人际圈是在缩小的,而且发生了偏态变化,其中,同学、同事、现实朋友等强关系人群在大幅减少,微博社交的强关系在大幅度弱化。或是强关系群体向微信等即时社交转移,或是人们的现实社交圈在缩小,或是社交观念的转变,微博的人际圈的确在强关系社交中缺失一角。

图 4-32　2015 年微博用户主要联系人

数据来源：CNNIC 社交应用用户调研

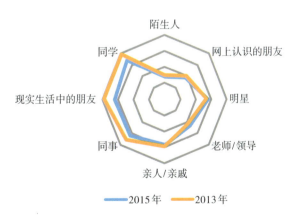

图 4-33　2013 年和 2015 年微博用户联系人对比

数据来源：CNNIC 社交应用用户调研

微博的公开性和信息化，也使得人们对传统人际关系产生了一定的距离感，个性、自由、隐私，都迫使人们想要逃离太过熟悉的场景。微博强关系社交的弱化也说明了微博用户正在将网络娱乐和现实生活逐渐分

离,追求更加自由表达的空间和私有化的生活,对强关系的需求不再广泛,而在乎精准。而从整体来看,人际圈的缩小也印证了,人们在经过一段时间的交流和考察,对社交网络的人际关系逐渐沉淀下来,精简稳定,形成真正属于自己的微博社交圈。

(二)现实交往减少

"低头族"已经成为网民日常生活的一大现象,刷微博也成为手机依赖症的普遍状态,移动互联网深深改变了人们的生活习惯,也影响着人们的交往方式。面对面的交流沟通渐渐地减少,亲人、朋友间的聚会也总相对无言,现实生活中的人际关系不可避免地减弱。

图 4-34　网民"低头族"现象

以现实生活场景为基础的强关系社交网络,也由于实际交往的缺失而减弱。现实生活的人际交往,通过微博,变成了新的行为表达。语言沟通,化为私信和评论;消息分享,化为@和转发;支持鼓励,化为点赞和打赏;礼物往来,也变作红包和塞钱;友谊比赛,更是成为微博运动的计步排名。这种新的社交形态虽然给人们带来了新的社交体验,从表面看,人际互动并没有减少,但是,现实交往所能提供的情感联结、信任和依赖,是虚拟网络无法替代的。

以春节生活为例,本应亲友相聚,团圆美满,但"红包大战"成为全民狂欢,年轻人沉浸在微博的社交娱乐中,渐渐脱离了大家庭的欢聚氛围。亲人相见,刚聊上几句,就匆忙拿起手机;父母在厨房中忙碌,子女却在埋头点击手机屏幕。2016 年微博红包借助"春晚"话题的力量,在除夕迎来高潮,当天微博上发出的红包总价值超过 10 亿,网友在微博上抢红包总次数超过 8 亿次,其中有超过 1 亿网友抢到红包。春节团聚总是短暂的,网友却花费了大量的时间和精力在红包、明星、话题这些微博活动中,即使最强血缘关系,也要因此而受到冲击。由此可观,在日常生活中,同学、同事以及普通朋友间的交往,也因社交网络的发展而减少了现实场景的联系,现实的人际关系交往逐渐减弱。

二、人际关系虚拟化增强

互联网逐步走入人们的生活,线下的服务在线上相连,线上的功能也慢慢扩散到线下,真正地将生活现实与网络融合到一起。在虚拟与现实相结合的时代,随着微博移动化的普及和服务功能的推广,微博的本地化特征渐渐突显,尤其"周边"、"雷达"等功能服务的开发,用户可随时随地获取周边的信息,搜索周边的人、物、事,还有本地生活的推荐。再加上垂直领域的建设,细分垂直领域的微博因地理优势,引导用户认识先前不认识的或不熟悉的人,并促使其线下交流,用户正慢慢融入微博所搭建的线上线下相结合的生态服务圈中。

周边的人、物、事通过微博等社交工具,将现实带入网络中,丰富了生活场景,社交网络的虚拟性逐渐淡化,现实与网络正走向一体化。雷达、周边等类似的实时实地搜索、社交功能虽非微博首创,但在良好的体验反映下,微博也引入了此项功能,期待不一样的结合体验。依赖其庞大的用户群体和平台规模,微博为现实人际交往打开一扇新的大门。

图 4-35 微博搭建的线上线下相结合的生态服务圈

如今理性社会加速成型，人际关系淡漠，尤其大城市的陌生人集群，个体突出，情感冷漠。社交网络满足了人们的交际需求，以兴趣谋结合，让人们在短时间内，大范围获得志同道合的挚友感受，免去试探、客套、戒备和情感道义责任，合则聚，不合则散，做新时代的过客。化名互动是吸引人们参与网络交往最重要的特征，社交网络的神秘感、安全感降低了用户的限制和约束，增添了自由和本真。

网络有助于拓宽人们交际的广度，维持现有的关系，但是对于交际的深度的作用却很有限。情感需求并不能真正获得满足，微博交往能让人感受到网络世界的喧嚣，而在现实世界的孤独感却是依然存在的，这种虚拟和匿名带来的自由和快感，使人们逐渐丧失了真实社会的存在感，弱化了人们的社会联结纽带。而时空上的接近可以促进心理上的亲近感，将线上网络与线下场景相融合，跨越了完全的虚拟世界，人际交往的虚拟化淡去，微博更好地发挥了互联网媒介的作用，同时增强了网络和现实社交的效果。

用户随时随地获取周边人物信息,选择性地、快捷地寻找新的人际关系,实时实地进行兴趣交往,有技巧地剥去了网络社交的神秘面纱,增强了现实的互动,促进了整个社会人际关系的融洽。而且服务场景的推广,将网络物尽其用,方便、快捷、真实,加深了用户体验,淡化了整个网络的虚拟性,人们逐渐回归现实,而不再仅仅生活在互联网中。社交网络作为虚拟空间中的现实存在,正在弥合当代社会个体人际交往、群体合作以及社会参与之间的裂痕。

三、人际信任在危机中成长

(一)信用缺失,令人堪忧

人际信任在社交网络的传播,也蕴含着很大的风险。人们的日常活动抽离原来的现实场域,处于"脱域"和"缺场"的时空分离的状态。"在场"交流互动减少,参与者的身份都化为符号,脱离直接的现实性,不必承担破坏规范的后果,群体遵从性降低。现代社会的合同、契约关系在社交网络中也难以实行。而诈骗的手段多样输出,引发了许多人际信任危机。尤其是利用名人效应和社会热点事件设计骗局的,影响恶劣。值得警醒的是,误入骗局的不只是普通用户。

2016年3月底,明星用户李小璐发微博声称自己被骗,爱心捐款石沉大海。行骗者利用他人发出的求助信息,改形换貌,在微博上进行募捐,并引起了李小璐的关注,获得了一大笔捐赠。李小璐基于母亲身份的同理心和对患病儿童的同情心,对求助者产生了热切的信任,但是微博平台的公开性并没有给予她及时有效的保障,对信息的真实性也没有得到确切的认证,建立在简单图片和描述上的信任不堪一击。

这件事固然体现了社交网络人际信任的漏洞和天然缺陷,但是从受骗者的立意来看,人们对微博信息的信任已经达到一定程度,人际信任在微博的基本扩张已成规模。而且,信任关系的重要组成因素之一是人,个

人要有警惕性，增强信息辨别的能力，人际信任的养成要靠个人与平台、制度与法律一起努力。

图 4-36　网络隐患导致信任危机

（二）治理强化，促使失信峰回路转

随着社会的转型，人与人之间的信任关系由熟悉信任变为陌生信任，社会结构也由熟人社会向陌生人社会转变。心理学教授杨中芳认为，中国人的人际信任主要是人际关系为导向的，从人际关系中获取对他人的信任是中国文化历史的延伸，网络人际信任与中国人的人际信任方式有一致性。传统社会的人际信任是血缘、地缘、业缘等熟人之间的纯粹、单一的交往关系，而社会交往的脱域性变化引起新的社会信任。社交网络中，去中心化的交流场域以及来自网络系统的担保推荐，使人际信任的建立成为可能。通过互动交流，让人们体验支持、尊重和理解，并借助这种社会支持来建立熟悉和亲密的人际关系，在此基础上增强人际信任。传统社会的信任破坏以及后现代文化所带来的人际信任碎片化冲击，也为社交网络的信任增长打开了空间。

微博平台日益成熟，监管治理体系不断完善，为人际信任提供了良好的生长氛围。微博的举报、辟谣、评级、认证等都给了人们可信赖的保障。

微博募捐等一系列公益活动取得了很大的成果,微博维权的及时、热烈反响,正能量声音的呼声高,都是人际信任在社交网络的重要进步。

在微博等社交平台,一些虚假信息屡见不鲜。2013 年 9 月,"两高"出台司法解释规定,"同一诽谤信息实际被点击、浏览次数达到 5000 次以上,或者被转发次数达到 500 次以上的",应当认定为诽谤行为"情节严重",从而为诽谤罪设定了非常严格的量化的入罪标准。对此,在现行刑法第 291 条中增加了一款规定:"编造虚假的险情、疫情、灾情、警情,在信息网络或者其他媒体上传播,或者明知是上述虚假信息,故意在信息网络或者其他媒体上传播,严重扰乱社会秩序的,处 3 年以下有期徒刑、拘役或者管制;造成严重后果的,处 3 年以上 7 年以下有期徒刑。"并且规定该条款于 2015 年 11 月份实行。

(三)信息真实性,有待监管

微博因为其是社交媒体,用户有充分的言论自由,因此会出现信息过度,缺乏组织和秩序,垃圾信息过多,信息过于表面化,信息个人的情绪深入,并且由于微博本身作为获取信息来源的渠道,难以分辨清是真实信息还是虚假信息,仅凭发文者一面之词,随意性太强,还有可能受到微博"五毛党"的炒作,引起公众误解。

案例:2015 年 8 月 12 日晚 11:30 左右,天津滨海新区瑞海公司所属危险品仓库发生爆炸,死伤多人,正在全国都在为遇难者致哀的时候,"@我的心属于拜仁慕尼黑 always",发微博称自己的父亲在大爆炸时遇难,并且一年前母亲也去世,迅速得到了大家的关注,短时间内评论数 4 万多,网友们在评论中安慰该女孩,并有 3856 人打赏给与她资金支持,希望她坚强,总额达 10 万余元,但是随后不久,便有微博曝出是有人利用该事件进行诈骗,公安部门随即介入调查,案发后,该新浪微博账号于 2015 年 8 月 14 日被微博管理员关闭,并冻结该账号收取的款项。2015 年 8

月18日,并将前述3856笔"打赏"款全部退还网友,公安机关表示该微博账号使用者,以非法占有为目的,通过发布虚假微博内容骗取网友打赏,数额巨大,其犯罪事实清楚、证据确实充分,应当以诈骗罪追究其刑事责任,最后宣判获刑3年。

图4-37　微博诈骗

微博已成为满足人们信息需求、社交需求以及娱乐性需求的重要工具,但是微博获取信息可靠性问题,一定程度上阻碍了人们从微博上获取信息的质量,由于微博发送者以及从微博上获取信息的使用者,没有太多的时间精力花费在信息的检验上,因此信息的精准性和权威性就会受到质疑,微博在获取即时性、交互性的日常生活信息时有绝对的优势,加强监管和审核,提高信息的准确性,目前来看是非常必要的。

第五章　微博与社会政治

　　微博作为一种融合了大众传播与人际传播特点的媒介形态,其即时性、裂变式传播、开放性、匿名性等特性,使微博在中国成为愈发重要的舆情源头和舆论场。这一发展态势势必引起政府和相关官员的重视,微博与政治联系密切,突出表现为政务微博在2015—2016年上半年进一步发展壮大、传播效果更为显著和传播机制进一步改进,同时微博上政务公开、微博问政、舆论引导、树立新媒体形象等作用更加突出显著。

　　2016年4月19日,中共中央总书记、国家主席、中央军委主席、中央网络安全和信息化领导小组组长习近平在北京主持召开网络安全和信息化工作座谈会并发表重要讲话。习近平总书记讲,"老百姓在哪儿,民意就在哪儿。我国有7亿网民,传统方式和网络渠道共同构成了现在反映民意、了解民意、沟通民意的新途径。所以,我们党和政府了解民意的方式也应该有一个重大的转型。网络在今天的社会生活、政治生活中的渠道作用和反映民意的价值越来越高。"习近平提出这一点,印证了党在了解民意、把握民意的认识方面和过去不同,网络舆论被视为民意的一种形式得到了高度重视。微博作为诞生网络舆论、体现民意的重要领地,其社会政治功能更为凸显,更加契合当下微博的发展趋势。

第一节　政府运营微博能力获得较大提升

一、政务微博整体发展态势良好

在 2016 年 1 月 11 日,中央全面深化改革领导小组第二十次会议审议通过了《关于全面推进政务公开工作的意见》,明确指出要依法依规明确政务公开内容、标准、方式,要创新公开方式,扩大政务公开参与,注重公开时效,让群众看得懂、听得懂、能监督、好参与。

在中央号召下,政务微博的发展迎来一个新的小高峰。因为政务微博正是政务公开的创新方式,可以作为法治政府的量化考核标准,其高效运营可以帮助政府加强与民众之间的沟通与联系,政务透明化,建设公开、互动的新型政府形象。

(一)政务微博总体数量有所增长

纵观 2015—2016 年上半年我国政务微博发展态势整体良好,政务微博数量不断增多,其中政务机构官方微博增长显著,公务人员微博数量小幅增长。这表明我国政府整体来看非常重视在网络上与公众的互动和交流,也切实响应《关于全面推进政务公开工作的意见》,但是公务人员微博数量仍然处于较少的情况,说明公务人员以自己职业身份在网上与公民交流的意愿有待提高,公务人员个人在网上与公民交流,要考虑好自己、公众、单位形象等多重因素,确实非常考验个人的工作智慧,但一旦能够形成良好互动,就会塑造出非常生动且生活化的形象,建立朋友似的关系,加强政府与公众之间的互相理解与信赖,对政务公开、培养良好政府形象非常有利。

(二)政务微博地域分布更加广泛

河南省、四川省、陕西省等省市表现亮眼,表明不仅传统意识中经济发达地区的政务微博发展形势良好,越来越多内陆省份对政务微博的重要性也越发看重,但西藏、青海等西北西南边界省份的政务微博数量较少,且经过一年变化也不大,说明这些地区的政务微博意识仍然需要加强,服务于本地公民的政务微博不必拘泥于固有内陆形式,更多本土化的特点会更加吸引本土公众,同时也更能激发当地发展政务微博的积极性。

(三)基层政务微博占据更大比重

从行政级别上看,微博在行政级别的分布上与现实中我国官员行政级别构成相同的金字塔形,处于金字塔上部的省部级及以上的政务微博数量虽然少,但需要注意的是其受关注程度更高、影响力也更大。基层政务微博占据政务微博数量比例大,但影响力欠佳,部分基层政务微博更新缓慢,对本地事务并不敏感,因此不仅要关注基层微博数量,鼓励基层发展政务微博,更要切实关注微博质量,真正发挥政务微博的作用。

二、政务微博成重要信息发布源头

微博最重要的作用在于信息的沟通与发布,政务微博非常重要的职责就在于及时向社会发布各类重大、突发、权威信息,而在2015—2016年上半年,政务微博也确实做到了如此。政务微博成为重要信息发布源头,许多"重磅"消息、权威声音均由政务微博率先发布。政务微博为党政机构提供了全新的信息发布窗口,不仅有利于信息公开、服务群众,也为政府增加了一条处理突发事件的渠道。

从政务微博的发展可以看出,信息公开的力度开始加大,官方与网民互动属性增强,在重大与突发舆情面前,政务微博信息公开越来越迅速,逐步成为事件通报的第一信源。及时、主动的发声,使得政务微博逐步获

取话语权的主动性,影响网络舆论走势。

纵观 2015—2016 年上半年,无论是天灾人祸、政策发布,还是领导人出行;无论是社会热点事件的引爆,还是跟踪,都离不了政务微博的身影,政务微博已然成为重要信息的发布源头。

(一)台风袭粤,政务微博首发声

2015 年 7 月,"莲花"、"灿鸿"双台风齐齐来袭,分别登陆我国广东、浙江等沿海地区,多地政务微博、微信纷纷发布预警和灾害信息,气象、公安、宣传各个系统微博联动,帮助群众防抗台风。在强台风"莲花"、"灿鸿"来袭之际,广东、浙江、上海等受台风影响的地区涌现出了大量直击抗台第一线,为群众提供气象、道路、出行等信息服务的优秀基层政务微博。气象、公安、宣传各个系统微博相互联动,发布预警和灾害信息,帮助群众防抗台风。

由于台风到来的危险性和迅速性,传统媒体的信息传达速度无法跟上蜂拥的网络信息,政务微博在其中发挥了重要的信息发布作用。

1. 及时通报,快速发布

"@拱墅发布"在台风来临之前就已经在通报相关信息,而当台风即将来临之际,"@象山民政"等政务微博第一时间发布相关信息,及时向公众传播有关台风的信息,快速做出反应。

@拱墅发布:【剪!路树"瘦身"防伤人】台风来袭,大关街道防风防台应急预案从前日就开始启动,不定时广播提醒居民,还安排专人巡逻检查,排除一切安全隐患。今天上午巡查中发现小区边有两棵大树存在着安全隐患,联合绿化公司,对小区主干道路上的大树进行修枝,确保台风来袭时不会出现掉落的树枝伤人事件。

@象山民政:【台风预警】根据《象山县防汛防台应急预案》有关规定,7 月 8 日 10 时,县防指启动防台Ⅳ级应急响应,第 11 号超强台风浪卡(Nangka)最大可能于10日后半夜到11日在这一带登陆,将对我县产生较严重的风雨影响。由于我县前期降雨集中,河网水位普遍较高,大部分山塘已经出洪或接近满蓄,防汛形势十分复杂严峻。"

在第一时间向公众通报现场情况,事件进展,使得屏幕对面的民众产生现场感,对信息有基本的判断和过滤,减少谣言肆虐的可能,对稳定民众情绪也起到积极的作用。

2.及时获悉情况,安全处置,确保群众生活质量

对于处于台风中心地带的群众,相关部门及时通报有关信息,安全处置相关灾民,告知当地道路、天气等情况,发挥政务微博信息服务和安全预警功能,提醒和保证灾民顺利度汛;同时对于非灾区民众,及时了解当地情况,信息透明以防止谣言的滋生。

@上海海事发布:【疏港进行时】今晨上海中心气象台解除台风预警信号,上海港水域风力明显减小,上海海事局降低防台应急响应至Ⅳ级。目前,辖区共停靠船舶2764多艘,正全力组织疏港。为确保安全、有序、高效完成疏港任务,请各船舶保持高频有效守听,配合辖区内交管中心及现场巡逻艇的交通组织和现场疏导,稍安勿躁喔!

@宁波客管:#迎战台风"灿鸿"#鄞州公交部分线路恢复。[话筒][话筒][话筒]截至7月11日17时,鄞州区共196条公交线路,已恢复运营11条(121、130支线、176、177、281、282、622、628、637、908、291),其余公交线路暂停运营。@宁波发布 @宁波日报 @东南商报 @宁波晚报

@乐游上海:【崇明三岛轮渡全部停航,长江大桥限速40公里/小时】#防汛防台#希望往返崇明的筒子注意,@上海崇明发布,受台风"灿鸿"影响,目前崇明三岛轮渡全部停航,长江大桥限速40公里/小时,申崇线仍在运营。今天,崇明所有景区(点)闭园。

3.运用微博寻找失踪人口、进行助农工作

在事后,需要进行的是灾后恢复工作,包括两个方面,一是失踪人员寻找;二是灾后重建。这两方面的信息都需要当地民众的通力合作,这里政务微博又在执行信息发布职能。

@平安龙湾:#抗击特强台风浙江警方在行动#【抗台下的众生相】灿鸿即将来临,昨晚,龙湾各救灾安置点老百姓怡然自得,大家玩手机、搓麻将、看电影、睡大觉,形态各异。然这一切的背后,是一批可爱警察蜀黍的默默付出!民警忙转移、忙宣传、忙抓人、忙守卫,台风没来就忙成这样,要是来了,会成超人吗?

从这一事例发展可以看出,尽管政务微博日常较多发布各类通知和政务宣传信息,但由于互动性、及时性、广泛性等特点,正在被越来越多地应用于服务群众生活方面。而针对此次台风的政务微博实时发布,既能够有效发布信息,保证群众生命、财产安全,又能够突出政府工作重点,塑造政府公信力,同时让人民在危急时刻吃下一颗定心丸。在重大与突发舆情前,政务微博信息公开越来越迅速,逐步成为事件通报的第一信源。及时、主动的发声,使得政务微博逐步获取话语权的主动性,影响网络舆论走势。全方位的覆盖各类信息,及时全面报道现场情况,缓解信息匮乏与不透明情况,同时予以公众指导类信息,让事件运行更为顺利,作为重要的信息发布渠道,政务微博在这一系列的行动之中加强了自身与公众的联系与沟通,树立了良好形象,发挥了政府传达信息的作用,取得了良好效果。

(二)政务微博直播庭审

政务微博作为信息源头的另一个重要体现则是微博直播庭审,使得政府机关权力运行更加透明,社会化行政公开体系得到有效构建。

微博直播庭审已成为面向网民普法、阳光执法的重要途径,目前,微博庭审视频直播系统已经覆盖了 10 个省(区、市)的 200 多个法院共计 700 多个法庭。2015 年以来,各级政务微博还不断创新政务公开的形式,不少法院微博开始尝试利用视频直播庭审过程。3 月 25 日,安徽省合肥市蜀山区人民法院官方微博"@蜀山法院"对一起贩卖毒品案件进行视频庭审直播,图文直播同步进行,同时与网友积极互动,开创了国内法院系统微博视频直播庭审的先河。司法机关通过官方微博与粉丝互动、发布审判文书以及公开失信人员信息等方式,让更多的公众切身感受到依法治国的步伐正在加快迈进;而微博则在这样的尝试中,进一步拓展了它的应用领域,强化了它参与社会治理和公共事务的功能,这是一次大胆的创新与双赢的尝试。

图 5-1　蜀山法院微博发布案情进展

三、政务微博影响力加大

(一)应对突发事件能力提升,微博成为政府机构辟谣重要渠道

突发事件具有多样性和复杂性,随着以微博为代表的社交媒体的迅

速发展,匿名化、跨时空、裂变式的传播模式使得突发事件容易伴随着谣言的肆虐,如若处理不当,则会造成民众恐慌、社会不稳定的严重后果,为了应对好突发事件,这就需要政府在短时间内,迅速作出合理的应对措施,最大程度地减少突发事件带来的损害。

政务微博的诞生天然承担着信息发布、辟谣、舆论引导的责任,通过政务微博,可以使信息发布更加快速、便捷,影响范围广泛、成本小,在应对突发事件方面有着特有的优势。在 2015 年众多突发事件中,可以看到政务微博在应对突发事件的能力有所提升,能够第一时间对谣言进行澄清,避免更大范围的谣言传播。

2015 年 6 月 1 日 21 时 30 分,"东方之星"轮船在从南京驶往重庆途中,突遇罕见的强对流天气带来的强风暴雨袭击,在长江中游湖北监利水域沉没。湖北当地政务微博持续发布现场救援进展,"@湖北发布"从 6 月 2 日清晨 8 点开始通报有关"东方之星"轮船事故的信息,直至 6 月 20 日,共发布 24 条相关信息。"@荆州发布"也不断通报目前的救援及伤亡情况,直至 6 月 24 日,共发布微博 30 条,关注当地群众与此次事故的关系,传达最新情况。"@南京发布"、"@安庆发布"等地方政务微博多番公布本地乘客信息,"@公安部打四黑除四害"、"@平安中原"等公安微博也及时发布权威信息和防骗提示。

@湖北发布:#监利沉船事故#【最新汇总:已致 77 人遇难】①截至今晚 18 点,遇难人数上升至 77 人,14 人生还;②长江湖南岳阳段已发现 4 具遗体,确认是"东方之星"乘客;③截至 14 时,湖北监利县共接待家属 1200 多名,涉及游客 179 人;④目前已进入打捞准备工作,随时可能开始船体扶正。

@安庆发布:【关于"东方之星"游轮在安庆登船游客的情况】6 月 1 日晚 9 时 28 分,一艘由南京开往重庆,载有 458 人的名为"东方之星"的游轮在长江湖北监利水域倾覆沉没。该游轮于 5 月 29 日上

午 9 时停靠于安庆港,经初步核查,该游轮在安庆港停靠后,共有 10
人在此登船,其中安庆 8 人,南京籍 1 人,池州籍 1 人。

表 5-1　安庆港停靠时登船人员信息

序号	姓名	性别	出生年月
1	王██英	女	1952 年
2	冯████	女	1942 年
3	何████	男	1952 年
4	周████	女	1957 年
5	张████华	女	1934 年
6	周████	女	1932 年
7	周████	男	1963 年
8	██████	男	1963 年
9	蒋████	女	1948 年
10	赵████	女	1961 年

@公安部打四黑除四害:#长江客船沉没#【乘客家属疑收到诈骗
短信】上海张先生的父亲在"东方之星"上。今天下午他收到陌生短
信,称其父幸存,被武警直升机转到一家广州医院。他随后拨打该院
电话,对方表示没有接收过伤员。"虽然骗子还没有向我提转账的事,
但很明显已经在铺垫了。"网页链接——"趁危诈骗,天理不容!"

随着互联网的发展和移动互联网的迅速普及,网络的开放性、裂变
性、匿名性、跨时空性等特征使得人人都可以在网络中发声,且缺少把关
机制,使得网络中各种言论鱼目混珠,尤其针对突发事件,所以突发事件

是检验政府处理能力的利器。政府需要在突发事件发生的第一时间内，新闻发布者及时发布新闻信息，积极辟谣，才能有助于突发事件的积极处理与解决。

（二）微博助力，增强政治声音传播力度

在传统的大众媒介环境下政府的新闻议程设置过程主要是在政府、大众媒介、大众三者互动下产生的。然而，在微博引领下"去中心化"的新型传播环境中，一方面政府和民众相对平等，使政府失去了强支配力：政府不能使用行政权力强占网民的"注意力"，而网民也可以自主决定是否关心；另一方面其"滚雪球"式的强扩散性，又使得大众媒介需要通过合作以媒介间议程设置的方式达到影响大众议程的目的。最终，议程设置的权力由大众媒介把关人前移至广大的微博用户。

微博上主体的平等性使政府一旦进入这一平台就和一般微博用户一样，可以发布信息，但不具备强制受众关注的权力。因此，政府在网络中要把握议程设置的主动性，积极引导微博舆论导向，在 2015—2016 上半年，政务微博在这方面发挥的作用越来越明显，也越来越充分。

在 9 月 22—28 日，国家主席习近平将赴美出访。此行是习近平就任国家主席后首次对美国进行国事访问，也是他作为国家元首第一次走上联合国讲台。随行企业家"@杨元庆"微博同步内容，各大政务微博也随之追踪报道，就其中和民众生活息息相关的问题提出来，以生动形式再加演绎，共同塑造我国拥有深化改革实现中国梦的实力与信心的形象。

@公安部打四黑除四害：【习近平：让腐败分子在海外永无"避罪天堂"】习近平出席华盛顿州当地政府和美国友好团体联合欢迎宴会并发表演讲时强调，中国将继续推进反腐败斗争，愿同国际社会积极开展反腐追逃合作。中国人民希望在这方面得到美国支持和配合，让腐败分子在海外永无"避罪天堂"。#跟着习大大去美国#

随后,习近平去美国的形象被网友再创作,习近平的漫画形象首度推出,这引发了网友的一致好评和极高的转发量,对习近平及其倡导的政策予以支持和拥护。这其实取得了公众对政府及政策的认同。

同样不能忽视的是,如果政府想要主动引导网络舆论,就一定要准确定位以及适应和主动采取微博话语风格,通过对 2015 年政务微博的观看,可以发现政务微博根据自己部门的性质进行定位,并在此基础上对微博受众进行细分,确定自己的目标受众,以反映社会、贴近生活、贴近实际的方式,巧妙地将关系到国家大政方针、内政外交和社会热点难点的重大新闻事件报道、宣传出去。而在语言上,以"@公安部打四黑除四害"和"@江宁公安在线"为代表,经常使用幽默话语与网友互动,为引导舆论的主动性发挥了极佳效果。

"@公安部打四黑除四害"将习近平在世界互联网大会的发言重点整理发布,以图文结合、重点突出的形式使民众第一时间了解我国互联网发展的重心及发展方向。

图 5-2 公安部解读习大大讲话要点

增强网络舆论引导主动性,设置议程的必要性在于网络信息传播的复杂性和网络舆论的价值多元化给舆情监测和舆论引导带来许多难度。"让舆论哗然的事件,大多肇始于被忽视的声音。不可倾诉、不被倾听、不能解决,如果不主动'打捞',太多声音沉没,难免会淤塞社会心态,导致矛盾激化。"①政务微博能够直接参与到网络舆论形成的过程中,第一时间发现网络舆情并及时做出回应和表达。政务微博一方面直接发表观点和意见影响舆论的走向,另一方面与其他大众传媒形成互动,扩大信息的传播能力、增加信息的可信度和说服力。

(三)微博助力政府机构提升应对突发事件能力

政务微博矩阵是指在统一的宣传口径下,通过不同功能定位的微博,与各个层次的网友进行沟通,最大限度聚合微博领域中的目标受众,通过矩阵的共振效应,达到传播效果最大化的目的。

对我国政务微博而言,宣传是其自身非常重要的一项任务,而囿于单个政务微博的受众面往往较窄,且其官方色彩使得其传达信息容易被目标受众所忽视。不过一旦将单个原子化的政务微博链接起来,建立链式传播反应系统,沟通不同功能定位的政务微博,可以有效精准辐射用户群体,扩大影响力。

单独某家政务微博在社会重特大事件当中有时缺乏内在和外在的舆论呼应,从而显得"孤掌难鸣",所以有必要构建互为依托的矩阵体系,形成无缝连接的分工协作及线上、线下的互动支撑。矩阵体系的建立促进政务新媒体传播从"孤军奋战"转型升级为"联动平台",形成了"航母式"政务新媒体集群。2012年1月16日,甘肃省"微博政务大厅"暨全国

---

① 祝华新:《政务微博:打捞沉没的声音》,南方人物周刊,http://www.infzm.com/content/80983?。

首家省级"政务微博矩阵"上线,在应对突发事件、在线服务等方面发挥出集群效应。2013 年 8 月 20 日,北京市政务微博群"北京微博发布厅"实现在新浪网、人民网、腾讯网三网同步运行,形成了政务微博多平台集群式协作运营。从 2014 年开始,微信公众号的矩阵体系也开始发展,在矩阵中实现相关政务微信公众号既从各自视角报道,又通过新媒体矩阵中各单位的联动发声、相互帮助、彼此呼应,促进了政务新媒体高效运转,有效提升了联动运营张力,大幅度提高了"网络问政"工作效率,增强了信息传播的效度和信度。通过建立政务新媒体矩阵,一是实现了不同政务新媒体公信力的叠加效应;二是实现了不同政务新媒体的优势互补、联合行动;三是互动范围和影响力范畴呈现矩阵式扩展,进一步提升了对移动互联网的舆论引导力。

这一发展越来越为政务微博群所用,各层级、各部门政务微博矩阵纷纷建立,矩阵内和跨矩阵的联动协作也日趋频繁,成为政务微博运营的新形态。微博协作打破了政府机构的地域和部门界限,降低了协作成本,提高了工作效率。

1. 火车晚点频繁 政务微博集体部署

受雨雪天气影响,广州火车站从 2016 年 1 月 30 日开始,出现了多次列车晚点。2 月 1 日,晚点情况持续加剧,导致广州火车站滞留近 10 万名旅客,"@广州铁路"启动应急预案,采取紧急措施,全力恢复广州站列车运行秩序。"@广州公安"、"@广州交通"、"@中国广州发布"、"@广州地铁"、"@肇庆市旅游局"、"@平安南粤"、"@深圳交警"等珠三角政务微博矩阵联动,全面扩散紧急通知,直播车站现场实况,平稳应对客流集中危机。

在这次事件中,"@广州公安"及时微博预警,触发珠三角政务微博纵横捭阖大动员、大联动:珠三角城市政务微博横向联袂传播(广州—深圳—肇庆—清远……);传播路径上行至公安部,下行至交警、地铁局、各分局;平行至新闻外宣、旅游、媒体、网友,取得了良好的效果。

图 5-3　广州公安发布微博预警

2.政务微博集体播报春运情况

政务微博"矩阵"的核心内涵和关键要素即"五互",强调:跨区域互联、跨职能互动、信息共享互通、业务优势互补、服务功能互助。在这一方面,广州政务微博矩阵在 2016 年春运中显示出了良好的示范作用:

(1)有部署:"@中国广州发布"作为较大的官方政务微博统领全局,对火车的安排及时公之于众,及时部署发挥领导作用。

图 5-4　广州春运情况通报会的官方政务微博

（2）有告知：及时向公众向社会通报目前的春运情况，使得直接关系到个人的春运信息透明化，避免由于信息不畅造成的旅客滞留。

图5-5 广州交警发微博指示路况

（3）有支招：对普通人的问题在微博上以生动有趣的形象进行释疑，有效缓解民众忧虑，辅助民众做好出行安排。

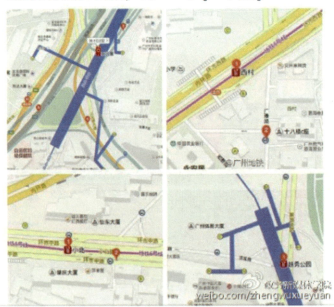

图5-6　微博互动解决忧虑

图5-7　广州公安发布春运火车站情况

　　(4)有真相:直击现场,使屏幕后面的人也有身临其境之感;同时以信息的权威性,及时消退了民众的不安全感,提高了信息的可信度。

　　(5)有互动:政务微博与网友互动,在交流之中消除彼此的隔阂感,增强黏度。

 广州交通
1小时前 来自微博 weibo.com

回复@他们都叫我掌柜:旅途平安愉快 //@他们都叫我掌柜:辛苦工作人员了！前几天一直关注着广州火车站的晚点滞留人员情况，今天早上过来，没有想像的进站困难现象，人多但秩序还是很稳定，进站过程还是比较顺利的，虽然最后列车还是晚点半个小时，现已经顺利发出，祝春节快乐！

@广州交通:#温馨服务#【天寒车晚站场暖 广州火车站公交站场强化服务力量】为积极配合广州火车站疏运工作，公交站场人在现场设置了"爱心小站""咨询台"等便民服务点，为过往的候乘旅客提供热姜茶、热开水，帮助乘客查询最新列车信息，尽己所能救助身体不适的旅客

图5-8 广州交通官微与粉丝互动

（6）有温情：以情感作为交流的桥梁，使得民众对政务微博的感情进一步增强，对信息的接受程度更高。

经过铁路部门和地方政府的共同努力，持续几天的广州火车站列车晚点状况得到有效控制，铁路运输秩序正在逐步恢复。

广铁警方在线
02-03 08:59 来自iPhone 6s

+关注

无论多晚，我们都会一直陪伴你们，直到你们踏上平安的回家路！

图5-9　广铁微博送温暖

危机来临,线下工作固然治本,但信息的有效覆盖和精准触达,对有效处置和应对危机也十分重要。在本次危机处置中,广州市和珠三角的政务微博矩阵主动作为,联合媒体、普通用户一起积极联动,有效避免了因信息不畅导致的人流过度集中,线上还原细致的线下服务工作,收获了更多市民和乘客的理解。

综合看来,随着微博运用多元化的凸显,开通单个微博已经难以形成

图5-10 官方回应"春运直播"话题

声势,由各级政府相关机构借助微博平台建立政务微博矩阵,提升政府整体形象,加强正面宣传和引导。将一省内各部委厅局以及市州官方微博按照在实际中的架构搭建起来,形成统一的网络表达出口,变一家"独唱"为各部门共同发布的大家"合唱",形成有效传播政府声音、提供服务咨询、倾听社情民意、回应社会关切的政务微博,努力成为政府信息传播的"麦克风"、媒体信息快捷获取的新平台、政府与百姓沟通对话的新窗口。

第二节 微博助力行政治理,联动扩大传播效果

一、微博问政成常态,行政互动能力提升

自 2008 年 5 月开始实施的《中华人民共和国政府信息公开条例》为政府信息公开和公众监督政府的行为提供了制度保障,但在实际的操作过程中却由于政府"内无动力,外缺压力",使信息公开成为一扇扇难以推开的"玻璃门"。互联网传播时代的"网络围观"成为网民推开"玻璃门"、要求政府信息公开、争取知情权和行使监督权利的一种有效方法,"微博围观"也成为倒逼政府信息公开的力量。①

现实中政府与公众的信息不对称和公众参与公共事务的渠道匮乏,成为阻碍双方进行有效沟通的绊脚石,微博平台的开放性为政府机构及官员提供了信息公开和与民沟通的渠道,变被动为主动,主动沟通、问政于民、及时了解民情民意。政府信息公开不仅提升了政府的透明度,更有助于公众行使知情权和监督权,参与公共事务管理。作为政府了解社情民意的新渠道、人民群众表达利益诉求的新途径,一些政务微博已经开始构建起社会化行政协同体系,实现了制度化管理和联动机制,形成了受理、转办、督办、回复、公开接受监督五位一体的行政闭环。

以往政务微博在微博问政方面存在诸多问题,例如缺乏一定的制度化和规范化,导致其长效性不足,发布频率低且不规范;同时,政府行政能力不足导致互动性不高,政府微博大都充斥着官方色彩,可看性不大;一些政府部门在对待微博中的民意时,反应迟滞、僵化、落伍,这些情况在 2015—2016 年上半年发生了极大改观。政务微博建立了一系列"系统

---

① 张文祥:《微博传播与政府信息公开》,《新闻界》2011 年第 8 期。

化"和"常规化"的流程,将微博问政的工作按照常规工作来对待和进行,注重政务微博发布时间的"及时性",发布内容的"真实性"。

以"@问政银川"为例,"@问政银川"是银川市委办公厅、市政府办公厅官方微博,在简介中承诺"对您@问政银川的问题,本微博在工作时间1小时内、节假日休息时间8小时内,有呼必应"。拥有粉丝432690位(仍在增长),是非常具有影响力的政务微博。其管理人之一徐刚在2015年1月分享经验时谈道,"这一统一建立在党务网络平台暂行办法、纪委相关追责办法以及将政务工作纳入到全市各部门,各县市区的年底的绩效考核中去进行规范化的管理。"这一方法也被众多政务微博采纳,因此我们也可以在微博中看到更多政务微博活跃的身影。

图 5-11　银川政务微博页面

同样不可忽略的是,建立"双向互动机制"以提高互动性,越来越多的政务微博改变话语风格,亲切生动有趣地与民众进行交流,减少双方隔阂,增加传播影响力。随着政务微博运营的成熟,"拟人化"风格更加符合网络话语体系,网络流行表达的渗透性,特定的网络流行语往往已经具有符号化的含义,利用它们在表达上可以起到"搭便车"的效果,使政务官微的发声能被网民更好地理解、接受。

比如"@江宁公安在线"积极回复网友质询,形成良性互动。被网友亲切地称为"江宁婆婆",而其"警察蜀黍作品"系列辟谣长微博,紧扣社会时事热点,揭露谣言和伪科学的真相,语言幽默搞笑,形式符合移动终端的阅读特点,更是深得网友喜爱。

图 5-12　警方微博调侃防骗工作

图 5-13　江宁公安号召大家一起参与防骗工作

微博问政和微博施政一方面有利于政府行为的公开化、透明化,在很大程度上能够减少公众对政府行为的认知盲区,降低公众由于主观性和

片面性给政府形象传播带来的消极影响。另一方面,政务微博直接参与大众传媒对政府行为的解释,其传播方式同时具有大众传播、组织传播和人际传播等特点,尤其是人际传播特征既实现了政府和公众面对面的直接交流,减少了大众传媒信息传播过程中的信息失真,又能够避免官话套话和"高大全"报道思路给公众带来的审美疲劳。政务微博通过对政府行为的全面展示和主动解读,有利于政府虚态形象的消除,能够促进社会公众对政府形象形成真实合理的认知,即形成政府的实态形象。

同时加强政务微博系统内部互动与协作,加强政府机构微博之间、政府机构微博与政府官员微博之间、官员微博相互之间的互动,使各个行政机构与行政工作相得益彰。通过把政府机构本系统、本部门的政务微博有效组织起来,有助于以系统化的力量确保舆论引导的主导权。一方面实现各个政务微博之间的信息共享,实现"互粉"与"互补",彼此在第一时间能够获知对方信息,尤其是面对突发性事件时,各政务微博以不同形式组合发声,最大程度地扩大信息覆盖范围和影响力;同时避免由于信息不对称造成的官方微博口径不一,行动不一致现象。

二、微博连接政府与媒体,促进政府信息公开

政府强调的舆论导向是有主观色彩,即希望现实的舆论呈现出引导者头脑里面既定的理想图像,议程设置作为一种媒介功能则是客观的,只有遵循一定条件才可能使媒介的议程转变为公众的议程,成为舆论的一部分。① 政府可以安排相关议题,给民众一个讨论问题的平台,同时还可以通过民众的讨论了解民众的需求,突发事件的爆发,会引起民众的广泛关注,通过微博核裂变式的速度进行转发,关注人数必然呈几何态势增长,在最大范围内造成影响。政府部门利用政务微博主动制造议程,征集意见,

---

① 陈力丹:《舆论导向研究》,中国广播电视大学出版社 2006 年版,第 98—99 页。

通过政务微博将现实生活中民众关注的焦点事件设置为议程,使其成为公众关注的话题,引导舆论走向,促进言论的理性化,形成健康的主流舆论。

但需要注意的是,政务微博主要面向当地网民,对本地居民而言影响力较大,媒体微博则善于设置议题,两者彼此互通,共同设置议题,引导民众参与,有助于扩大影响力,比起政务微博自己单独作战,更有传播效果。

(一)政务、媒体微博共同关注南京虐童案

在 2015 年 4 月 4 日,一组男童被虐打的照片在网上疯传,照片发布时间为 3 日晚 22 点,照片上,一名男童背部、手臂、腿上布满了伤痕。老师反映,儿童施某身上有多处表皮伤,怀疑系遭其养母殴打所致。4 月 5 日凌晨,养母李征琴因涉嫌故意伤害罪被公安机关依法刑事拘留。这是引发舆论热潮的"3·31 南京虐童案",对此案舆论两极分化,一方指出虐童可恨,要求立判;另一方指出孩子要求继母回归,也当情有可原。此案经由"@头条新闻"、"@京华时报"、"@中国新闻网"等媒体微博发布之后,引起巨大关注,转发量统共在 10 万之上,评论过万,可以看出这一案件戳中社会痛点,引起广泛关注。

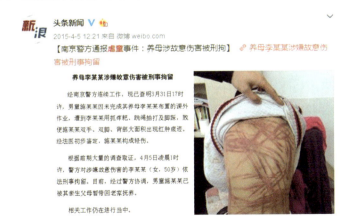

图 5-14　头条新闻微博发布"虐童"事件

而在该案件宣判时期,由于继母坚持认为自己无罪,且在法庭上哭闹不止,同时"虐童案"男童及生父母状告发帖人侵权案,使得该案件又引发一波舆论热潮,其中评论多以情绪化、煽动性、片面化的语句为主,而没有对法庭上的控辩、法律的普及起到良好的宣传作用。此时,"@江宁法院"在开庭当日晚,就发布一审结果,在其他媒体微博的转发造势下,引发民众关注,对其中民众所不理解的问题进行解读,增强普法效果,获得更好的普法经验。

@江宁法院:【"虐童案"男童及生父母状告发帖人侵权案 江宁法院作出一审判决】"虐童案"男童及生父母状告发帖人侵权一案,南京江宁法院于9月25日开庭审理并当庭宣判:三原告诉请于法无据,法院依法判决驳回三原告的诉讼请求。

(二)政务、媒体微博协同致力环保

2015年8月22日,位于桓台县果里镇东付村的山东润兴化工厂发生爆炸后引发火灾。当日22时37分,"@山东环保"转发"@央视新闻"相关微博,提醒淄博市环保局"@淄博环保"对此事进行关注,淄博市环保局得知情况后,立即启动应急措施,派遣应急检测等人员及时赶到现场,开展环境应急处置工作,其官方微博"@淄博环保"第一时间对此事进行官方回应、发布环境监测报告、实时公布环境处置相关情况。2015年11月,进入供暖季一周后,辽宁省省会沈阳市迎来持续的空气严重污染。"@沈阳环保"第一时间发布预警,及时直播环保局的环境监察应急工作,并主动搭建政务微博及当地媒体微博矩阵,邀请网友关注#沈阳环境空气质量#话题和"@沈阳环保"官微,"@沈阳环保"抓住热点积极引导舆论引起共鸣,截至12月底该话题阅读量突破千万。

各个媒介都有各自不同的优缺点,因此有必要走传统媒体、政府网站和政务微博共同发展之路,使多元化的沟通渠道和表达形式相辅相成,加

图 5-15 "沈阳环境空气质量"微博话题

强资源整合。政务微博兴起短时间内取得飞速发展,自然有其优越性可言,但微博受限于140字的字数上限,长微博的使用也难改其单一性和碎片化特征,信息容纳量仍逊于政府网站;同时微博3亿受众相较于13亿的人口基数终究不足,尤其是在年纪较大的民众间影响力不足,新闻报纸、广播、电视等传统媒体强大的群众基础和影响力仍旧无法撼动。面对复杂的政治现实问题,有必要加强政务微博与政府网站、传统媒体的联动。一方面利用政务微博本身的资源整合作用,发挥政务微博群的协调作用,将其打造成政府机构的信息资源中心、链接政府网站、政府博客等工具;另一方面对突发事件、重大事件和网络热点,政务微博做出及时回应的同时,传统媒体应进行跟进和深入报道,进而增强政府回应的连续性和权威性。

2015年系列重大新闻事件中,都不乏媒体微博的身影,由于媒体微博受众面广,粉丝数量众多,在议程设置上往往能取得更大的效果。政务微博在事前与媒体微博进行沟通,共同策划发布信息,使得政务微博发布内容可以获得更好的关注,取得更佳的效果,同时媒体微博也在与政务微博的沟通中获得权威性,双方合作共赢;若政务微博在媒体微博发声之后

行动,由于媒体微博已经在公众中引起关注,其自然会将后续的跟踪解决反馈给相应政府,此时政务微博发声体现自身倾听公众声音,积极解决社会问题、表明态度、信息公开的姿态必将更加深入人心。

三、借力热门事件,扩大公共服务信息传播效果

在应对突发事件的过程中,意见领袖的观点会促使舆情生成、加快事情发展速度,引导舆论走向,在突发事件舆情应对过程中起着关键性的作用。网络名人、就是微博中舆论领袖的一种,比如白岩松、崔永元等,他们拥有上百万的粉丝,其微博都具有较高的转发量和关注度,在对事件的传播过程中,通过信息的转发和评论能够对粉丝产生连锁影响,易于进行舆论引导。政府重视网络名人、意见领袖,和他们共同进行同一事件的信息传递,借助其舆论影响力,增强其传播效果,政务微博运营更加成熟。

在 2015 年,"我向老兵敬个礼"活动从发起之日起,便受到来自广大网民的热烈关注。截至发稿时,话题阅读超 7 亿,讨论超 100 万,转评赞超 1500 万,正面口碑达 98.77%,"我向老兵敬个礼"活动中,不分行业领域,没有地域区别,不受年龄限制,全民参与,用最朴实的敬礼方式表达对抗战老兵的真挚敬意,更有 130 余位明星也响应号召,晒出向老兵敬礼的照片,这种充满正能量的方式,得到了网友的大力支持与赞誉。

在这一主旋律的活动中,不少政务微博根据自身定位,搭乘热点,取得了良好效果。

@成都共青团:这段时间,四叶草给我们讲了很多有关 @ TF-BOYS 组合的事,有关三只的点点滴滴,三只的努力,讲自己如何以他们为榜样去奋斗。今天,去翻了下三只的微博,有太多的感动。#9·3胜利日大阅兵#@TFBOYS-王源 的敬礼、#雅安地震#时,@TF-BOYS-王俊凯的加油、国庆节,@TFBOYS-易烊千玺的祝福……

另一种方式是微博借力热门事件,以幽默风格获得网民的大量转发

关注,是政务微博巧用热点传递公共服务信息的体现。对于政务微博而言,想要有效传递信息,选择热点借势传播无疑是一种有效的方式。当然,利用热点、集聚人气的目的,还是为了更好地传播政务信息,清晰的信息传达是这类微博在注重话题性和形式性的同时始终坚持的重点。

四、双微联动,民生服务效率提升

政务民生微信,是指由全国各级政府及相关民生部门在微信平台上开设的公众号(包括订阅号和服务号),使公民、企业与政府工作人员都能快速便捷地接入本部门的政务信息与业务应用,使之能随时随地获取所需的信息和服务。

2015年,微信与政务的跨界连接更为丰富全面,涵盖公安、医疗、党政、人社、司法等54个领域。截至8月底,全国政务民生微信公众号的总量超过8.3万个,其中,经认证的账号占到62.6%。除台湾地区外,政务民生微信覆盖全国31个省级(省、自治区、直辖市)行政区及香港和澳门特别行政区。同时,加拿大、美国、澳大利亚等40余国家的政府部门也将微信作为"连接中国"的新方式,开通订阅号和服务号为中国公众提供信息、服务。[1]

而微信作为电子政务平台的新优势在于,其拥有庞大的活跃用户规模,基于政务微信,政府部门把电子政务从PC端迁移到用户使用频率最高的移动端,可快速触达大量用户。同时基于微信API开放接口进行数据和基础功能共享,可以帮助开发主体在短时间内以较低成本快速上线移动应用,从而满足移动互联时代长尾用户的多元化需求,有效降低了将电子政务从PC端延伸到移动端的迁移成本。也具有可达性优势,使得微信用户可以随时随地触达政务。信息发布优势,可以通过关键词自动回复,信息查询等功能,为社会公众提供自动化、个性化的信息服务。在

---

[1]　腾讯研究院:《2015微信政务民生白皮书》,2016年2月。

线服务优势,让在线服务的价值倍增。

这些政务微信所具有的显著优势,使得政府倾向于将传统的政务微博与微信相结合,共同创造最佳传播效果。

2014年9月10日,国家互联网信息办公室下发通知,强调"区分政务公众账号与政务微博的功能定位,实施'双微'联动、协同发展"。经过2015年一年的发酵,政务"双微"运营格局初具形态。

"双微"运营格局也就是政务微博和政务微信之间的融合,一方面可以互为宣传平台,另一方面是实现信息互通、资源共享。目前较常见的做法有:在微博平台的主页面宣传政务微信的开通;在政务微信平台菜单中设置可以链接到政务微博的子栏目。如"北京微博微信发布厅"上线后,在微信中设置微博栏目,网友通过"新闻发言人"板块可浏览全市新闻发言人的微博动态。①

微博、微信的迅猛发展带来的不仅仅是民众获取、传播信息方式的改变,更是传统舆论中心的转移和网络舆论阵地的勃兴,而政务微博、政务微信的兴起则是政府对舆论场域转移和公民需求变化的积极回应。

政务微博更像是大众化的传播平台,更有利于信息的快速传播、舆情监测和危机沟通,当公共突发事件发生后,政务微博是信息滚动报道的主渠道,是新闻发布的"主战场"。当然,在公共危机事件发生后,也可以利用政务微信尤其是微信朋友圈的转发来进一步沟通信息。政务微信是移动化的民生服务平台,是精准化的新闻发布平台,是零距离的官民互动平台,也是创新型的公共服务空间。相较微博上的滚屏阅读和大众传播,政务微信在政务服务和精准传播方面具有更为广阔的应用前景,可以着重通过"为民服务"来增进百姓对政府的情感信任。比如,"在提供政务服务方面,借助微信支付,政务微信可充分打通支付渠道,为百姓提供水费、

---

① 张志安、曹艳辉:《政务微博和政务微信:传承与协同》,《新闻与写作》2014年第12期。

电费、燃气费等公共事业缴费或缴纳违章罚款等便民服务"。此外,政府还可以通过政务微信跟网友形成更紧密的互动关系和反馈机制。[①]

　　例如,2014 年 9 月 4 日,"福建治安便民"(福建省公安厅)微信平台正式启用。该微信平台提供户口申办、变更基本信息、违法线索举报、搭乘车自主备案、身份证制证进度查询等服务,真正实现了指尖办事一趟完结,大大缩短了办事时间和周期。2015 年 3 月服务受理量为 6977 件,较 2014 年 9 月提高了近 6 倍。二期项目正在开发微信红包,群众举报线索一经核实,警方将直接通过微信红包发放奖励。

图 5-16　福建治安微信平台

---

① 　腾讯研究院:《2015 微信政务民生白皮书》,2016 年 2 月。

而在微博上，@福建警方（福建省公安厅官方微博）则侧重事件通报、信息传达，如：

> @福建警方：【公安改革 含金量充分展示出来】补办身份证可异地办理了、驾考能在线预约了、"奇葩证明"也加快取消了……公安改革驶入了"快车道"。

政务微信与政务微博都利用了移动互联网的泛在特性和移动终端轻便灵活的优势，政务微博在关注民生、倾听民意、互动交流方面存在优势，能够更加积极地关注公众需求，加强与公众的沟通并能够切实解决实际的问题。但由于政务微博的传播方式是一对多的大众传播，信息发布字数限制在140个字以内，后台没有应用系统的支持，因此很难进行一对一的交流。尽管政务微博采取了适时收集公众反馈问题、与相关业务部门快速沟通联动、限时公开事务办理进程等方法，但是仍然无法满足公众希望与政府进行一对一的适时交流，并远程处理相关事务的需求。微信的出现，正好弥补了这一缺陷。从传播的效果来看，如果说微博是一种大众信息发布平台的话，微信就是一个适时交流的通信工具。与微博相比，微信的指向性和功能性更强，互动更具私密性，互动形式也更为丰富，且信息相对不易沉没。这些优点有力地弥补了政务微博难以解决一对一沟通的不足，成为电子政务服务的重要途径。加之政务微信的支付功能可以为百姓提供公共事业交费或缴纳违章罚款等便民服务，因而具有更广阔的应用前景。因此，"双微"联动将最大程度上满足公众的各种需求，使政府服务作用最大化。

五、普通公民微博政治讨论参与更加积极、健康

2015—2016年上半年，微博上的公民参与政治更加积极，与以往相比参与人数增多，参与热度提升，话题范围更广，微博作为一种公民政治参与渠道的优势逐渐凸显。

（一）公民微博政治参与意义重大

公民在传统意义上是缺乏能动性的,政府的各种决策、指令一般只能通过一些大众传播媒体被动地传播到公民当中,公民也只能被动地接受,例如通过报纸、杂志、电视等介质接收信息,但公民通过这些传统媒介根本无法反馈信息,即使反馈,也可能付出很大的代价,这样政府不但听不到民众的声音,更无法及时有效地获取民众的反馈意见、建议等。公民通过微博这一新媒体参与国家政治生活,在微博上获取政府的一些方针、决策信息等,同时也可以在微博上发表自己的意见、建议等,以便更好地反馈给政府,这样,普通的网民也可以参与到政府信息的发布、决策当中来。政府部门发布信息时不用只依靠一些专业的媒介,也可以通过微博等网络发布政府部门的决定、决策、方针、政策等,从而通过微博等网络实现公民与政府之间的良性沟通与交流。我国公民微博政治参与的主体也呈现出了多元性的特点,微博时代逐渐形成了"人人是记者,人人是媒体"的生动局面。在微博政治参与中,网民既可以担任微博信息传播中的主体,又可以担任其他微博中的受众,同时又可充当信息传播的媒介,进而推动着我国公民微博政治参与的有效进行。

在现实中,公民进行政治参与不仅仅要付出一定的金钱、时间、精力,而且有时候还会有一定的风险性。比如就金钱方面而言,如果经济条件允许的情况下公民还有可能参与到国家的政治中去,但是经济条件不允许或者一般的情况下,公民进行政治参与的可能性就会很低,因为就参政议政的成本这一点很可能成为他们进行政治参与的绊脚石。而微博的进入门槛很低,通过微博进行政治参与非常简单,参政议政的成本也很低,只要在电脑或手机上开通一个微博账号,只要是连着网,就可以随时随地地使用了。这样既降低了民众政治参与的门槛,又降低了民众的参与成本,同时又为民众政治参与提供了极大的便捷性。因此,社会上的各类人群都能通过微博这一新兴平台,便捷地接受和发布自己所关心的问题、事件、意见

等,从而实现公民参政议政的诉求。例如如果想向政府部门反映情况,只需要描述清楚反映的问题,或者附加照片、视频等,然后在微博上@相关政府部门就可以了。如网友"@北京交警""@平安北京""三元桥公交车站十多辆出租车停在公交站前揽客回顺义,致使乘客上车得走到主路上,而且公交阻挡交通,更拥堵,希望治理下!"这样既方便又快捷,参与成本低,反映的问题又全面、清晰,还能直接地参与到公共事务中去,效果非常显著。

喻国明说:"微博使得我国政治生态的版图和力量对比发生变化,它为政府议程设置和公共决策等引入新的主体。议程设置,在过去几乎95%以上都是由政府通过传统媒介来制定,政府是议程设置的主体。根据人民网、人大舆论研究所的监测,近年来中国老百姓关心的社会热点议题中有34%是由草根、网络加以推动的,普通老百姓通过网络的聚集效益来形成一种社会关注的热点从而成为议程设置的一种新主体。"①草根主体的信息传播成为了各种声音、舆论的共同聚合体,由此可以看出,由于微博的开放性特点,网民在微博上讨论各种各样的话题,各种各样的公共事件都能涉及。因此,微博政治参与的所涵盖的内容呈现出多样性,议题也较清晰、全面。由于微博的准入门槛比较低,网民们可以随心所欲地发表自己的心情、想法、事情,所以微博中的问题和事件五花八门、包罗万象。例如,有关民生的事件:食品安全、医疗改革、教育改革、房价油价、金融政策、社会分配等关乎百姓衣食住行各个方面利益的根本性问题,都是网民十分关注的民生问题。有关政府领导问题的事件:微博打虎、某地干部公款接待洗浴清单案等,引起了网民的高度注视。还有一些有关国家利益的事件:2015年两会、抗日战争70周年等,也极大地引起了网民的关注。另外还有一些有关灾害安全问题的事件:巴黎恐怖袭击、上海外滩

---

① 喻国明等:《微博:一种新传播形态的考察:影响力模型和社会性应用》,人民日报出版社2011年版,第5页。

踩踏事故、长江客船沉没等,都成为网民高度关注的热门事件。

(二)意见领袖引领微博政治参与

意见领袖是人群中首先或较多接触大众传媒信息,并将经过其再加工的信息传播给他人的人,具有影响他人态度的能力,他们介入大众传播,加快了传播速度并扩大影响。意见领袖不但倾向于对他人的议题进行设定,也就是要讨论什么样的话题,而且还倾向于对他人讨论的议程进行设定,也就是要如何讨论这样的话题。意见领袖最关注的大多都是微博等网络上的一些热点事件,涉及经济、政治、文化、教育改革、社会问题等。他们在微博等网络上能快速抢占舆论的先机,迅速在网上发表言论,而且他们对政府、社会机构、企业等直言不讳,极其富有鼓动性、引领性。尤其是在谈论到社会上的一些敏感问题、影响力较高的国际问题时运用慷慨激昂的态度对微博等网络上的网民产生极大的影响。

2016 年 5 月,"20 余省高考改革方案落地 高中教学将发生重大变革"新闻横空出世,关于高考这一关系到每个人切身利益的重大事件受到极大关注。与此同时,在距离高考只有 20 余天的时候,教育部给各地教育部门发出了一则通知。通知要求河北高校调出 9500 个招生名额分给其他省份,而教育资源丰富的北京和天津却并未在调出之列。该调控方案引发了湖北、江苏、河北等地家长们的愤怒。湖北、江苏两地"高考减招"事件备受关注,多地考生家长向当地教育部门表达诉求,引发了一场围绕"江苏高考减招事件"的争论。

微博中热心公共事务的意见领袖纷纷发声,对高考改革提出自己的看法,引导网友理性看待改革事件,解读改革背后的因素。

在 2016 年的"两会"期间,"两会代表委员们利用微博这一工具征集民意、参政议政,使他们能够更加全面、便捷地了解民意、倾听民声,替人民说话,为人民办事"。微博政治参与"给中国公民进行政治参与提供了

更方便的渠道,应该被视为'两会'更加开放和民主、政府政治沟通更加有效的例证"。①

信息在微博上的快速传播很多时候要依靠微博意见领袖的转发和评论,在他们的关注下,通过粉丝的"转发"、"再转发"……得到裂变式的传播和扩散,进入到更多普通民众的视野,成为社会热点话题。勒庞指出,群体领袖是群体意见形成并取得一致的核心,犹如头羊一般,领导着群众,其动员手段包括断言、重复和传染。意见领袖常常对公共事件进行讨论,表达自己的观点,并通过粉丝围观和转发将自己的观点传染到整个微博空间里,最终形成舆论。意见领袖微博广泛关注公共事件,并对其进行转发和评论,加快公共事件传播,客观上推动了舆论的生成,并在一定程度上左右着舆论的发展方向。

(三)普通网民积极参与微博政治

参与微博政治的网民一般对关心的公共事务发表看法,或者通过与意见领袖的沟通或者与草根群体的相互联合,引起公众的关注,从而影响政治系统。在微博上,草根网民与意见领袖可以实现一对一的平等对话,但是草根网民发布的个人主观型的评论、意见大多数情况下都是一带而过,很难获得共鸣。当社会上的公共事件发生之后,草根网民可以通过对热门公共话题的参与、关注与转发,聚集一定数量的人群,这样就会形成强大的社会舆论,从而对政治系统的决策与行动也将造成强大的舆论压力。

由于我国还处在社会主义初级阶段,各方面经济条件、物质条件还不是很发达,我国公民传统的政治参与方式,如听证、上访、监督、选举等,虽然保障公民政治参与权利的相关制度已建立,但在具体的落实方面还是存在一定的差距,公民参与政治的渠道不够畅通,政府方面也存在着走过

---

① 余伟利:《从博客到微博:网络问政"两会"的媒体应对》,《现代传播》2011年第6期。

场、形式主义等现象。这样一来，不仅打击了公民政治参与的积极性、主动性，而且可能会使他们产生偏激行为，很容易导致暴力反抗等非理性、非制度性政治参与，这将不利于我国的政治稳定发展。而通过微博参与政治，其信息资源传播渠道的多元化、直接性、互动性等特点，往往能够更便捷、更高效地达到目的，有效地提高公民政治参与的积极性、主动性。如公民可以通过微博这一新型平台发表自己对政府在处理具体事件过程中的看法，及时反映社会的呼声，而政府则可以借助微博这个平台倾听民意、汇聚民声，并及时地反馈政府的决策，达到政府与公民之间的互动交流的目的，使政府更负责任地替人民说话，为人民办实事。

位于河北张家口张北县和崇礼区交界处的草原天路，沿途风景旖旎，自 2012 年建成通车以来，吸引了大批自驾游发烧友，被誉为"中国 66 号公路"。张北县政府信息公开平台发布了"草原天路"自 2016 年 5 月 1 日起收取门票每人 50 元。收费消息发布后，关于这条公路是县级公路还是风景名胜区，收费是否合法合规，一度引起争议，网友纷纷表达对这一政策的不满。

图 5-18　网友评论"草原天路收费事件"

为回应社会关切,2016 年 5 月 23 日张北县政府决定取消"草原天路"风景名胜区收费。这一政策只执行 23 天便宣告结束与强大的舆论争议有直接关系。

图 5-19 "北京人捍卫北京城"微博

微博上的政治参与极大地促进了我国公民权利意识、责任意识的培养,进一步加快了我国公民文化的形成,同时也有利于改变公民在传统政治文化进程中所具有的臣民意识思想。"由微博政治参与所产生出的一种新型的政治文化——微博政治文化,其所具有的民主性、平等性、开放性、多元性等特点也都是公民文化所必需的一些基本特点。公民微博政治参与不仅拓宽了政治参与的表达渠道与形式、丰富了政治参与的民主性,同时也加强了民主的监督性、决策性、管理性等,有助于推动我国各项民主制度的建设。

我国公民微博政治参与扩大了公民政治参与的话语权,创新了微博时代公民沟通、交流的途径,加快了信息资源在社会各个阶层的流动速度,赋予了公民更多的知情权、参与权,有效地解决了政府、公民之间信息资源不均衡、政府信息资源公开不足等问题,成为公民监督政府工作的重要手段与方式。对政府而言,微博政治参与成为了政府汇聚民意、取得民众支持的重要获取渠道,因而从一定程度上有助于推进政府决策的民主化、科学化。

对政府而言,应当建立健全民意收集评判与反馈疏导制度,提高公民微博围观模式的效果。要高度重视容易引发公众舆论的社会热点问题,可加强组织机构力量配置,建立健全网络舆情收集渠道,定期在微博上收集、梳理网民的舆论心声,加大微博政策征询力度等,主动听取公众意见,及时洞察网上舆论苗头,了解网民动向。要采用科学的方法对舆情进行分析研判。很多情况下微博平台上的舆情只是公众的情绪宣泄,但在情绪背后则是对具体社会问题的反映,是公众对这些问题的态度和意见。因此,要认真研究舆情表达的具体内容,科学评判并准确把握主流民意。研判时也可吸纳各领域的专业力量参与。同时,要加大舆情反馈力度。对于涉及公共利益、具有建设性的内容,要及时采纳并主动反馈;对于非理性的情绪化舆论,则应及时妥善疏导化解,切忌因不闻不问引发流言肆虐,或一味屏蔽采取刚性截堵,造成政府形象受损或群众信任危机。

第三节　微博助力智慧城市建设

智慧城市的建设离不开"互联网+政务"思维。2015 年两会期间,"互联网+"被写进政府工作报告,上升为国家发展战略,使得互联网与传统行业和服务行业的结合,形成新领域和新生态,而"互联网+政务"也同样为政府的服务转型发展带来了新机遇、新挑战。

所谓"互联网+政务"是指政府管理和服务的新形态,以大数据分析为核心,运用信息技术手段,对互联网上社会群体与政府治理相关的各项数据信息进行整合,包括社会管理、政治文明、经济发展、文化建设、生态保护、城市服务等公共活动在内的各种社会需求和存在问题进行分析判断,为政府作出科学决策提供借鉴和依据,并实时跟踪和评价政策运行效果并加以改进,重构政府的管理和服务新流程,形成政民融合、良性互动

的智慧政务。①

我国城市化进程发展之快难以想象,从 1978 年城市占比 17.8%到去年占比 54.7%,目前全国有 7.5 亿人住在城市。城市从无线城市到数字城市再发展到智慧城市,在这样一个生态中,是以市民服务为重要目标的,一方面智慧城市要讲究市民生活的方便、安全等方面的需求;另一方面也要提高政府的治理能力。

发展智慧城市,除了要普及市民的信息化生活,保障公众的民生服务需求,比如说医疗、教育、文化、社会保障和就业,社会也随之从生存型社会转向发展型社会。在这个过程中,非常需要政府的引导,但也更需要企业自主、充分地参与进来,这样才能推动全社会、推动智慧城市的发展。

而随着政府在微博发展方面不断强化服务意识和服务能力,将进一步推动其在城市服务中发挥更积极的作用。

一、反应速度更快 解决实事更多

微博是政府信息公开的首要平台,通过政务微博的及时发声,不少地区已构建起了社会化响应与传播体系,部分政务微博甚至形成了品牌效应。

目前,微博仍然是政府信息公开的首要平台,尤其是各级新闻发布和公安政务微博发挥积极作用。在政务指数榜单前 100 名中,新闻发布类账号达到 30 个,公安类账号更多达 35 个。热点事件中及时回应解答公众问题以及第一时间发布各种辟谣和防骗信息,成为新闻发布类和公安类账号的重要职能,其信息发布的效率也进一步提升。今年 2 月,多位参加某节目的嘉宾称受到一自称南京市政府副处长的男子骚扰,接到举报后,"@南京发布"仅用 6 小时就对这一信息进行核实并辟谣。

"近两年来,单纯的信息发布已经无法满足粉丝对政务微博的需求,

---

① 刘新业:《"互联网+政务"助推政府打造"智慧城市"新平台》,《才智》2016 年第 4 期。

优秀的政务微博账号更加注重提升自身在突发热点事件中的反应速度，以及通过政务平台为老百姓解决实事的能力。"《2015 年年度人民日报·政务指数微博影响力报告》认为，在突发事件处置中不失声不缺位，满足了公众知情权，有力铲除谣言滋生的土壤，及时消除社会恐慌、稳定粉丝情绪，可以维护社会秩序的稳定。

这些进步，从几个案例中就能有所体现。2016 年 4 月 25 日 14 时 11 分，尼泊尔发生 8.1 级强震，西藏受到波及。4 月 25 日 15 时 01 分，"@西藏发布"发出第一条微博播报灾情，随后的几天里，"@西藏发布"24 小时不间断播报灾情，截至 28 日 12 时，已发布 220 多条地震相关微博，主持话题#尼泊尔强震波及中国西藏#阅读量达 300 多万，成为网民了解灾区前方情况的重要窗口。此外，《2015 年年度人民日报·政务指数微博影响力报告》还举例说，"@平安北京"的突发热点警情事件当日通报已经成为其最突出特点，仅 3 月"@平安北京"的"情况通报"微博就有 9 条，涉及公共安全、名人涉黄涉毒、交通事故等多起案件。还有一些政务微博不断尝试通过辟谣等方式净化网络空间，"@南京发布""@江宁公安在线"等微博，面对网络谣言时，都能迅速做出回应，将不实信息扼杀在摇篮之中。政务微博通过提供对粉丝有用、有价值的信息，用"陪伴"增进感情。

而从一季度政务指数微博影响力排行榜中也可以看出，那些肯接地气、主动与网民互动交流、在所属领域为民众提供有价值的实用信息、热心服务大众、当舆情爆出后能第一时间公开发声的政务微博账号，本季度排名都有了显著的提升。

二、线下线上更紧密 公共服务更便利

政务微博在信息传递的快速性和互动的便捷性方面具有天然优势。在较好地实现信息传播功能的基础上，政务微博经过几年的发展，已经进一步引领了电子政务、智慧城市的建设，向线上"多元服务"迈出更坚实的一步。

政务微博上最让人眼前一亮的创新是融入了"智慧服务"元素。城市服务平台上线后,用户可以通过政务微博主页或微博"城市服务"入口,直接进入这一平台,这将进一步推动公共服务的平等化和移动化,使政务微博在构建智慧城市的过程中发挥更重要的平台作用。

2015年9月,"@交通北京"在微博平台率先开通10类"城市服务"功能,成为首个上线微博和支付宝双平台服务的委办局。这10类服务功能涵盖小客车指标、出租车辆、备案停车场等5类查询功能,以及实时路况、公交地铁换乘、公共自行车等5类交通出行指南,通过"智慧服务"更好地利用"指尖办公"为群众提供便捷服务。

图5-20 交通北京微博平台开通"城市服务"功能

与之类似,"@贵州发布"实现"一号进入、尽知贵州",涵盖近60个政务微博账号,涉及29项网上办事项目,用户可以足不出户、随时随地查询或办理业务。"@上海发布"2015年曾一次性推出交通违章查询、公积金查询、出入境办理预约等6项便民服务,"@深圳交警"也在微博中推出交通违章查询、事故处理和违法处理预约等业务。越来越多的政务微博投身智慧城市建设之中。

"智慧服务"能够提高政府行政效率,增加政务的透明度与公正性,为政治经济的运行和社会的创新管理提供有力的方法手段。这是转变政府职能的切实选择,也是推进国家治理智能化、精细化、高效化的重要途径。政务微博则为"智慧服务"的开展提供了良好的载体。

此外,政务微博的"国家队"也在不断扩充。9 月 15 日,国家发展和改革委员会政策研究室官方微博"@国家发改委"正式开通。除了作为新闻发布、信息公开的平台,发改委官微还同时推出了服务功能,网友可实现审批流程和审批进度的查询、举报价格违法的行为。"@国家发改委"同样展示出"智慧服务"高效透明的一面。

2015 年 4 月 22 日,微博与阿里巴巴和蚂蚁金服联合启动"互联网+城市服务战略",为各级政府提供智慧城市一站式解决方案,方便各级政府通过城市服务平台提供交通违章查询、路况及公交查询、生活缴费、医院挂号等服务。这一平台已经在 12 个城市上线,并将在年内扩展到 50 个城市,覆盖 1 亿市民。而在此之前,其实微博已经通过产品升级引导政务微博将线下服务与线上相结合。这一城市服务体系构成了智慧城市的核心,以产品+技术+服务为支撑平台,以信息资源集成+信息资源应用为基础保障。帮助政府构建智慧化的管理服务模式,让市民拥有智慧化的便捷生活方式。

第四节　微博推动反腐进程及司法公开

一、微博推动反腐工作发展

2015 年是中国反腐制度建设的"突破"之年。8 月,历时近两年修订的《中国共产党巡视工作条例》公布,包括副省级城市"四大班子"主要负

责人被纳入中央巡视组巡视范围,可抽查核实领导干部报告个人有关事项情况,首次明确将"专项巡视"写入条例,巡视组组长不再戴"铁帽子"……巡视制度的全面创新,旨在锻造更锐利的反腐"利剑"。10月,新修订的《中国共产党廉洁自律准则》和《中国共产党纪律处分条例》公布。"把权力关进制度的笼子里",在中国筑造权力之笼、构建反腐惩防体系的道路上,2015年无疑是一个关键年份。

长期以来,在我国"权力反腐"和制度反腐等传统反腐方式的制约下,腐败现象得到一定程度的遏制。"权力反腐"和制度反腐在反腐败斗争工作中起到关键和主体作用,也是从根源上遏制腐败的战略举措,但其本身存在许多弊端。因精力有限,制度建设多集中在腐败多发领域,部分领域遗留的空档便成为腐败生存、滋长的空间。

随着我国民主政治建设进程的不断推进,公民的政治参与热情高涨、政治参与意识增强,特别是在社会转型期,社会价值观多元,不同的利益主体渴望通过各种媒介表达出自己的利益诉求。传统媒体的舆论监督由于种种原因受到局限。对于广大民众来讲,传统媒体只能聆听,不能诉说,民众通过传统媒体表达观点、诉说意愿的渠道很窄。而微博既能获取信息,又能输出信息,它为普通群众提供了表达意见的渠道和平台。与网络论坛和博客相比,每篇140字的字数限制、简单快捷的转发、"@"对接等机制、多样终端设备降低了表达观点的门槛和成本。

微博反腐依靠群众们去发现并揭发各个领域腐败人物、揭露腐败现象,然后借助强大舆论攻势引发媒体的报道和政府有关部门的重视,从而在短时间处理腐败案件。利用微博揭发腐败人物、揭露腐败问题快捷高效,一方面,可以省去繁琐的过程;另一方面,经过微博传播,引起广泛关注后,会发动大量网友一同搜集腐败证据,更能极大地推动案件查处。这样微博反腐实质是简化了中间环节,为传统反腐制度的执行和落实提供了保障。也可以说是"权利反腐"正在变革着传统反腐模式。

在 2015 年,公民运用微博发布反腐信息的自觉性更高、政府机构也予以了更多关注。

(一)全国检察机关第一例网络受理微博举报反腐案

从 2015 年 11 月开始,李伟在其个人微博举报村乡干部没有经过村民同意,便在村民名下办理存折,仅他所知,五家农民存折三年间进账累计达 68 万元。进账款项涉及危房改造、代发低保、良种补贴、农资补贴、退耕还林、地膜补贴等。

针对李伟的举报,宁夏自治区西吉县检察院 4 月 11 日下午曾通过政务微博账号公开回应。"@西吉检察"回复称:"关于您举报西吉县火石寨乡个别干部涉嫌贪污涉农惠农资金一事,经我院初查,已决定对火石寨乡政府原乡长王某某、马某某,原会计王某以涉嫌贪污罪立案侦查。"

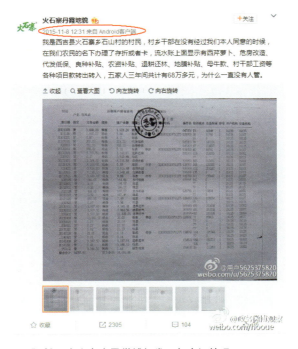

图 5-21　火山寨乡民微博揭发干部贪污情况

图 5-22　检察机关受理首例微博举报反腐案

图 5-23　最高人民检察院微博宣布立案

这一事例充分显示了，首先，微博是社会化参与社会治理的最佳协作平台，可以实现社会共治、协调化解社会矛盾，但关键依然在于政务微博开明作风的根本性转变和自信担当；其次，政务微博重视民意诉求并积极履职、解决具体民生问题，就能够让社会重拾法治的信仰。既要让"老虎关笼"大快人心，更要让务实的"扑蚊灭蝇"，使基层人民群众在每一个司法案件中都切实和贴身地感受到社会公平正义；再者，政务微博是实现"互联网+社会治理"的重要平台，关键仍在于首先如何健全基于微博的网民利益表达机制、利益协调机制和利益保护机制；最后，"依法治网"标本兼治，与严打谣言同步进行的重要举措，就是要依法鼓励和保障公民通过互联网，以合法的形式、制度化的渠道去参与社会事务、关心公共事务。

(二)微博廉政观察员开辟反腐新渠道

公民不仅只能以个人身份进行反腐监督，政府机构相应部门同样出台相应政策，以专门的职业使公民的反腐身份合法化。

"@廉洁江西"是江西省纪委省监察厅官方微博，主要向网友介绍纪委省监察厅工作动向,提供各类投诉、举报方式,宣传廉政文化,邀网友共建廉洁江西。

2015 年 1 月 9 日,"@廉洁江西"发布#招募令#,招募关心时事、热心党风廉政建设和反腐败工作的网友,加入微博廉政观察员的队伍中,可以组织参加相关活动,反腐倡廉,为江西反腐建设出一份力。"@廉洁江西"共招募首批微博廉政观察员十名,组织召开了微博廉政观察员座谈会,并带"观察员"旁听了纪委十三届五次全会。

图 5-24　江西省纪委省监察厅微博发布"招募令"

图 5-25　10 名微博廉政观察员正式亮相

司法系统的政务微博主要包括法院、检察院、司法局、政法委等司法机构开设的官方微博。2015年越来越多的司法机构开通微博,司法类微博的开通,更是标志着我国司法机关自觉、主动地适应时代需求,开始整体布局新媒体、全媒体,利用微博平台回应社会公众期盼、满足公众日益增长的司法知情权需求。

(一)司法工作内容信息公开

通过微博进行司法公开,是扩大公民知情权,保障公民权利,防止暗箱操作,预防司法权被其他权力滥用的一种重要方式。因此,可以说微博在满足公民知情权的同时为公民监督权的实现提供了一种方便、直接的途径,为公民其他基本权利的行使提供了保障。

微博为人民更好地行使监督权提供了一种新方式,司法人员的言行会时刻受到众多网民的监督,比起传统媒体的监督,效果更显著,方式更直接,监督范围更广泛,监督力量更强大。这对督促法院加强自律,严格依法办事,促进公平正义,制约司法权力,保障法院廉洁意义重大。

同时,法院通过微博公开信息,并通过微博进行互动、答疑,显示了法院对公民权利和意见的重视,人民会不自觉地树立起对法院信心,利于提高司法公信力。

"@最高人民法院"在微博上作出了最高法院工作报告,贴出数据图表:图说最高人民法院工作报告,还暖心地配有"最高人民法院工作报告用语说明",系列微博收获好评,阅读量达4029万,参与讨论量也高达12.1万。

图 5-26　最高人民法院微博发布工作报告

图 5-27　"最高法院工作报告"微博话题

(二)微博直播司法工作现场

1. 微博直播司法机构报告现场

"@最高人民法院"从用户角度出发,主动消除隔阂拉近与用户的距离,使政务公开于阳光下。2016 年 3 月 13 日上午 9 时,第十二届全国人民代表大会第四次会议在人民大会堂举行第三次全体会议,听取最高人民法院院长周强关于最高人民法院工作的报告,"@最高人民法院"进行

了直播报道,当天共发布了包含文字、新闻图片、信息图、长微博、视频和H5作品在内的微博共105条,转评赞总量数万次,网民积极参与讨论。

图5-28　最高人民法院回应"工作报告"话题

2. 微博直播庭审现场

自2013年以来2013年8月22日至26日的"薄熙来案"。这是一个典型的采用微博形式进行直播的庭审案件。由济南市中级人民法院对这起案件进行审理,法院通过与庭审同步在其官方微博上发布了170多条庭审信息、大约16万文字的图文"直播"了这起案件,引起了国内外各界的巨大关注,这次庭审实况被数亿人"围观",也被称为"世纪审判",获得了国内外的一致好评。

2015到2016年上半年,这一形式被更广泛地运用,越来越多的司法微博对庭审现场进行直播。

庭审直播中的网络直播给予了那些无法亲临现场的群众以参与的机会,通过网络视频、网络博客、微博的方式进行直播可以让更多的人参与到法庭审判中来,公众可以对直播以评论、跟帖、转贴的方式与法院进行互动,法院也可以及时对相关客观事项进行回复,以消除公众对庭审的误解,提高公众对司法权运行的参与,使司法更加公平、公正,同时也提高了

图 5-29　司法微博对庭审现场进行直播

司法的透明度,让群众的参与权得到有效的行使。监督权是公民的一项重要的民主权利,公民对司法的监督主要体现在对司法程序和实体上的监督。从司法程序上来讲,诉讼程序归根到底是需要公开来进行监督的,庭审直播直观地展现了举证、质证、认证、辩论、陈述、判决等审判活动过程,这就为公众对庭审活动的监督提供了最好的机会。阳光是最好的防腐剂,庭审直播使整个审判活动置于阳光下,从而对法官产生某种压力,进一步监督法官严格依照法定程序来进行审判活动。且将庭审活动进行直播,公众也能最全面地了解案件的事实,所以对于法院的裁判也能起到监督作用,避免明显的枉法裁判,以确保实体公正。

在微博直播庭审案件时,也应制定一定的规范与直播的流程,以有效地对微博直播庭审进行控制。庭审前应在法院官方微博上进行案件预告,明确参与庭审各方应遵守的规定。庭审中遵守一定的直播规范,如用语、用图、符号标记规范等。庭审完毕,及时更新案件进展,公布审判时间、结果以及相关解释。对于网民热切关心的问题,也应建立规范的响应机制,减少庭审信息的模糊内容,确保信息的及时与准确公开。

第六章　微博与经济

  2015 年到 2016 年的上半年的微博,用户超量增长,盈利逐渐攀升,在商业层面逐步脱离了阿里对营收的扶持,在维持自身传统广告稳定增长的同时,也完成了颇具时代意义的视频信息流广告铺垫,商业变现手段更加多样,促进了以网红经济为代表的新经济形势的抬头。2016 年 4 月 19 日,习近平总书记也指出,互联网是新常态环境下的经济新动力,而当下互联网发展亟待解决的核心问题就是要"突破核心技术",2015 年的微博着力技术,优化信息流广告算法、开发短视频直接播放等技术,推动了信息载体的进一步丰富。2015 年媒体融合战略中曾提出,"人在哪,重点就在哪"原则,互联网作为民间舆论场,也受到了越来越多的重视。微博的及时性、全球性打破了地域隔阂,尤其当出现突发事件、国际热点事件时,迅速在全球范围内掀起热潮舆论,吸引了大量关注,也汇聚了用户价值,微博迅速成了众多品牌竞相争夺的营销高地,大中小企业都能在微博上找到适合自己的推广模式。微博在 2015 年丰富旗下商业产品,开辟更多垂直领域,广纳网络红人,从话题炒作、事件营销、广告曝光等诸多角度发力,不仅用户新增惊人,营收更是逐年攀升,2015 年的微博正式迎来了自己的盛世。

第一节　微博商业化现状

  2015 年到 2016 年的上半年,微博经营范围越发拓展,阿里刚入股微博时,微博只是专注耕耘电商广告,现在的微博营销方式逐渐多样化,从大型品牌广告主,直至中小企业和个人,微博都量身打造了数套解决方案,来帮助广告主和营销客户向用户推销品牌、产品和服务。在满足用户需求的同时,微博与广告主都能获得双赢以及丰厚的资金回报。微博从一个单纯的社交平台华丽变身全营销平台,独立于阿里的绝对化统治,走出了自己独特的商业化道路。

一、微博货币化能力展现强劲,商业体系逐步成熟独立

根据 2015 到 2016 年上半年微博公布的未经审计的财报显示,2015年微博净营收 4.779 亿美元,较上年增长 43%,接近一倍,实力惊人,2016年微博一季度总营收 7.77 亿元,同比增长 29%,当季微博盈利 1.05 亿元,同比增长 529%,至此微博已经连续 6 个季度盈利。而 2015 年全年广告和营销营收较上年增长 52%,至 4.024 亿美元,可以看出广告占了全年营收的绝大部分,而微博增值服务(微博 VAS)营收较上年度增长 9%,增幅较小,为 7550 万美元。

2015 年微博净营收 4.779 亿美元,较上年增长 43%,广告和营销营收较上年增长 52%,至 4.024 亿美元。而微博客鼻祖 Twitter 在 2015 年第二季度还处于高亏损状态,微博无论是运营还是货币化能力,都要高于Twitter。从这些数据都可以看出,微博找对了商业化发展方向,变现能力越来越强,相比 2014 年有了成倍的增长。截至 2016 年一季度,微博已经连续 6 个季度盈利,2016 年第一季度净营收 1.987 亿,较 2015 年同期增长 8%,广告营收占了 1.63 亿,从 2015 顺利进入 2016,微博货币化能力凸显,劲头强势,广告和营销收入持续上涨,移动端用户的快速增长,也为广告收入带来强劲的动力。

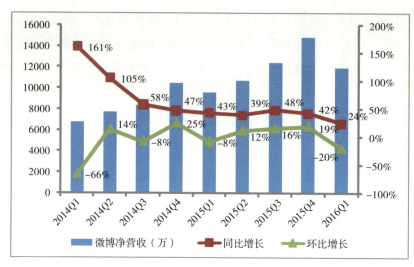

图 6-1　2014—2016 年上半年新浪微博净营收趋势图①

数据来源:新浪微博财报

(一)微博广告主数量达到 66 万,用户逐渐习惯微博支付习惯

用户的增加,日活的上涨,为广告带来更多的展示,获得更多的点击,得到越来越多企业的青睐。2015 年,微博的广告主数量达到了 66.4 万个,微博平台对于广大企业有强大的影响力和吸引力,也说明微博的成长空间十分宽阔。此外,微博的支付用户已达 4800 万,微博正在培养起自己生态内的用户支付习惯,这些习惯的养成将带来化学反应,并推动微博账号资产的升值。② 2015 年内,微博从产品、运营层面做了很多改进,正在多层次地构建出自己的商业生态闭环,通过产品与运营的双剑合璧,货币化能力呈现出生态级的有机成长,中国社会化媒体之王找到了属于自己的节奏。

---

① 《微博第一季度净利润同比增长 491%,净营收超出公司预期》,http://stock.10jqka.com.cn/usstock/20160512/c590173842.shtml。

② 《微博产品与运营渐入佳境,货币化能力提升明显》,http://liuhuafang.baijia.baidu.com/article/237790。

(二)阿里广告收入占比下降,微博独立运营能力增强

此外,说到微博的营收,就不得不提到其大股东阿里。在微博收入中,不计阿里巴巴以固定汇率计的广告和营销营收,同比增长 69%,要明显高于全量数据的 42%,而在 2015 年 Q3,非阿里的广告收入增幅则为 100%。阿里的广告收入占比呈现出下降态势,这意味着,微博独立获取营收的能力正在逐步增强,阿里的在财务方面作用在降低,这也表明微博在商业化方面的"造血"能力持续增强,已经从需要巨头资源喂养的孩子,慢慢长大独立。并且由于跟阿里签署的三年框架协议已经结束,微博的确需要用持续的数据和案例表明,自己可以多条腿走路。

图 6-2　2014—2016 年上半年新浪微博广告营收趋势图①

数据来源:新浪微博财报

---

① 《新浪微博第三季度净利润 1450 万美元 同比扭亏》,http://stock.10jqka.com.cn/usstock/20151119/c585950742.shtml。

二、微博变身全媒体营销平台

从多媒体到全媒体,新旧技术的融合与不同媒体壁垒的消蚀同时发生,全媒体是多媒体更具张力的归纳和延伸。技术的进步、市场需求的变化、竞争对手的步步追赶,将微博从一个自带社交属性的新媒体催生为全媒体营销平台,微博产品正在呈现出全景化趋势,并进行深度垂直场景的产品再造,如股票、秒拍、音乐、电影、相机等诸多场景深化都会拓展微博的全景化和多样化的产品生态。2015 年是微博成功转变的一年,在保证了用户超过 30%增速的基础上,实现了营收能力的持续增强,微博在经历了迷茫以后,找到了一条适合自己的路。

(一)从中心化到去中心化,微博助推网红经济

微博的前几年可以说是大 V 圈的狂欢,普通用户只能看着别人热闹。微博更像是企业或名人的另一个喉咙,说着同样的话,唯一的区别就是换了个地方,这种传播模式依然是高度集中的一对多的大众宣传模式。在 2015 年,微博自身在寻求着突破,也为更多普通人寻求着突破。微博对自身属性进行了重新定位,从以往只是简单将传统媒体搬到互联网上,走向了泛媒体,发展出一种人人可以发声,人人变成媒体的分散的互动的沟通传播体系。这种转变照应了当下的媒体业态,照应了技术上的融合趋势,更照应了社会需求,即消费者需求。微博为普通用户提供了多种营销手段推销自己,变被动为主动,为自己争取曝光量。微博上有最广泛、最密集的中国社会精英群体,有不可替代的优质内容资产,这是微博核心资产,微博的产品模式和运营模式都是为了这些核心资产不断进化。

1. 开放垂直领域,扶持自媒体人生产优质内容

首先体现在对自媒体人的扶持,不但在资源和信息流曝光上倾斜,还

专门开发了相关的产品,让优质内容生产更为简便。先是推出了头条文章,又取消了140字的限制。这些都是为了降低内容发布者的门槛。根据微博公布的数据,使用过头条文章的作者已经接近13万,文章平均阅读量相比较之前,互动量提升了33%。

另一方面,2015年微博开放了32个垂直领域,加深了在垂直领域的开发运营,推动自己的自媒体生态,在垂直领域不断深化UGC和PGC,四季度阅读量比2014年增长了84%,同时通过打赏、微任务等变现工具,刺激内容生产,微博自媒体在2015年的分成收入达到了2.5亿。2015年微博重点拓展的领域有电商,娱乐相关领域也增长比较快,2016年随着在垂直领域的内容、用户的增加和发展,2016年重点发展的将会有汽车领域、中小电商,以及意见领袖、网红等。如今TFBOYS的队长王俊凯微博粉丝已经高达1553万,一条微博转发四千万,创下了吉尼斯世界纪录。

2. 微博网红从话题走向经济

此外,微博自身的发展甚至影响了很多人的工作方式和创业模式,为了适应全新的全媒体属性,不仅微博内部组织需要重新调整,将业务重心逐渐转移到新媒体,各大企业也撤消了旧有部门,增添新的岗位,如社会化媒体岗、新媒体运营岗,且占据企业各职能的重要位置,富有创造力能生产优质传播素材的人才变得愈发抢手。在内容爆炸的今天,优质内容依然稀缺,一些具有整合运筹能力的人将这些新媒体人才聚集起来,建立组织统一管理,走上了产业化道路,这里说的组织就是三大段子手集团,他们迅速崛起且势不可挡,鼓山文化、牙仙广告、楼氏文化,90后创业家依靠着微博的肩膀站在了风口浪尖。

通俗来解释,网红经济就是互联网环境下的人格化营销,网红之所以出现且越来越主流,首当其冲的原因就是流量模式的式微,社交、电商、搜索大批量分发流量,在流量的前提下,是否更便宜成为了所有商品比较的

唯一标准。当所有商业逻辑都是以价格来定义时，流量模式走到尽头。比起价格，现在的用户更关注是谁在使用这个商品，在推荐这个商品。其次，在互联网上，品牌出现了返祖现象。网红不同于明星，明星长年都是高高在上，可能一生都碰不到，网红则更像我们的身边人，和我们类似的普通人，只是更愿意表达和分享。最后，依赖于所有互联网平台支付工具的完善，支付变得非常简单。商品和消费者之间只有一种推荐关系，推荐一旦完成，消费直接完成。这三点为网红大规模出现提供了基础，吸引了越来越多行业里的专业人才前仆后继涌入网红市场。微博的开放性和优胜劣汰的自我挑选机制，让优秀的内容获得大量曝光。

3. 网红进行迭代，从话题性向更好的经济转化

当代网红和第一代网红最大的区别在于，第一代网红是靠话题和传媒火起来的，例如凤姐和芙蓉姐姐，她们虽然话题性够了，却并没有带来很好的销售转化；第二代网红则是靠个人的专业能力以及表达和分享欲望。网红要完成经济转化，就必须保证有完善的应用社交关系、产销供应链、用户管理系统，只有基于这三点，网红才能形成大规模的经济现象。

2016 年 3 月 7 日，《互联网周刊》发布《2015 年中国网红排行榜》，榜单主要依据各位"网红"在社交媒体的口碑、创作力、影响力进行综合排名。从这份"2015 年中国网红排行榜"来看，王思聪在过去的一年里，口碑得分是 95.25 分，创作力得分 88.67 分，影响力得分 94.17 分，综合得分为 92.70 分，综合排名第一。除了王思聪以外，广告圈、段子手、影评人等各路达人也一一上榜。其中，papi 酱以 88.68 分的综合得分获得"网红"榜亚军，"天才小熊猫"则以 87.76 分位列第三。而一直活跃在各大娱乐头条的"奶茶妹妹"章泽天本次获得了第十名，"凤姐"罗玉凤第十四名，种种现象都表明网红已经成为极具号召力和影响力的一批群体，为中国乃至世界经济形势带来了一阵强风。

表6-1　2015年中国网红排行榜

排　名	姓　名	口　碑	创作力	影响力	综合得分
1	王思聪	95.25	88.67	94.17	92.7
2	papi 酱	92.5	94.05	79.5	88.68
3	天才小熊猫	90.58	93.64	79.04	87.76
4	艾克里里	90.27	92.74	80.17	87.73
5	回忆专用小马甲	88.91	91.71	78.4	86.34
6	叫兽易小星	91.85	90.4	67.99	83.41
7	八卦_我实在是太 cj 了	93.08	86.79	68.16	82.68
8	穆雅斓	87.4	84.98	71.71	81.36
9	张大奕	86.4	84.65	73	81.35
10	章泽天	84.16	84.35	69.71	79.41
11	同道大叔	85.4	83.93	66.81	78.71
12	谷大白话	85.73	82.59	65.89	78.07
13	郭斯特	85.42	82.29	65.39	77.07
14	罗玉凤	83.22	80.98	65.99	76.73
15	草图君	78.99	79.82	69.36	76.06
16	留儿手	82.56	78.88	66.83	76.9
17	吴大伟	79.6	77.52	68.91	75.35
18	使徒子	80.27	78.17	76.68	74.39
19	伟大的安妮	77.4	77.61	68.17	74.39
20	秋田六千	76.67	79.15	64.4	73.4

（二）微博打通内容产消双方的付费通道

　　除了直接面向广告主提供营销解决方案，面向用户提供更多增值服务，微博更聪明的地方在于打通了内容生产方和消费方之间的付费通道。微博首席执行官王高飞就曾直言不讳，微博和百度腾讯做法不同，微博不太会采用直接购买的方式向自媒体内容付费，并说到是因为他们觉得以自己的判断很难去购买到能够在微博上引起大量传播的内容。微博的做

法是利用微博打通内容生产者,例如我们熟知的段子手、漫画家、视频制作者和粉丝用户间的付费通道,让内容生产者在微博上通过粉丝获得收入,再把中间大部分的收入分给生产者,用这种方式在微博和整个互联网领域获得优质的内容。这样的做法是非常讨巧的,避免了投资失误的发生,微博除了付出一些平台搭建成本(成熟运作多年,已经可以忽略不计),其余可以认为是零成本获取到这些优质内容的收益。这种四两拨千斤的做法也获得了微信的关注,微信也为原创账号们开通了打赏的功能,奖励那些优秀的自媒体人。

微博作为全媒体营销平台的出现为企业和个人提供了一个高效的信息送达平台,也为其提供了一个有效的营销方式,从这两方面发力自然也就能做到洞若观火。2015 年诞生的微任务就是服务于这个目标的手段之一。由广告主向自媒体人下单,自媒体人在微博后台登记并交纳微任务费用,由此保证广告的顺利发布,不会被人为屏蔽。如果不缴纳微任务费用而被微博视作软文广告,就会有被屏蔽的风险,部分粉丝将无法看到此条消息,导致阅读量远低于正常水平,干扰广告效果。自媒体人接广告,微博有收入;不接广告,微博也没有损失。这样的手段看起来未免过于无赖但也无可厚非,毕竟广告是投放在微博平台上,仍然是人在屋檐下不得不低头。这种雁过拔毛式的做法一定程度上也避免了用户看到一些劣质粗糙和虚假的广告,售价提升后,稍微缓解了段子圈供不应求的现状,控制了软广的质量和数量,总体上减少了对用户的干扰,也让广告主在制作投放广告时更加慎重考虑投资回报率,有目标导向而不是为了跟风而跟风。

(三)短视频屡创高峰,视频广告迎来春天

内容创业是主要趋势,内容不是一个新产业,而是一个被移动互联网激活的产业,不论是互联网还是移动互联网,基础商业模式均是拿到用

户、占用时间、提供内容、连接服务四部曲。PC 互联网不是没有内容消费,只是不能靠内容赚钱,没有产业化。移动互联网时代,内容生产门槛越来越低、消费需求空前旺盛、变现模式十分多样,形成了产业并且日益繁荣,2015 年就有人指出:内容创业的黄金时代来了。在微博无法甄别优质内容时,广大的用户用自己的转赞评让好的内容浮出水面。垂直领域的深耕带来了巨大的投资回报,曹国伟在年会上也再次强调了"向垂直要收入"的战略。视频领域成为了其中一个重磅阵地。

1. 视频异军突起,短视频成为创业最大机会

首先,相对于图文来说,视频阅读成本更低,随着高清、大屏移动设备越来越普及,视频消费门槛逐渐走低;其次,视频适合碎片化消费场景,不怕被打断;最后,视频更直观,信息更丰富,人们可选的内容更多,且视频形式多样,直播、短视频、小视频,更容易实现搞笑、感人、煽情诸多效果,这些是视频本身就有的优势,且现在商业模式进一步丰富,点赞、付费、打赏等,让更多人愿意投身视频行业。

众多视频形式中,短视频是视频创业的最大机会。虽然短视频、长视频,都有其市场需求和消费场景,不过机会最多的是短视频。从生产来看,长视频走的均是 PGC 模式,工作室用专业设备和专业工具操刀制作,门槛高,成本高,能玩的人不多。而短视频却是谁都可以做,就算要做好有门槛,但也低一些,并且成本一定会低很多。从消费来看,长视频不适合碎片化消费,不符合轻量级内容消费习惯,传播性远不及短视频。移动端消费和传播,机会更大。不过并不是越短越好,微博取消了 140 字的限制,就是意识到几百字、上千字图文内容的潜力。短视频太短就是 gif 了,几秒钟也很难有效表达,因此,几十秒到几分钟应该是短视频的一个常态,papi 酱等火起来的红人,每集视频时长都控制在 3 分钟之内,很多都是 1 分钟,可谓恰到好处。

2. 明星入驻秒拍,短视频呈现更多广告形态

从一组数据里我们也能看出长短视频的对比,2015 年微博内视频日均播放量环比增长 82%,而微博+秒拍的整体视频播放量环比增长则达到 140%,秒拍已经拥有超过 1500 位明星入驻,"秒拍"产品每日视频上传量超过 100 万,日播放次数则达到日均 5.1 亿次。这组数据说明,相较于已处于高速增长的视频业务,以秒拍为代表的短视频行业增速更加惊人。众所周知,微博的展现方式是信息流,正所谓天下武功,唯快不破,尤其在信息爆炸再爆炸的今天,每个人所接受的信息量都在不断增加,微博流视频大多数是短视频,长度在 1—3 分钟的短视频特别适合用户在碎片化时间内进行观看,同时在移动端还能获得非常有效的传播和消费,较长的视频比较少,这种产品形态与微博移动为先的产品场景很融洽,用户体验也更好,微博可以通过前置贴片、后置贴片、底部贴片等多种方式构建出崭新的广告形态。全球范围内,Facebook 也在尝试类似的广告商品。王高飞也称,微博的流量能够继续保持增长,得益于对社交、移动和视频相互结合的重视。

3. 微博的开放性让短视频获得更大的曝光

papi 酱作为短视频中崛起的黑马,是短视频营销方式最好的代言人。网红排行榜第一名的 papi 酱以素人之身得到网友万千宠爱,实力可见一斑。在 papi 酱的走红初期,她的微博也像其他人一样多为段子+gif 的组合,但这并没有给她带来多少关注度。从 2015 年下半年,她专注于移动端视频领域,陆续发秒拍和小咖秀短视频后,她的人气就一路上涨,在不断更迭中确立了自己毒舌吐槽、幽默搞怪的风格。如今 papi 酱的微博已经聚集了 900 多万的粉丝,每篇微信文章都是 10w+评论,每个视频浏览量都上百万。她的走红跟微博和秒拍是脱不开的,正是因为微博天生的开放性,才能够让她的高质量内容得到更多的受众,在短时间内汇聚那么多的粉丝。

随着用户在微博上分享的短视频越来越多,未来短视频领域将成为微博新的增长点。一方面,短视频目前到了爆发的窗口期,微博和秒拍平台需要 papi 酱等优质内容生产者和自媒体。另一方面,微博的开放性让它具有先天的媒体优势,是催生网红和明星的最佳土壤。可以预见,在未来微博不仅能够盛产 papi 酱等网红,而且还能够帮助这些红人将自身的影响力变现,在帮助这些红人货币化的同时,微博的货币化能力也将会水涨船高。短视频与网红 IP、粉丝经济、打赏模式、视频广告等模式均可很好结合,"钱景"不会比图文自媒体差。但是短视频一样要求连续性的高质量内容,papi 酱盛极一时,首个广告以 2200 万拍卖的案例只能是现象级案例,做出一个火爆视频容易,做出连续性的火爆视频凤毛麟角。但是短期可以预见的是,各种各样的短视频将异军突起,不论是选题还是拍摄手法,不论是专拍搞笑视频的"papi 酱"、"艾克里里"、"黄文煜小老头",还是专拍美妆教程的"曾曾曾学宁"、"俊平大魔王",还是漫画视频的"丁一晨",游戏解说视频的"怕上火暴王老菊"、"逍遥散人"等,越来越多的视频博主突破以往的套路,创作出更耳目一新的作品,聚拢了众多粉丝,提升了受众对于短视频的接受度,也更愿意观看、积极参与互动。就算没有优质的内容持续供应,人们对于短视频的热情也不会迅速消散。

三、微博信息流广告升级,程序化购买崭露头角

信息流广告并不是微博的原创,这种形态早在海外就有了相当成功的案例,Facebook、Instagram 都相继推出信息流形式广告,均带动收入大幅增长。微博借鉴了信息流广告模式,微博在产品和运营层面做了巨大的改变,从早期的硬广直推式逐渐演变为如今丰富多彩的原生广告,在信息流用户体验上做了大量降噪优化和体验升级,比如平衡企业内容权重、长微博的卡片呈现、秒拍视频的页内播放,使广告信息变得更加自然,更易被受众接受。

（一）升级广告形式，培养原生广告习惯

1.信息流广告升级，原生广告认同度提升

2015年4月，在微博商业产品推介会上，微博宣布升级信息流广告体系，将粉丝通、粉丝头条、微博精选、品牌速递等广告产品，面向品牌企业、中小企业及个人用户全面开放。与此同时，微博在整合优质广告资源的基础上，正式发布国内首个社交媒体全覆盖解决方案"Big Day"，重新定义社会化营销的商业价值。新颖多样的广告形式可以满足客户从博文、应用、账号到商品、活动、视频等不同场景的投放需求，原生的广告机制将帮助客户进行口碑式裂变传播，并保证用户体验以及广告投放效果。

随着移动互联网时代的来临，客户开始将广告预算转向移动广告和社交广告，特别是信息流广告，信息流广告也成为微博商业化的重点。信息流广告体系的日益完善，将为微博商业化的顺利推进打下坚实基础。广告形式升级后，出现了两个最明显的变化：信息流大户变成了媒体、自媒体、KOL和营销机构；长篇幅内容，包括视频、图片等内容出现比例极大增加。升级后，微博的广告形态主要是原生广告和品牌广告两类，原生广告指的是通过与受众平时浏览的内容无异的内容呈现品牌信息，不会破坏用户体验，让用户自然地接受信息。品牌广告大多数落地页也多数以原声内容话题为主，原生广告的投放习惯和认同度在不断提升，是微博稳定增收的法宝。

2.全球社交平台竞相推出内容围墙避免跳出

无论是品牌广告还是原生广告，微博都希望这些内容存在于微博平台上，而不需要跳出微博到其他着落页。因此将内容圈入平台的围墙内，是在过去1—2年中，全球范围内发生的重要趋势。2015年，许多平台都新建或者加固了他们的内容围墙：

表 6-2　2015 年全球各大平台推出的内容围墙

发布时间	平　台	"围墙功能"
1 月	Snapchat	Discover
5 月	微信公众平台	原创保护功能
9 月	头条号	原创保护功能"千人万元"、"百群万元"（自媒体签约）
10 月	Facebook	Instant Articles
10 月	Twitter	Moments
12 月	微　博	"头条文章"取消字数限制

　　2015 年以来，各大平台都推出自己的"围墙"功能（鼓励或限制内容发布者直接在平台上发布内容而非链接到网站、其他 App）①。微博也通过取消字数限制，开辟头条文章建立起自己的围墙。取消 140 字的字数限制，使得用户可以顺理成章地在平台上发布所有文字内容，使微博得以"围墙化"，反制新兴对手。微博发布的"头条文章"功能，这个功能承诺给用户更快和更好的浏览体验，并且在用户信息流中占有 5 倍的展示权重。这个功能明显借鉴了 Facebook 在 2015 年推出的 Instant Article 功能。头条文章由于使用方便，排版美观简洁，受到了作者和粉丝的欢迎，增强了微博的黏性和留存率。

（二）一站式程序化购买形成，加码整合式营销

1. 整合营销传播整合多种手段传递一致信息

　　历来很多企业在微博平台进行营销活动时，都只是瞄准一块做，往往局限在某个环节，缺乏全局观，一个原因也在于对微博的商业产品形式不够了解。如今微博打通平台各环节，整合所有优势资源，支持品牌主个性

---

① 《取消 140 字限制，微博会变成"社交版的今日头条吗》，http://www.huxiu.com/article/138726/1.html。

化选择营销产品,更大范围更大程度对品牌或产品进行曝光。在开展微博营销传播时,企业通过整合微观和宏观的大环境,将所有的营销传播手段协调统一起来,贯彻整合营销传播理念,制定合理的微博营销传播策划案,构建出具体、系统、完善的微博营销传播体系和微博营销传播策略,真正做到以消费者为中心,通过向消费者传递一致的营销信息,在企业与消费者之间建立起一种长期而稳定的关系,最终达到企业营销的目的。

2. 精准分析用户行为,多维场景打造商业生态

为了加速活跃粉丝的积累,企业根据自身需求选择使用微博商业产品。2015 年之前,微博的绝大部分收入来自广告和营销服务的售卖,其中包括社交展示广告、促销微博和基于活动的广告解决方案。长期以来,微博的信息结构主体,依然是基于用户关系+时间流。微博为了发挥微博营销的威力,将自己与事件营销、体验营销、日常活动营销等其他营销方式结合起来,以良好的创意和内容为基础,以微博为载体和工具,通过多种营销手段的融合,达到微博营销的根本目标。2015 年,微博对信息流算法进行优化,持续精细化其社交兴趣图谱推荐引擎,通过对用户浏览习惯的分析,在信息流中推荐其可能感兴趣的内容,在引入用户行为分析+智能推荐这个体系后,微博的信息传播形态发生了变化,社交属性进一步淡化。所有信息流内的广告都将按照用户定向、竞价的方式进行投放,关于用户定向、标签方面,鉴于大部分用户已经完成了实名制,所以微博能基于用户的人口统计学特点、社交关系、兴趣和行为进行针对个人的营销和锁定目标受众,在微博上达成相关性、参与度和效率更高的营销,也将有效减少用户对广告的反感和抵触。

微博拥有强大的社交流量入口,在持续的创新力驱动下,在获取用户和提高效率方面,为品牌商家提供包括"精准画像"、"多维场景"、"商业生态"等在内的完整营销解决方案。2015 年微博发布的新产品"Big Day"就是针对品牌商的诸多需求推出的社交媒体全方案。"Big Day"整

合了微博平台上的优质曝光资源(如开机报头和顶部 banner 位),结合内容传播(信息流广告)和后台营销工具(粉丝通、轻应用、热门话题等),将一站式程序化购买打造成型,有效推动企业和粉丝的互动。从用户打开微博的一刻,就能 360°立体式体验品牌商润物无声的影响,开机海报、顶部 banner、搜索框灰字链接、热门话题排行榜、热门微博排行榜、品牌落地页、各种信息流软文、粉丝通投放、粉丝头条的优先曝光,都为品牌商营造了充分的信息曝光环境,将品牌信息植入到用户的使用场景,最大程度地减少打扰,因此越来越多的品牌商分配了较大的营销重心在微博上。

四、微博投资

在互联网时代,跨界变得如此简单而寻常,盈利后的微博也逐渐开始资本运作,其中 2015 年微博先后投资了交通行业的滴滴出行和通信行业的有信,这也标志着微博商业运作正在加快。

(一)微博投资滴滴快的,O2O 模式渐露雏形

2015 年 5 月 26 日,微博向滴滴快的(现滴滴出行)投资 1.42 亿美元(约合人民币 8.8 亿元)。这笔注资的时间节点也是滴滴快的刚刚启动新一轮的"烧钱"战略规划之际,微博大方出手填补了"滴滴快的"的资金缺口。目前的打车市场也面临着较为严峻的考验,Uber、神州、滴滴、易到领头的打车公司集体进入"零补贴时代",对于这些打车软件来说,用户的黏性成为突破的重点。相比一线城市白领爱用的 Uber,滴滴出身在中国本土,没有 Uber 的"水土不服",更符合中国打车用户的使用习惯,且滴滴的触角伸得很远,在很多三四线小城市也已经开始布局,小有名气,这群人恰巧也是大部分新增的微博用户,对于微博和滴滴的结合,从这群用户着手会是很好的选择。

投资滴滴也是微博开辟新的业务机会,将鸡蛋分散在数个篮子里,避

免单纯依靠广告收入进入无路可退的地步,当下打车市场大热,未来大有可为,微博看准这个时机,试图搭建O2O平台,从线上打车到线下乘车再到线上支付、评价,完成一整套闭环流程。因此利用现有的用户群体,结合租车这些增值服务,微博可以作为通道赚钱,同时,在一定程度上也会带动微博的活跃度。打车市场还处于蓝海阶段,正是蓬勃发展的时机,微博通过资本的介入,或许将成为滴滴快的的另一个有效流量入口。微博红包、微博支付等服务有望借滴滴快的走进人们的视野。

对于滴滴快的而言,微博可能成为专车、拼车等服务的一个引流入口,同时兼具分享红包信息的作用,相比微信朋友圈,微博在传播方面更加开放,人群覆盖量也更大,但是要培养用户从微博打车的习惯还有很长的路要走,最直接有效的方式是在滴滴快的里添加微博红包支付和微博分享红包的接口。此次滴滴快的获得一大笔资金,能够预料到会继续烧钱补贴用户打车,在消费者没有完全培养起品牌忠诚度前,打车市场还是一个混乱无序的状态,谁家便宜用谁家,哪个产品便宜用哪个,顺风车、拼车服务就是这样应运而生的。而等到投资用尽的那一天,微博是否要继续砸钱补贴就不得而知了。

(二)投资有信切入通信市场,社交强关系或将终结传统电话模式

1. 传统通信市场差强人意,新型网络通信大有可为

工信部2015年1月数据显示,移动电话通话时长出现下降,运营商固网话音业务就已经呈现负增长态势,腾讯旗下的企鹅智库数据显示,网络语音通信业务使用率已经超过移动终端市场的80%,潜在市场大有可挖。社交产品和通信产品本质上都是满足沟通的需要。这几年好多社交产品都试图切入通信市场分一杯羹,前有微信推出微信电话本,网易马上就跟电信联合推出免费通话产品易信。用互联网思维做远离互联网的事,微信和易信都做到了,微信电话本弱化了电信运营商用户号码价值的

第一步,但是始终看着像个半成品,可有可无,这种通话功能用微信里自带的语音通话就能实现。易信比微信做得更多,易信其实还是传统语音通话,只不过换了种形式。阿里也推出了主打企业语音通信市场的钉钉。

2015年10月15日,微博宣布以近亿美元的现金和资源战略投资有信,正式进军通信领域,这次微博投资有信,并非重蹈微信电话本和易信的覆辙。有信并不是传统意义上通信运营商,而是新一代的免费网络电话软件,拥有高清免费通话与社交分享功能。不同于其他通信产品单纯导入通信录联系方式,有信还有众多增值服务平台。此次微博投资有信,很大程度是基于网络电话延展服务的考虑,是业务上的互补,网络社交接入了现实强关系,微博用户已经可以通过微博拨打接听网络电话。除了微博客户端将增加有信入口之外,有信用户还可以尝试更多超越传统电话体验的功能,例如发送语音表情、网红聊天,甚至与明星通话等。网络电话的语音社交延展服务,接入用户通信录拓展熟人关系,提供达人与用户的语音咨询服务,极大地增加了用户在移动端的黏性和频率。而有信则以提供增值服务获利。有信的"聊一聊"项目,也正是这一模式的成功试水。

2. 增值服务利润可观,语音社交或将终结传统电话模式

"聊一聊"平台上汇聚了各式各样的潜在网红,例如"棉花糖","棉花糖"是"聊一聊"平台上的高校、社区或演艺公司的漂亮女生统称,她们每天接听来自各地陌生男女的电话,通过语音聊天服务,"棉花糖"可以拿到一笔可观的话费抽成。如今有信已经有上亿用户的基量,"聊一聊"平台也成为网红培育粉丝、增进黏性的绝佳据点。

王高飞明确表示,通信是比搜索、媒体、社交市场都要大许多的市场,是移动互联网的基础,是"皇冠上最亮的那颗明珠"。有了有信之后,微博可以加强语音社交,可以接入用户的通讯录拓展熟人关系,可以提供达人与用户的语音咨询服务,可以增大用户在移动端的黏性和频率。此外,有信用户集中在三四线以及更低的下沉市场,微博大本营则是一二线市

场,双方在用户层面的互补性不言自明。此次投资,无论是业务还是市场都完美互补,社交强关系或将终结传统电话模式。

第二节　2015 年微博营销新特点

在所有的社交媒体中,"两微"——微博、微信无疑是当前最具影响力的两大社会化媒体平台。由于其媒体属性不同,各自的营销特点也不尽相同。微博营销受益于多年的试验和耕耘,变得更加系统,不仅形成了多样化的传播形式,积累了众多成熟的操作方法,同时,其所解决的营销需求覆盖范围也更广,包括新品首发、重大促销、限时抢购、重大联合推广、明星代言等重要时间点的事件传播都成为微博营销的方向。

一、借助微博话题炒作愈演愈烈

微博营销更加具备社会化传播属性,以社会热点话题,以及实时动态为核心社交关注点,可以为品牌从话题造势、多渠道传播、定制专属产品到转换销量的一整套操作方式,为品牌提供营销上的"势能"。微博仍是很多热门事件的触发点和导火索,这源于微博的大 V 模式:热点事件——微博大 V 转发——引发更大的关注——其他媒体平台和社交工具的影响力扩大化。直到今天,这也是很多商业营销中,对微博较为看重的功能之一。

中国互联网络信息中心(CNNIC)的《2015 年中国社交应用用户行为研究报告》也印证了微博的影响力。报告显示:微博在多个用户需求上都是用户的首选社交平台。73.9%的用户通过微博关注新闻/热点话题,微博已经成为一个大众舆论平台,成为人们了解时下热点信息的主要渠道之一,61.6%的用户主要看热门微博。CNNIC 指出,微博已成为用户生活中一个非常重要的社交媒体,23.4%的用户每天对微博的使用时长在

1 小时以上,日均使用时长在半小时以上的用户占 45.1%。在传播速度和传播深度上,微博都比传统的新闻媒体有天然的优势,而微博一直都是各类重大新闻事件的首发源头。

(一)借助微博,星星之火也能成燎原之势

作为全球最具影响力的中文社交平台,在社会和网络上发生的各类热点事件一直备受微博网友的关注。在 2015 年微博之夜上,天津塘沽大爆炸以超过 160 万票,成为 2015 年最受微博网民关注的热点事件。微博对于传播正能量事件有着天然优势,平台大、用户多、速度快、范围广。在天津塘沽大爆炸事件中,微博上共产生了 35 亿阅读量和 400 万的讨论量,众多爆炸后的自救方法、救人方法、寻人消息、救援消息、牺牲的消防官兵消息等都第一时间在微博上放出,引起了用户的大量关注和转发,微博让整场爆炸把损失降到了最低,最大程度地帮助普通民众获取到重要信息。

任何一件小事放上微博后,都会像置于显微镜下一样放大数百倍不止。正能量传播广,负能量丑闻更是让某些猎奇网友趋之若鹜。2015 年 7 月 14 日晚上,一段时长一分钟的不雅视频刷爆微博,一时间“三里屯”、“优衣库”、“试衣间”成了网络热词。微博作为信息分享、传播和获取的平台,对“优衣库事件”的病毒式扩散起到了推波助澜的作用。视频最初发布在微信,然后迅速在 QQ 群、微博等平台扩散,凌晨刚过 1 点开始引爆,微博里掀起一场全民狂欢,2 个小时在众多“优衣库视频”的搜索中,该事件迅速完成了过亿的转发。根据微博数据统计,当日“优衣库”的热词指数为 1097,其中 PC 端 271,移动端 826,7 月 15 日,“优衣库”的热词指数就达到当月最高值,803294,其中 PC 端 134840,移动端 668454。以上两种舆论的导向,给了营销人员灵感,也给营销人员敲响了警钟,有人故意炒作,设计事件博人眼球,这样的不实行为往往适得其反,让人对品牌产生不好的联想。就像“优衣库”事件,虽然无法得知是品牌所为还是顾客的

恶意玩笑,但是都让优衣库受到了指责,给品牌形象带来了负面影响。

(二)品牌借势营销成热潮

近年来,品牌借势热点话题,在微博上进行传播,在业界成为一种流行的营销手段。通过巧妙地参与热点话题,可以低成本、高效率地传播品牌,不失为一种有效的公关和事件营销手段,借势也成为了众多品牌跟风做的事,追热点甚至被很多市场部列为招人必备技能之一。各大品牌纷纷甩掉高冷形象包袱,卖萌耍宝,大打温情牌,尽各种努力将其打造成一场营销的盛宴狂欢。

2015年的热点事件不胜枚举,从年初的滑板鞋、duang,到世界那么大,到北京申奥成功、我们、全民违反广告法,到发现另一个地球、冥王星照片等,从娱乐圈到科教圈,从时政圈到时尚圈,没什么热点是广告人不能借势的。以"世界那么大,我想去看看"为例,一封辞职信引发了一场借势狂欢。

2015年4月14日,河南省实验中学一名女心理教师在微博上发出一封"任性"的辞职信,"世界那么大,我想去看看"被热传,网友们称之为"最有情怀"的辞职信。

图6-3 "任性"辞职信

随之而来的是#世界那么大#体的走红,以及各大品牌们的借势营销。例如百度贴吧"世界这么大,一个人走多孤独。和朋友一起来场说走就走的旅行,去发现前方更多的美好";租车广告"风景不等人,租辆车慢慢逛"。百花齐放,各大品牌迅速跟进,如 QQ 音乐、360 摄像头、扬子地板、美团、世纪佳缘等,不分行业不分产品绞尽脑汁寻找结合点。然而虽然借势的多,出彩的却很少。杜蕾斯是借势做得比较成功的一个例外,网友们都很欣赏其创意和文案能力,甚至到了每次有热点,必看杜蕾斯新海报的地步。这样智慧有趣的借势传播,总是喜闻乐见的,微博的话题标签,更是很好地将这些作品都归拢到一个主页下,进一步推动了该话题的热度上升,也为品牌带来了更多曝光入口和流量。然而品牌借势要注意三个因素:第一,及时跟进,借势营销的关键就是跟时间赛跑,谁能第一时间抢占眼球,及时抓住热点,并和自己的品牌结合,一旦时间上落后,势头就过去了,也很难再被重新关注;第二,文案为王,把热点事件和自己品牌用精炼的文案给予高度的匹配是最核心的要素,也是让借势营销更加出彩和区分高下的点;第三,自嗨不算嗨,众嗨才够嗨,如果一件事发生,只有零星几个广告主认为是热点并跟进,只能掀起小波小浪,一个热点需要很多家品牌一起玩才能引发传播势能,引起更大的传播,否则只是在自嗨。

(三)品牌自主炒作,挑起事端获得曝光

2015 年初,吴晓波一篇《去日本买马桶盖》在网络上如一颗炸弹,让所有不知道这个品类的群众一下子关注到了这个品类。紧接着,松下洁乐马桶盖在 2015 年靠着这个事件蹭上了热度,打哭了所有竞品。借着这篇文章的东风,松下让自己的品牌迅速出位,甩开竞品。从时间来看,文章出来第二天,松下洁乐迅速跟进了此热点,标题为"买马桶盖,何必到日本?",一下子吸引了众多目光。此处为迅速跟进热点。

图 6-4 松下马桶盖微博炒作

不久后,CCTV 就报道了吴晓波的这件事。网络上很多大 V 迅速把这件事与松下马桶盖放到了一起。思想聚焦(粉丝 1190 万)当时就发出微博。热点有了,品牌再添一把旺火,趁热打铁,引爆关注。

图 6-5 "思想聚焦"回应中国游客赴日抢马桶盖事件

然后铺天盖地的新闻与博主都直指松下马桶盖,把松下马桶盖和日本马桶盖迅速连在了一起。足够的曝光,并在马桶和松下间构建了联系,引导消费者自主联想。

吴晓波文章出来一周左右,松下就上了各大新闻头条,科勒和 ToTo 又一次落败。这几年,社交媒体和网络媒体的很多信息来源已经成为很多传统媒体取材的平台之一,松下辛苦造下的势,终于被 CCTV 和各大传统媒体注意到了。事情开始发酵,CCTV 开始为松下证言,报道日本买的

图6-6 "小野妹子学吐槽"回应马桶盖热潮

马桶盖其实就是杭州生产的。3月1日新闻曝光,一个小时后,松下官方微博迅速跟进,当天他们的这条"机智的"回复就被转了超过6000次,转发者里面有不少大 V 和媒体,最终达到了几亿的曝光。由于跟进速度快、角度抓得准、品牌跑得最快,吃了最大一块蛋糕。

二、娱乐化、趣味化营销吸引用户注意力

从世界范围来看,极少有国家通过社交软件来承载参政议政的社会功能。无论是 Facebook、Twitter 还是 Instagram,除非出现全民关注的重大社会话题,否则在大多数情况下,私人表达和娱乐休闲一直都是主流,以娱乐为核心的话题在微博上的大量出现,明星、综艺、电影、段子成为微博用户最主要的信息消费内容。娱乐休闲原本就是社交网站的原色之一。

微博出现之初曾被很多人寄予"围观改变中国"的厚望,它在宜黄拆迁、微博打拐、网络反腐等话题上的表现也可圈可点。然而,微博初期的媒体属性超越社交属性,很大程度上是因为公共言说渠道的长期缺失,压抑了人们正常的表达诉求,所以当"去中心化"的微博进入公众视野后,公共表达必然会呈现井喷之势。

(一)用户社会属性参差不齐,娱乐化内容才是普世内容

1. 用户群年轻化导致微博泛娱乐化程度加深

微博用户群越来越年轻化,也使得微博越来越泛娱乐化。由于当代青年群体与父辈成长的政治、经济、文化、社会环境都不相同,现在的年轻人更拒斥宏大叙事,强调个体感受,他们更关注现实和享受生活,父辈觉得"不务正业"的事,在年轻人看来或许恰恰是最有意义的事。麦克唐纳曾说:"大众文化的花招很简单,就是尽一切办法让大伙儿高兴。"在生活节奏越来越快的当下,每个人都面临着不同的大大小小的压力,生活工作时时都要紧绷着神经,人们渴望能有一个渠道发泄情绪,能够消解在现实社会中咽下的苦楚,放松一下疲惫的身心,不用再假正经真严肃,可以褪下面具发自内心展颜一笑。微博就是这样的存在,让年轻人开心了,广告主也就开心了。

2. 娱乐性话题更易连接不同用户

此外,娱乐性话题内容能够突破教育限制和城市防线。每个人的受教育程度不同,在一人看来是常识的事情在另一人看来可能完全是陌生的领域。娱乐恰巧是彼此交叉最多的区域,不管是什么学历、什么专业、什么岗位的人,对于娱乐趣味性的话题总是能有一些发言权,微博作为一个全民平台,让每个用户都能参与进来是其首要目的。对于二三线城市的互联网用户来说,他们对时政并不敏感,但对娱乐态度却不同。微博上一直活跃着 TFboys 妈妈团、韩寒女婿团、李易峰女友团和王思聪老婆

团等自发形成的团体,这些团体规模颇为壮观,他们的活跃直接推高了微博的热度。这一点从微博互动量上能更直观地体现,鹿晗的一条关于曼联的微博评论数超过9500万,TFboys队长王俊凯15岁生日的一条微博被转发4300多万次,这也产生了两项新的吉尼斯世界纪录,而这两个明星只是微博上数千位明星的一个缩影。

这是一个娱乐至死的年代,作为社交网络代表的微博也不例外,反而正是有了这么多娱乐的内容,才让微博吸引更多90后,甚至95后持续在微博上活跃。对年轻用户的持续吸引,不但给微博未来的成长带来长期持续的动力,也为其更好地实现商业化带来坚实的基础。用户不喜欢官方的、枯燥无味的话题,缺乏趣味性的微博,微博粉丝将敬而远之,没有粉丝关注并转发的微博将失去其真正的意义,没有转发分享的微博内容将不再有营销价值,与其自言自语,还不如调足粉丝的胃口,发布一些自己看了都会笑的内容。

(二)明星效应得到显著放大,粉丝经济实力爆发

1. 微博为明星效应提供了互动性更高的平台

"明星效应"指的是借名人之名所产生的社会效果,它的机制是"马太效应"与"晕轮效应"的综合作用。也就是说,如果人们觉得某个明星很好,就会认为与他相关的一切事物都是好的。当企业邀请明星在微博上宣传其产品的时候,明星本身的形象与产品合二为一,大众会因为认可明星,而爱屋及乌地肯定明星代言的产品。与此同时,一个明星越是出名,人们对他(或她)的信任度也就越高。企业选择明星为其产品做广告,实际上看重的就是明星们所带来的"明星效应","明星效应"的存在甚至会让他们的销售量和从前相比以指数级增长。

2. 粉丝会主动上微博关注明星动态

微博的用户关注明星,实际上抱有一种对明星的好奇心,人们想要了

解明星日常生活并且想拉近与明星的距离,所以但凡人们关注了一个明星的微博,必定会期盼着明星发微博,甚至一些狂热的粉丝会时时"刷新"明星的微博。所以当明星在微博上宣传产品时,由于是在明星的私人账号中发出的,粉丝们并不是抱着看广告的心理去看微博,而是抱着"看明星发了些什么"的心态去看广告,所以即使是同一条广告,在微博上发出的效果和在传统媒体上播出的效果是极不相同的。

3. 微博上投明星广告针对性强

在这个层面上来说,在微博上的受众是主动的,而电视上的受众则是被动的。相比传统媒体,在微博上为产品做广告,给了"明星效应"一个互动性较高,更容易发挥作用的平台。企业邀请明星做广告,很大程度上是瞄准了明星的"粉丝群体",把他们作为潜在消费群体中占较大比例的一部分人群。粉丝常常会出于对明星的喜爱去购买明星推荐的产品,所以粉丝的消费能力是巨大的。微博则把粉丝的作用发挥到了极致。明星在微博上为产品做广告,首先看到的人是关注该明星的人。所以企业在明星的微博上投放广告是具有针对性的,提高了粉丝们看到广告的概率,最大限度地挖掘了潜在消费群体,从而更充分地发挥了"明星效应"和粉丝经济的作用。

4. 狂热粉丝展现惊人经济实力

粉丝经济是以品牌粉丝为其情感和价值认同买单为核心的经济活动形态。打造粉丝经济有两大核心:一是发展活跃粉丝,二是引爆品牌的粉丝能量。工欲善其事,并先利其器。微博推出的社交媒体展示类广告、推荐类广告以及企业服务工具极大缩短了品牌成为"偶像"的时间。

5. 同样的兴趣爱好一样能引发群体性粉丝行为

对于粉丝的定义不应仅仅局限于追星的人,而可以是任何一个兴趣、事物、话题的参与者。而群体性的粉丝行为,在互联网文化生产和线上线下的消费方面,都产生了巨大的影响。粉丝的信念,对兴趣的热爱和执着,使粉丝人群拥有强大的行动力和购买力,形成了能量巨大的粉丝力,影响了文化、公益、消费等现代社会的方方面面。当下火热的不管是综艺节目还是电影,其背后的"IP"潮流,"粉丝经济"依然还将继续大行其道。同样是各大明星汇聚的各档综艺节目,《中国好声音》一直颇受关注,除了节目类型的原因,天价拿下拥有超高人气的周杰伦导师无疑也是其制胜的关键。大咖云集的《捉妖记》《港囧》《花千骨》打破内地影视票房和多项收视纪录,获得高人气、高回报的背后可以看到,在当今的中国,拥有强大经济实力的粉丝群,绝对是电影市场不可小觑的一股力量。

李易峰一条推广性质的微博,就在 12 小时内,创造了 4 万转发、5000个赞、1600 条评论、1 亿的话题阅读量。微博再次向外界展示出粉丝经济的威力,这次的主角是 OPPO。品牌商准确抓住了李易峰粉丝的特点,通过粉丝头条推广李易峰与官方微博的转发互动,在短时间内,创造了超热的话题性。作为一个成熟的品牌,品牌商没有将自己的官网作为此次如此重要的新品的主预约平台,而是选择了微博。因为经过消费者洞察后,发现李易峰粉丝最集中、最活跃的地方就是微博,他们渴望在这个社交网络上表达对偶像的热爱,广告主可以借助这个平台准确地触达他的用户。与此同时,每个粉丝的主页都成了它的免费广告位,传播范围得到指数增长。另外广告主搭载微博商业产品矩阵热门搜索套装展现,页面会同时呈现广告主账号+预售信息+微博推荐,最大范围地促进产品知名度的传播和销量的提升。粉丝经济不仅是影响力不容小觑,购买力更是惊人。

三、UGC 分享型营销提升粉丝黏度

写一篇好文章容易,持续输出却很难。同样,拍一个短视频容易,拍一个红极一时的短视频有可能,但要围绕主题持续生产短视频却很难,更别说每一期都要做出彩了。要做到,就需要在精准的定位基础上,有一定的策划能力,有配套的制作能力,以及坚持的决心——许多自媒体和短视

频红人在一夜爆红之前都已等待了很久,比如咪蒙之前是写小说的、papi酱之前是学导演的。持续输出,papi酱做到了,9月份到现在已经产出30多期了,美拍上其他达人均是不断生产、连续输出,如果只做一期内容,观众很快会忘记你。一个人的力量毕竟有限,然而网友的智慧是无穷的,微博就是这样一个贯彻着"从群众中来到群众中去"理念并执行的平台。

(一)品牌主借互动拉近粉丝距离,增强品牌好感

1.品牌主放低姿态,亲民运营微博

如今,微博已经有超过 6 亿的注册用户,大大小小的企业都入驻了微博,一时间百花齐放,用户注意力有限,想要跟受众培养起革命友谊,品牌主需要在微博运营上花费更多心力。一本正经甚至装腔作势摆架子的微博早已经没有生存空间,更多的微博运营变得社会化、年轻化,真正做到"接地气、说人话"。在这个时候,单向的信息输出已经没有那么大的吸引力了,品牌会主动创造更多机会与粉丝亲密接触,构建良好的关系,在微博上发起定制化活动,随着微博话题的日益普及,对话题的熟练运营可以为企业带来大量活跃粉丝,通过让用户投入精力自己生产内容,深度卷入品牌活动,增大用户的沉没成本,减少用户流失,有实力的企业可以选择与明星等意见领袖合作,借明星之力提升品牌形象,用低成本的品牌传播培养品牌与用户的感情,进而让用户产生朋友的感觉,喜爱品牌,依赖品牌,甚至主动维护品牌。

2.微博打通壁垒,让消费者真正参与到品牌建设环节

现在很多企业看重与消费者的互动,让消费者参与到企业品牌建设中来。小米就是一个典型案例,小米是以微博为主要平台做起来的。这种与消费者的互动过程其实就是企业围绕着消费者做改造。从产品、市场、销售到服务各个环节,包含整个企业品牌的设计,都要围绕着这个消费者做改进。把路人转粉丝,再把粉丝变成消费者,这种变化就是粉丝经

济的转化。微博的好处就是能打通和连接,企业能够持续不断地获得新用户,总是有市场活动带进来有兴趣的新用户。

当年小米的手机开机屏上是 100 个铁粉的名字,因为这 100 个铁粉在手机实验室阶段深度参与了整个试用、反馈,小米为了感谢这 100 名粉丝,把他们的名字印在开机屏上。粉丝的 UGC 直接干预到了企业的生产研发推广销售各大环节,这是极深度的卷入,粉丝不仅是粉丝,更是品牌的所有者、决策者,直接左右着品牌和产品的生死存亡,粉丝经济不是只看重转化销售收入这么简单,重要的是企业因为有了这些粉丝,不断地实现产品突破和创新,从而实现企业持续的改造升级。消费者需要看到变化,需要看到创新产品,粉丝对企业品牌的忠诚度和爱是驱动企业不断创新和成功的最有效的力量。①

(二)用户的自我表达需求得以满足

微博的社交属性让用户愿意参与互动,每个人都有表达的欲望,微博平台上,沟通变为双向,好的坏的都可以说,有趣的话题谁都愿意参与,通过频繁的互动,可以建立深厚的情感。

2015 年锤子科技发布了千元机新品:坚果手机,并在直播现场发起了"漂亮得不像实力派"的营销战役,这次战役成功引发了 UGC,锤子还专门推出一款海报生成器,"漂亮得不像实力派"的标题不可改动,下面的自我介绍可自己写也可以选择模板,用户只用上传照片后,编辑几条简历内容,就可生成自己的专属海报。很快,这句话和各式各样的海报就风靡了整个互联网,这是继凡客体之后真正成功的第二轮 UGC 传播。

---

① 《从粉丝生意到粉丝经济,微博创新驱动粉丝经济》,http://news.cnfol.com/it/20151104/21719327_2.shtml。

图6-7　锤子科技千元机特色营销战役

　　但是并非每一个话题都能带来成功的 UGC,锤子此次战役的胜利在于罗永浩亲自发起,用自己的人格魅力和 CEO 身份,亲自讲述这场战役的初衷和参与细节,让现场每个人都深受触动,自发愿意传播这句话,此外,"漂亮得不像实力派"战役能引发大量参与的一个很重要的原因在于这个活动本身看起来并不是强制推送品牌或产品信息的宣传语,更像是在传播一种理念,一种情怀,把关注点从品牌和产品的高度上升到整个人类社会,每个人心里都有这么一个漂亮得不像实力派的人,这个人或许是自己的偶像,是自己的亲朋好友,更可能就是自己本身,在这个话题上,人人都有发言权,都能参与进来,没有门槛,没有限制,因此该话题收获了极大的关注,也比其他话题更胜一筹。

第三节　微博对其他行业的影响

　　三百六十行,行行离不开微博。当今社会,哪个企业如果没有开通微博,就是落伍,就是自断财路。微博的使用有着非常显著的增强营销效果,要想做大影响力与传播力,就不能忽视微博平台,这也成为大部分营销广告主的共识,微博已经成为获得优秀传播效果的标配。2015 年 TMA 金银铜奖的案例中,微博的使用比例高达 62%,在创意类案例中,微博使用率达到 64%,互动体验类中达到 77%,而在效果类案例中,获奖率居然高达 100%。但凡是优秀案例,必然少不了微博这一环,微博帮助行业扩大影响力,找到目标用户,行业反哺微博,提供更多内容黏住用户,两者相辅相成,相映生辉。

一、微博与电商行业

微博做电商还要追溯到 2013 年,众所周知,电商是需要流量的,而流量在封闭的圈子里是不能转化为消费力的,但是微博可以不断获取新的流量,不断营销新的用户,因此微博和电商的结合是必然。虽然微博现在有着社交、媒体、支付等多功能属性,但是社交是微博的核心功能,微博做电商必然也是社交电商占重头。而社交电商的本质并不是去颠覆现在的社交平台,也不是颠覆现在的电商平台。移动社交如果要做电商,同样要遵循电商行业的规律,而不是遵循社交行业的规律。微博长袖善舞,发挥着自己人际关系和内容的优势,发挥主导型的基础平台性的作用,成为电商推荐入口,带给用户真正的移动社交购物体验,这正是微博和阿里合作的基本思路。

(一)微电商不做颠覆做推荐,微博橱窗打造半闭环

微博作为移动的主要入口之一,在诞生的五年多来,在电商上的动作严格意义上来讲只有两次半。第一次,在 2013 年,微博接受阿里投资,和淘宝形成了战略性合作,打通微博与淘宝之间的商品合作,让淘宝的商品在微博里面分享和传播体验变得更好。半次是 2014 年初和支付宝达成合作,使用支付宝的平台作为微博支付的基础。但这些其实都是为微博上提供电商服务做的基础性工作。最重要的一次就是 2015 年 7 月 7 日

推出"微电商",从严格意义讲,这个才是微博跟电商握手或者共同打造电商垂直行业的一个新的产品。

1. 区别于微商,微电商形成新型电商模式

"微电商"是一种新型电商模式。7月7日,微博联合阿里和微卖等为代表的第三方合作伙伴推出"微博橱窗"产品,共建以兴趣为导向的移动社交电商体系"微电商",辅助微博合作的电商平台在移动化、社交化和个性化方向上发展。微博上各垂直领域的 2000 多万专业达人可使用微博发布器推荐商品,通过达人的兴趣推荐优质内容,形成商品推荐信息的高效传播。微博商业平台与产品部总经理程昱认为,"微商"与"微电商",二者很大的不同在于,微商采取的是层层分销的模式,导致卖家买家利益伤害大,消耗了行业信誉度。而微博的微电商则要依靠信用体系,以弱关系为基础,用户兴趣为导向的方式做电商。

2. 微电商侧重商品推荐,而非专注交易环节

相比其他移动社交电商平台专注于交易,微博"微电商"更侧重于商品推荐。目前商品链接必须来自天猫淘宝和微卖等重点第三方合作伙伴,今后微博达人可以通过微博发布器直接发布自己推荐的商品,并添加推荐理由、库存量和商品链接等信息。微博则专注于连接商品和消费者,让达人根据自己的专业知识选择好产品做推荐,让消费者更加合理理性做出购买决策。微博不做闭环,最终交易、金流、物流、售后等都由合作平台来完成。

(二)各大电商发起多样化营销活动,增强 B2C 网站活跃度

1. 电商品牌纷纷建立品牌日,微博为品牌日推出"Big Day"营销方案

对于品牌来讲,哪里有关注度,哪里就有品牌的热度。品牌要有关注度,可造势,也可借势。现如今,每个电商品牌都建立了自己的节日,造自

己的声势,京东的 618,乐蜂网的桃花节,聚美优品的店庆,双十一等,都是品牌混战狂欢的时机。小米为配合 618 终极暑促,通过转发送小米产品等一系列活动为自己带来了超高的分享量;天猫冠名"极限挑战"带动活跃粉丝数,为年终大促带来点击;苏宁易购借助"奔跑吧兄弟"节目提升品牌知名度,伴随着 618 年中庆的开启,苏宁易购在转发量不高的情况下收获了超高的回流比。电商品牌都在寻求更多新颖的营销方式,微博应运而推出国内首个社交媒体全覆盖解决方案,"Big Day",来深入满足客户新品首发、重大促销、限时抢购、重大联合推广、明星代言等营销需求。找到目标受众,并且跟他有效沟通,节省市场营销费用的同时,取得提升营销效率的双赢效果。微博"Big Day"解决方案,代表了中国 2015年社交营销的发展方向,极具创新潜力与投放价值,真正体现了中国社交媒体在整合营销创新上的高水准。与普通社交广告形式相比,微博"Big Day"除了海量的社交展示资源外,更整合了精准人群数据包定制服务、红包卡券等营销闭环工具,帮助品牌提高粉丝转化,同时通过微博热门话题运营、微博权威官方账号转发、社交自媒体 KOL 助阵等形式,完成品牌重大事件的涟漪传播,让广告主在微博快速有效地创造品牌大事件。

2. 借助"Big Day"洋码头创下电商行业新纪录

2015 年黑色星期五当天,洋码头做出了电商行业创纪录的营销效果,借助 11 月网购狂欢的整体气氛,调动微博平台全品类商业工具,整合多种运营玩法,创造出惊人的营销效果。Big Day 覆盖广,伴随用户浏览路径的社交资源覆盖,助品牌一夜成名。Big Day 投放通过串联的闭环组合,有效全覆盖微博用户的浏览行为。无论用户在打开微博,或是刷新、浏览,甚至在发现新鲜、搜索内容、参与讨论互动时,均被#洋码头黑色星期五#话题全覆盖。把握传播黄金时间,短期有效地保证品牌曝光与话题关联的完整度,助品牌一夜成名。

图6-8 "洋码头黑色星期五"的微博广告投放图

上一节我们提到微博用户的娱乐化特征明显,在#洋码头黑色星期五#的传播阵列中,Angelababy 作为明星产品经理发微博为洋码头 App 代言,并狂发 5 亿微博红包激活粉丝热情。同时 60 个 KOL 全量发力,长达 16 天密集发博,借势明星和大 V,充分调动粉丝热情,形成微博导购矩阵微博购物,营造黑色星期五最火海淘气氛。

图6-9 Angelababy 为"洋码头黑色星期五"发微博造势

定制版品牌话题页引导下载 App、富媒体搜索页特效动画、粉丝发博触发微博彩蛋、买手扫货微博图文直播、粉丝晒单吸引更多关注等互动环节,成就了 Big Day 策略闭环传播矩阵,达到了形成涟漪式话题传播效果的目的。

图 6-10　"洋码头黑色星期五"其他曝光形式

此次活动的传播效果是显而易见的,推广前洋码头在 App Store 的总榜排名 52,推广后,排名上升至总榜单 TOP3,购物榜 TOP1。

图 6-11　洋码头黑色星期五营销前后应用市场排名对比

#洋码头黑色星期五#讨论量达到主话题#黑色星期五#3 倍,用户更愿意通过#洋码头黑色星期五#进行话题讨论互动,成功达成话题强关联目标。

图 6-12   洋码头与黑色星期五的话题相关比较

最终,Big Day 为洋码头共带来 4.1 亿双话题阅读量,38.4 万讨论量,5 万多真粉新增,Big Day 当天微博总曝光量突破 5.5 亿,当日 GMV(网站成交金额)和新增用户均有 10 倍以上的增长,TOP1 登上 App 市场购物类第一名。

二、微博与体育行业

根据新浪微博数据中心发布的《2015 年微博体育白皮书》显示,无论是项目,还是体育明星,民众的激情都一直呈上涨趋势,微博成为了体育行业蓬勃发展极其重要的一个版图。

表 6-3 微博体育行业相关讨论情况

微博体育话题		体育类相关话题		体育类微博	
阅读量	1380 亿	讨论量	4157 万	总 量	8.1 亿
讨论量	4157 万	参与人数	1623 万	参与人数	3.61 亿
用户数	1.96 亿			收藏人数	3283 万

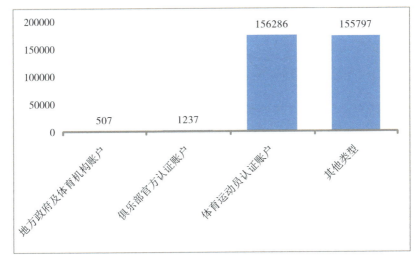

图 6-13 微博体育认证账号构成情况

数据来源:《2015 年微博体育白皮书》

(一)微博极大提升了民众对体育的关注度

1. 体育赛事成为微博用户最爱讨论的体育话题

根据白皮书显示,体育赛事是微博用户最爱讨论的体育话题,其讨论量占体育话题总量的 68%,运动健身类占 29%。而在 2015 年度体育类榜单话题 TOP20 中,篮球类话题有 10 个,足球类话题有 7 个,用户对这两类运动的激情远高于其他体育项目。

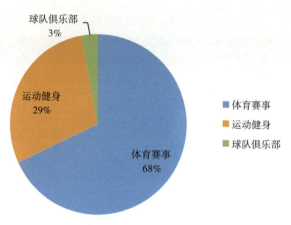

图 6-14　用户参与讨论体育话题类别分布

数据来源:《2015 年微博体育白皮书》

2. 跑步成为最受关注的健身项目

2015 年度运动健身类话题榜单中,#厦门马拉松#以 18 亿阅读量排
在第一位,#北京马拉松#排名第二。数据显示,由马拉松赛事引发的用户
热议主要集中于赛前预热期及比赛当日,开赛当日各地赛事热议度均达
到峰值。在跑步圣地的评选中,北京奥林匹克森林公园、北京朝阳公园和
厦门环岛路成为最受欢迎的跑步圣地前三名。乐动力、悦跑圈、咕咚成为
最受网友喜爱的跑步计步 App 前三名。

图 6-15　微博跑团联盟构成情况

此外,微博还成立"微博跑团联盟",并举办跑步爱好者的聚会"跑战盛典"。至 2015 年 10 月 31 日,微博跑团联盟认证账号有 153 个,覆盖真实跑者 71 万,"跑战盛典"期间,相关"跑战"话题累计阅读量达到 9.21 亿,共有 803 万人次参与线上互动,微博跑步爱好者累计行走 1.3 万亿步。

3. 跑步爱好者更爱通过微博了解跑步相关内容

2015 年 11 月进行的"年度跑者调研"数据显示,超过 80%的跑步者更喜欢通过微博了解跑步相关内容。在体育事业蒸蒸日上、全民健身蓬勃发展、社交媒体融入生活的今天,体育运动的社交互动显得更为重要。作为全球最具影响力的中文社交媒体平台,微博体育通过热门赛事运营、体育明星互动、线上线下相结合等新型运动模式,成为广大体育爱好者的资讯来源和更好的交流平台。

(二)微博为体育明星聚集了更多人气

1. 微博成为运动员商业价值增值的重要途径

在体育界,一个运动员的价值有一个同心圆理论,圆心是竞技价值,次之是社会价值,最外围才是商业价值。最核心的竞技价值中,除了奥运会奖牌是关键的评判标准,也包括顶级职业运动赛事的成绩,比如李娜的大满贯成就。社会价值,也可以通俗地理解为社会影响力,由多种因素构成,除了成绩,还涉及外形、性格、气质、沟通能力和故事性等多方面因素。商业价值则是一个运动员价值的最外围部分,微博是让运动员商业价值增值的重要途径,这主要体现在微博的热搜和热门榜的功能上,可以将体育明星瞬间推到焦点前沿,带来数量级的关注度,吸聚人气,积攒粉丝。对品牌主而言,最重要的是知道目标用户在哪里,他们是谁的粉丝,而说到粉丝营销,微博比任何平台都更加适合,微博是粉丝+明星这种关系链最丰富、最完善的地方。找到了目标用户关注点的聚焦处,就找到了广告

应该砸向的地方。

2. 奥运冠军认证微博人数虽少，却吸引了大量粉丝

从白皮书中可见，在微博认证的体育明星中，仅有 3%为奥运冠军，但这些奥运冠军拥有 3.7 亿名粉丝，其中郎平是粉丝量最大的女体育明星，孙杨是粉丝量最大的男体育明星，宁泽涛只排在了第十一位，尽管在粉丝量上无法与队友孙杨相比，但"小鲜肉"在影响力评比上以 1031.87 分排名第一。这主要得益于宁泽涛微博超强的传播力，宁泽涛每条微博的互动量几乎都破万，甚至会达到三四十万。在喀山之战后，宁泽涛的个人微博粉丝数从二十几万迅速突破到 278 万，并连续占据微博热搜榜。此外，宁泽涛的百度指数在短短几日内呈现爆发式增长，从不足 80000 到 8 月 7 日的近 220 万。关注度上来了，各种代言商机也随即跟上。

3. 体育明星愿意选择微博作为自己的发声渠道

体育明星不仅在微博上拥有众多粉丝和影响力，也更愿意选择微博作为自己的发声渠道。2015 年 4 月 7 日下午，"中国飞人"刘翔微博发布《我的跑道！我的栏！》正式宣布退役。作为中国体育史上最具号召力的巨星之一，刘翔不同于同样因伤退役的姚明和李娜，没有新闻发布会，只是以发布长微博的形式宣布了退役这一事实，间接证明了不只是体育明星影响了微博，微博也引发了体育明星的行为改变。作为中国体育曾经的"吸金王"，刘翔自身的影响力不容小觑，一直是营销事件的焦点，各大品牌自然也不甘落后而借势发力，趁机为自己打起了免费广告。几分钟后，"刘翔退役"就成了微博热门话题，各大品牌各式各样的借势海报俯拾皆是，其中刘翔代言的耐克获益最大。

三、微博与旅游行业

2015 年 9 月 18 日，微博数据中心联合中国社会科学院中国舆情调查实验室发布了《2015 微博旅游白皮书》。白皮书认为,从 2014 年开始,微博、微信、手机新闻客户端已经成为人们获取或传播信息的首要渠道,我们正在从大众传播时代进入微传播时代。从整个社交类产品范畴来看,以微博为代表的社交媒体已经建立了与社交网络完全不同的类型区域,其社交媒体属性逐步得到客户市场和用户市场的认可,并且逐渐成长为社交媒体领域最具备营销传播效果的社会化媒体平台。

(一)微博成为旅游传播的强媒体

微博是社交平台,也是信息传播交流平台,而旅游过程中,会产生大量的传播数据和信息,微博与旅游是有着天然的联系。用户可以利用微博搜索、查询、发布和讨论旅游相关信息,微博则可以利用用户的旅游攻略分享,收集各地旅游产品的介绍,产生更多优质内容,并以这些内容保持持续高曝光,传播给更多旅游爱好者看到,提高阅读量,刺激潜在的消费欲望。

1. 影视取景地通过微博实现大众化传播

从新浪微博上开设的各种旅游微博专业账号数量看,从 2014 年 8 月的 47382 个增长到 2015 年 7 月的 58888 个,增长率为 24.3%。在旅游传播领域,微博以成本低、覆盖广、传播快、互动强等特点,成为旅游目的地营销的重要手段。借着一些著名影视作品、综艺节目的势头,众多旅游目的地都策划出了热点营销事件,例如《爸爸去哪儿》的拍摄地北京门头沟就推出安吉拉赶过的羊车等项目招揽顾客,《极限挑战》《奔跑吧兄弟》等节目的拍摄地都如法炮制,收效甚好。同样的还有《心花路放》中"去大理"一歌催生的大理旅游,这些事件几乎都是通过微博实现了大众化的传播,成为社会聚焦热点话题。

2. 合理利用微博扭转旅游地淡季无人情况

传统的商业模式以及经由资源垄断所形成的品牌价值,已经丧失了

一劳永逸存在的可能性,必须要有动态的变革思维和灵活策略,才能在多变的市场中赢得消费者的青睐。微博利用适当,甚至可以扭转旅游地淡季无人情况。九寨沟就携手微博打造了"互联网+旅游"淡季营销新模式。2015年1月4日,九寨沟第十届国际冰瀑旅游节启动,开设了"全球24小时高清直播九寨沟冬景"、"我与候鸟有个约会"、"999张淡季门票网络抢票"等活动,组织大V线下冬季游,通过微博直播+全程视频等多种方式,跟拍明星大V团的全程活动,线上活动+账号矩阵合力推广+大V和达人的强大影响力,九寨沟冰瀑节话题#冰雪世界童话九寨#吸引了9000多万微博网友关注,借助微博大数据推动O2O落地,最终九寨沟当期游客增幅达到58%。

(二)旅游传播为微博发展带来战略机遇

微博涉足旅游行业不仅为旅游地带来了生意,也为自己开拓了新的商机。优质话题活动甚至可以当作产品卖给品牌主。带着微博去旅行是新浪全年规模最大的旅游主题用户互动活动。三年的沉淀让带着微博去旅行获得了合作伙伴的高度认可,已然成为了"互联网+"时代下旅游行业最好的社会化营销活动。2013年垂直行业深耕,挖掘了众多热门目的地,2014年旅行类官V服务能力升级,分类别目的地精细运营维持,2015年微博专注内容营销,打造精品长博,与世界邦旅行网达成深度合作,由世界邦冠名该活动,用户通过发布含活动话题的图文微博、长微博、视频微博,或者转发活动长微博,即可获得抽奖机会。活动时间从2015年7月27日到2015年10月7日,全程73天。在本次活动中设定50+目的地(如#带着微博去北京#、#带着微博去上海#、#带着微博去日本#等),10个旅游主题(如#恋上那片海#、#绝美秘境之旅#、#牵手看世界#、#就爱自驾游#、#最美赏月地#等)。同时,活动事件营销方案包括明星带你游、微博金牌旅行家、十一微博雷达探红包等。

图 6-16　第三季"带着微博去旅行"活动参与图

最终活动共发布长微博 3 万余篇,吸引了 3308 万人次参与,创造了 178 亿的曝光奇迹,成功打造了一场旅游垂直行业黄金营销活动。世界邦在 2015#带着微博去旅行#总赞助冠名,通过用户传播进行社会化扩散,给自身品牌及其海外一价全包自由行产品创造了大量曝光,显著提升了品牌在旅游行业的影响力。世界邦自运营话题#带着颜值去旅行#,吸引众多达人主动参与,沉淀优质原创内容,并在微博上引起热议,获得了 3.1 亿话题阅读量,达到双赢效果。

图 6-17　世界邦"带着颜值去旅行"话题活动页

四、微博与影视行业

微博拥有巨大的用户基数,片方、主创人员、影评人士、电影爱好者、

普通网友之间相互交错、无缝互联的社交关系链有着无限可能性。经过一年多的垂直化运营，微博的电影兴趣社区氛围越来越浓，并且反映了更大众、而非小众文青的观影趣味。微博构建起垂直社交生态：依托庞大的用户规模，在影视行业机构、影视从业者与普通观众之间，构建起相互连通的社交生态，提供了开放式营销平台。

（一）微博构建影视业营销全链条生态

1. 微博完成"认知—售票—口碑"服务闭环

微博触达了电影营销三大环节，构建全链条营销生态，"认知—售票—口碑"服务闭环，并形成了中国最大的电影营销平台和用户社区。微博预售绑定影片前期宣传，直接造成票房转化。微博作为当下第一社交媒体，拥有的用户更大众、接地气，对电影的选择和接受也更多元化，对于观影目标尚不明确的潜在用户，明星在微博上对预售的大力宣传，以及微博电影票的低价优势，都有转化率很高的营销效果。

一部电视剧、电影上映前，主创们都会开通微博账号，并申请影视作品官方账号，设置相关话题，为作品上线造势，在用户脑海中形成认知，留下印象。微博的社交互动性，能够让明星、导演等主创与观众零距离互动接触，这为片方在微博上发布物料、炒热电影相关话题，并进行票务销售，发动电影点评、扩散口碑提供了天然的优势条件。等到话题足够热的时候，再通过预售绑定观众，最终从线上购票导去线下体验观影，再返回网上撰写影评抒发感想构成完整的消费闭环。根据《2015年微博电影白皮书》所示，微博电影行业微博用户账号呈现出明显的增长趋势，其中演员数量增长29%，导演数量增长9%，越来越多的电影公司、电影院线、票务网站、影视媒体开始加入微博电影营销的阵营。全年有268部电影开通并认证电影官方微博，总计所有官微微博阅读量超过50亿。口碑方面，体现大众观点和态度的微博打分平台，已然是口碑发酵的首选，全年打分加点评数量达到了31071607。

2. 强大明星资源极大提升微博预售转化率

预售作为引发线下消费的直接行为,重要性不言而喻,也越发受到重视。2015年全年就有82部影片参与微博预售。《小时代4》通过微博+淘宝电影双平台提前预售,成绩屡创新高,以第1分钟1.1万张的破纪录成绩火热开场。之后又连连创下1小时销售12万张,票房突破480万,10小时30万张,2天45万张的惊人纪录。如果每张票按照45元计,两天已锁定超过2000万的票房。

在《小时代4》的预售过程中,众位主创也和粉丝在微博积极互动。6月20日上午10:00,导演郭敬明准时在微博发出《小时代4》的预售消息,并以置顶微博的形式号召粉丝提前购买。随后,杨幂、陈学冬、郭碧婷、谢依霖等人气主演纷纷转发号召粉丝购票。第一个小时卖断货后,郭敬明更是连发几条微博,紧急补票,直呼不要停:"对不起,虽然一人限购两张,但我还是低估了你们的抢票速度,正在联系淘宝迅速补票,你们抢得我们有点措手不及,也是有点太粗暴了,不过我喜欢。马上补票后继续,不要停。"郭碧婷也和自己的粉丝老婆团互动:"我的老婆团们,亲朋好友们,路过的民众,你们不团购一下吗?"微博是明星与粉丝交流的第一平台和阵地,与其他营销平台相比,唯有微博拥有如此强大的明星资源。明星亲自宣传推广,同时对应明星的粉丝群体天然就是精准的,所获得的售卖转化率无疑是最高的。同时,微博的互动性极高,粉丝会通过转发将明星的原发微博继续扩散到全网,进一步扩大营销影响力。在微博这个平台,明星的影响力和变现能力被最大化,引爆粉丝经济。

(二)微博成为影视剧宣发的首选出口,甚至能帮一些影视作品起死回生

博纳国际影业发行总经理刘歌说:"微博在电影营销推广过程中的作

用无可替代,甚至衍生出堪比电影精彩的内容和效果。"①微博越来越成为影视剧作品宣发的主要阵地,对于一些宣传预算低的作品更是有奇效。

1. 官微串联全程营销路径,快速反应调整宣传方向

电视剧方面,不得不提 2015 年的黑马《太子妃升职记》。影视片营销通常以话题为核心据点,通过官微串联全程营销路径,通过硬广在关键节点释放声量,《太子妃升职记》也是走的这个路子。宣传主要分为三个阶段,开播前请大 V 做推荐预热,推广人员原本是想重点推升职、宫斗,结果市场反响平平,团队快速改进,针对用户提出的评论进行调整,有节奏有安排地往外抛洒花絮爆点,如"最穷的剧组"、"高颜值"、"男穿女"等新奇的角度获得广泛的关注;播放期间在斗鱼、B 站直播,将弹幕里的优质评论、搞笑点评整理出来,在微博上二次传播,收获了大批的"路转粉"、"黑转粉",蝉联新浪热搜榜首数日。《太子妃升职记》上热搜,每天的话题都不尽相同,每天都在不断调整策略和执行方式。

图6-18 《三联生活周刊》针对《太子妃升职记》发表微博

---

① 《〈小时代4〉主创一边开着发布会,一边发着微博》,杭州网,2015 年 6 月 16 日。

2. 满足观众恶搞趣味,吐槽评论引发高度关注

该剧能如此之火,最主要的就是把握了受众的心理,随着网络的不断发展,信息传递不再受到地域、时间的限制,而《太子妃升职记》正是直击观众的内心,用满满的槽点满足了当下年轻观众喜欢恶搞、吐槽和弹幕的特点。而企业现在需要的就是把握受众的心理,用服务和产品来直击用户的内心所想。本来一部评价很差、打分很低的低俗穿越剧却大获全胜,以其离奇的画风和诡异的故事情节突出重围,最终带动乐视网 VIP 数量增长超过 50 万,直接收入达到 1000 万元以上,这个成绩里微博功不可没。

移动互联网进展如火如荼,往往瞬息万变,微博完成了一次蜕变,从一个单纯的社交产品走向了更加丰富多元的全营销平台,广告方式日臻完善,运作体系更加健全,无论是大型品牌广告主还是中小企业客户,微博都能量身打造数套解决方案,来帮助广告主和营销客户向用户推销品牌、产品和服务。在满足用户需求的同时,微博与广告主都能获得双赢以及丰厚的资金回报。作为全球最具影响力的中文社交媒体平台,微博的商业化之路顺利开展,巨大的用户数量和强大的资本实力,让微博走出了一条独特的发展之路。

第七章 微博与文化

第一节 微博对当代网络文化的塑造

目前,微博已经渗透到了生活的方方面面,可谓"无微不至",通过其强大的开放性、互动性、即时性和影响力,微博传播对文化的塑造功能也越来越强大。微博不但贡献了"醉了"、"小公举"等网络词语,而且用户通过微博这一平台分享喜怒哀乐等生活的每一个切面,微博已经成为中国网络流行文化的发源地和风向标,"微博既是社会文化的一面镜子",也在某种程度上塑造着当代网络文化。

一、2015 微博年度盘点:微博与社会生活相互映照

(一)2015 到 2016 年上半年微博年度热词体现了网民日常的喜怒哀乐

在当前移动互联网越来越普及的时代,新闻事件本身的影响力和波及面是催生新词语并使其流行的重要因素。几乎每一个社会热点事件的出现并在微博上引起了巨大的反响都会导致一个新词的涌现。网络媒体迅速崛起和壮大,深刻地影响和改变着人们,尤其是年轻一代的生活方式和价值观念。可以说,在引导新时尚、创造新词语方面,微博的应用和流行无疑是最具推动力的。新浪微博根据季度和提及次数公布了 2015 年

微博年度热词 TOP10,年度热词中还包括了两大表情即排名第一的 Doge
表情和排名第三的笑 Cry 表情,热词还有"我们"、"醉了"、"Duang"、"小
公举"、"城会玩"、"然并卵"、"吓死宝宝了"、"起来嗨",除了 TOP10 之
外,"主要看气质""狗带""怪我咯""小鲜肉""重要的事情说三遍"等词
语也较流行,这些热词在网络中的使用使微博氛围和人际交流变得轻松
幽默,充满了娱乐感。此外,这些热词和表情发源于微博但是不专属于微
博,人们在日常生活中,无论是线上还是线下交流也经常使用,充分表明
了微博热词对日常生活的强大渗透力,同时也在塑造着社会流行文化。

表 7-1　2015 年微博年度热词 TOP10

排名	热词	简　　　介	提及度	提及人数
1	Doge	Doge 源于一个名叫 Homestar Runner 的网上动画系列,在这个动画中,狗被称为"Doge"。2013 年年底,这只柴犬的照片在国内外开始广泛流传。	6.7 亿	4.3 亿
2	我们	5 月 29 日,范冰冰李晨发布微博"我们"公开恋情,微博网友奔走相告范爷大黑牛恋情,品牌官微蜂拥而上塑造多个经典案例,"我们"式秀恩爱,单身狗硬着头皮也要上。我们体全网走红。	6.3 亿	4.8 亿
3	笑 Cry	笑 Cry,家族中还有萌 Cry 等小伙伴,引申于 emoji 表情,并入选牛津词典公布的 2015 年度词。年度热词就是词红任性,猜不出来它什么意思,怎么走红,但就是用在哪里都很合适。	5.4 亿	3.6 亿
4	醉了	醉了,也可以说"我也是醉了",最早起源 dota 的游戏直播,表达一种对无奈、无语的情绪在微博走红。推荐观看广场舞《我也是醉了》,感受一下热词的风采。	5736 万	5237 万
5	Duang	Duang 一开始是成龙代言的洗发水的拟声词,2015 年开年被挖出恶搞,产生了一开始我是拒绝的,du-ang,还有《我的滑板鞋》duang,成为 2015 年的开年当红炸子鸡入选热词当之无愧。	2552 万	1852 万
6	小公举	Doge 每个女孩子都希望自己是小公主,然而一些男孩子也有着一颗少女心。例如,对粉色有着独特爱好的周杰伦,便被网友戏称为"小公举"。	1237 万	1052 万

续表

排名	热词	简　介	提及度	提及人数
7	城会玩	城会玩,即你们城里人真会玩。戛纳电影节张馨予披着"东北花被"装扮亮相红毯,受到网友调侃,张馨予发博称"你们城里人真会闹",这句话被玩坏后延伸成城会玩。	701 万	650 万
8	然并卵	即然而并没有什么卵用,系山东地方方言,最早来自于@怕上火爆王老菊的游戏讲解视频,后来被《暴走大事件》的张全蛋采用,而全网走红,然而表示转折,并没有什么卵用表示无奈。	449 万	389 万
9	吓死宝宝了	吓死宝宝了,这里的宝宝指的是第一人称,你问为什么不说吓死我了? 因为说"吓死宝宝了"显得自己比较萌萌哒,我们城里人会玩,用你管略。	430 万	371 万
10	起来嗨	即,睡你××起来嗨,最早来自于一个外貌魔性,声音更魔性的博主的视频,其中有一句"睡你××,起来嗨"感染力十足,整个微博睡不着,大家一起起来嗨,热词因此走红,根本停不下来。	416 万	391 万

图 7-1　表情 Doge 和笑 Cry

数据来源:新浪微博 2015 微盘点

(二)2015 到 2016 年上半年微博年度十大事件见证了网民通过微博参与事件的力量

从年初的"上海外滩踩踏事件",到年中"东方之星沉船事故",再到年末的"习马会",微博话题"忠实地"反映着每一个社会热点事件的发生。用户通过微博参与到事件当中,时常会从不同维度影响、推动甚至是改变事态的发展方向和发展轨迹。2015 年微博根据阅读量、转发、评论及点赞数综合评价得出了《2015 微博年度十大事件》。从表中可以看出,这一年给微博用户带来最大震动的事件莫过于天津塘沽大爆炸事件。在事故发生的次日微博讨论峰值就达到了惊人的 1109.1 万次,最后讨论次数达到了 35 亿次,参与讨论人数达到了 435 万次,全站阅读量达到了千亿级别。"9·3"胜利大阅兵获得了 2.159 亿个赞,①破历史记录,充分展现了网民的爱国情怀和国家带给他们的骄傲。此外,"上海外滩踩踏事故"、"东方之星沉船事故"、"巴黎爆恐袭击"等事故也时刻牵动着网民的心,"习马会"、"全面二胎"等政治类热点事件也引起了微博用户的巨大关注,同样,娱乐圈的大事如范冰冰、李晨宣布恋爱、姚贝娜去世也引起了网民的热烈讨论。这些热门事件从政治到娱乐、从国内到国外,对新闻和舆论产生了重要影响。微博从虚拟到现实将 2015 年的流行文化和热点事件串联起来,参与的力量得到展现。这些由网络与真实世界互动形成的流行风潮,正成为深刻影响社会与文化的重要力量。

表 7-2　2015 年微博十大事件

排名	事件名称	讨论次数(亿)	讨论人数(万)	谈论峰值(万)	总　　结
1	天津塘沽大爆炸	35	435	1109.1	此次事件全站阅读量 1037 亿,用户参与讨论共 1.9 亿条。
2	9·3 胜利大阅兵	23.2	434	839.6	总阅读量 146 亿,引 2151 万用户参与讨论共 3563 万条,阅兵当天有 4675 万人为祖国点 2.159 亿个赞,破历史纪录。
3	姚贝娜去世	21.7	117.4	251	全站阅读量共 134.9 亿次,用户参与讨论共 2830 万条。
4	今日看盘	14.2	96.5	29.9	股市暴跌全站阅读 208 亿,用户参与讨论共 1807 万条,点了 1441 万个赞为股市加油。
5	上海外滩踩踏事故	13.3	18.9	117.6	全站阅读 390 亿,用户参与讨论共 4612 万条,点了 2479 万个赞致哀遇难者。

---

① 详见:http://www.askci.com/news/chanye/2015/12/31/112937zjhz.shtml。

续表

排名	事件名称	讨论次数(亿)	讨论人数(万)	谈论峰值(万)	总　结
6	东方之星沉船事故	9.1	71.2	63.2	全站阅读量共18.1亿,用户参与讨论244万,打捞沉船单条微博转发破10万。
7	我们	9	156.6	603.6	李晨和范冰冰两人宣布恋情单条微博合计获得650万个赞,我们体引发网友纷纷效仿,火爆全网。
8	巴黎恐怖袭击	7.8	81.6	167.7	全站阅读79亿,770万用户参与讨论1079万条,有1314万用户点赞2116万个为巴黎祈福。
9	习马会	4.3	21.4	21.3	全站阅读66亿,428万用户参与讨论560万条,567万用户点赞740万个。
10	全面二胎	1.5	24.6	11.4	全站阅读量42.1亿,用户参与讨论953万条,点赞653万个。

数据来源:新浪微博 2015 微盘点

（三）微博用户 2015—2016 年上半年关注的热门话题以娱乐类为主,微博促进了娱乐文化的流行

从总体数据上看,社会类、综艺类、电视剧类、明星类等类别的话题内容阅读量和关注度较高,其中社会类和明星类两者占比超过一半,社会类占 25.6%、明星类占 25%。

在排行榜前 20 名的话题中,2015 年微博热门话题主要集中在综艺、电视剧和体育等多个方面。其中,综艺占 60%,电视剧占 20%,体育类占 10%,这三类占到总体的 90%,这也切合了 2015 年流行文化的现状。在顶级卫视的综艺轰炸下,综艺也占据了微博热门话题排行榜的前三位,同时占比也是最高的 60%。可以说,微博热点话题是网民日常关注内容在互联网上的投射,娱乐类内容的高度占比证明着网民全民娱乐时代的到来。

（单位：%）

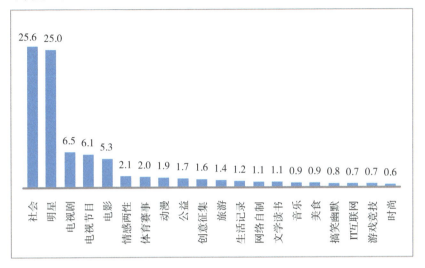

图 7-2 微博用户经常参与关注的话题内容板块 TOP20

数据来源：新浪微博 2015 微盘点

表 7-3 2015 年微博热门话题排行榜

排名	类型	话题名称	年度话题阅读数（亿）	话题讨论数（万）	话题讨论人数（万）
1	综艺	我是歌手	106.3	812.0	529.6
2	综艺	奔跑吧兄弟	103.1	1478.5	863.9
3	综艺	爸爸去哪儿	75.8	853.9	450.1
4	电视剧	花千骨	50.8	1089.6	648.3
5	综艺	最强大脑	41.0	367.1	188.0
6	电视剧	电视剧何以笙箫默	37.6	315.8	220.5
7	体育	2015 亚洲杯	37.3	11.1	9.5
8	综艺	中国好声音	37.1	457.1	261.7
9	综艺	快乐大本营	33.8	633.6	391.6
10	体育	国足再起航	29.6	26.4	20.0
11	综艺	花儿与少年	28.9	382.6	265.1

续表

排名	类型	话题名称	年度话题阅读数（亿）	话题讨论数（万）	话题讨论人数（万）
12	电视剧	琅琊榜	28.5	701.9	278.7
13	综艺	极限挑战	27.4	633.1	372.2
14	综艺	全员加速中	25.0	1007.9	415.5
15	晚会	湖南卫视跨年	23.8	75.1	53.8
16	音乐榜单	亚洲新歌榜	23.0	7259.7	4492.4
17	综艺	偶像来了	22.6	432.9	209.0
18	综艺	我们相爱吧	21.8	263.4	191.6
19	电视剧	武媚娘传奇	21.0	113.6	97.7
20	综艺	爸爸回来了	20.7	211.5	172.4

数据来源:新浪微博 2015 微盘点

　　从热门话题的受众属性上看,参与受众具有年轻化、更强的女性参与度、高学历化、相对发达省份用户参与性强等特点。从年龄上看,年轻用户参与话题讨论较为积极,数据显示,17—23 岁的用户占到了 49.4%,24—33 岁的用户占到了 29.5%,17—33 岁的年轻用户占到了 78.9%,占到了总人数的近八成;从性别上看,女性用户参与话题讨论的热度高于男性,参与话题讨论的女性占比为 68.2%,高于男性的 31.8%的比例;从学历上看,高等学历的用户占比为 73.4%;从分布地区来看,广东、江苏、北京、浙江分别占 10.9%、7.4%、7.1%、6.5%,排名前四位。可见广东、江苏、北京等发达省市用户的参与性更强。

二、微博短视频的爆发推动了社会文化的传播

(一)新浪不断加码短视频,微博短视频发展迅速

　　2013 年年初国外推出了 Vine,该 App 将短视频拍摄的时间仅仅限定在 6 秒,拍摄后可发布到网络上。随后在 2013 年 8 月,新浪微博客户端

4.0 版本内置了一款短视频分享应用"秒拍"的固定入口。同时,新浪宣布 2014 年将投入 1000 万鼓励原创,秒拍达人签约之后即可获得创意基金。2015 年新浪加大了在短视频上的投资力度。2015 年 11 月 24 日,秒拍和小咖秀的母公司一下科技宣布完成由新浪微博领投,红杉资本、韩国 YG 娱乐等投资机构跟投的 2 亿美元 D 轮融资,并与一下科技共同出资 1 亿美元建立专注移动视频投资基金。2016 年新浪微博推出了微博短视频作者扶持计划,只要符合一定的标准就可以通过申请获得微博认证。针对短视频内容,微博将免费投放价值超过 5 亿的粉条资源,短视频作者购买粉条还有折扣;微博全站加关注位置还会向短视频作者倾斜;除了视频打赏,微博还将拓展更多的商业变现模式(如视频付费观看等),帮助短视频作者变现。随着在微博上分享短视频的用户越来越多,未来短视频将成为微博的新增长点,未来微博还会有更多的短视频博主出现,微博不仅可以帮助这些短视频博主将自身的影响力变现,同时也能够提升微博自身的货币化能力。

新浪加码政策频出,短视频也取得了迅猛发展。数据显示,2015 年 9 月微博上的日视频浏览量较上年同期增长 9.7 倍,微博+秒拍客户端的视频日播放量突破 4 亿,环比增长 140%,①而 2015 年第四季度微博内的视频日均播放量达到了 2.9 亿,环比增长了 53%。② 2016 年 2 月的最新数据显示,微博视频日均视频播放量突破 3.9 亿,日均观看人数超过 5300 万。从 2015 年 7 月到 2016 年 2 月,微博视频播放量直接翻了一番。③ 2016 年微博一季度微博日均视频播放量达 4.7 亿次,同比增 489%,比上季度增长 64%。其中,papi 酱在微博发布的 69 条视频,总播

---

① 详见:http://yibeichen.baijia.baidu.com/article/238623。

② 详见:http://www.jiemian.com/article/561932.html。

③ 详见:http://www.meihua.info/a/66278。

放量达 2.46 亿次,接近其他平台播放量的总和。① 目前,秒拍在微博上的粉丝数达到了近 460 万,微博视频的粉丝数也达到了 321 万。在 2016年 2 月 26 日,巴西总统罗塞夫也开通了微博,而她的第一条微博也是用秒拍以短视频形式发布,向中国的网友问好,同时号召网友关注即将在巴西召开的奥运会,引起了超过 4 万网友的转发、近 2 万条评论和 7 万多点赞数,短时间内引起了巨大影响。可见,微博短视频呈急速迸发的态势。

图 7-3　巴西总统的第一条微博以短视频的形式发出

(二)微博短视频让用户和企业成为文化的创造者和传播者

短视频的出现契合了微博用户移动化、社交化和视频化的发展趋势,短视频以其自身比文字、图片丰富的表达力和传播力迅速俘获了一大批用户的使用。数据显示,50% 的网络用户每周至少观看一次短视频,80%的线上用户会看完视频。② 短视频激发了用户的表达自身的欲望,丰富了用户表达自我的形式。同时,短视频还让普通用户成为文化的创造者

---

① 详见:http://www.pcpop.com/doc/2/2752/2752495.shtml。
② 详见:http://www.199it.com/archives/459027.html。

和传播者。用户可以在网络上创造传播自身喜爱的文化,比如二次元用户爱好者可以通过模仿二次元作品中的人物然后用短视频方式传播,如果引起了其他用户的喜爱,则会引发评论、转发、点赞等传播效应。

此外,微博短视频也是企业传播品牌文化的有效手段。相对于普通文字广告和图片广告,视频广告更加生动,覆盖人群足够多,富媒体形式更便于与用户互动,兼顾品牌传播和效果两方面,是广告主们喜闻乐见的形式。而微博内的短视频广告更是将社交媒体和视频的优点结合起来,既能让传播内容更加生动,还可以增强互动和传播性,借助微博用户的点赞、评论、转发、关注,可以最快速的发酵视频带来的影响力,实现指数式的传播。因此,在短视频广告方面,2016 年微博升级了原有广告形式,开发了三种新的视频广告产品。第一种是品牌速递视频广告,位于微博首页信息流中。这种视频广告的展现样式、定向功能、广告频次、广告位置都跟原有品牌速递相同,只是新增视频 WiFi 环境下自动播放功能,更加智能高效。它位于微博客户端首页,属于社交原生信息流,可以实现大图全屏展示,覆盖最优质用户关注,实现基于好友关系的强传播。第二种也是品牌速递视频广告,但位于热门微博信息流。它的广告展现样式、定向功能、广告频次均与上一种形式相同,但展现位置固定位于热门微博推荐页刷新第三位,也支持 WiFi 环境自动播放。第三种是微博推荐视频广告。支持性别、年龄、地域定向,位于微博视频流第二位,上滑即可播放。下一步,微博还会考虑实现视频播放中和播放后的按钮跳转及多入口集中转化,让信息流视频效果进一步增值。而微博在 2016 年春节期间试水的视频自动播放的广告形式帮助魅族品牌实现了病毒式的传播,最终实现了上亿阅读数,其中 87% 为自动播放,单日视频播放量为 2890 万,效果惊人。①

---

① 详见:http://www.meihua.info/a/66278。

（三）微博名人短视频传播力量大，引发粉丝争相模仿

随着短视频的风靡，名人自然也不例外，名人由于其自身强大的微博影响力，他们在微博上发布短视频通常会引起大量关注甚至是模仿。如"@王祖蓝"在微博上发布的一条号召大家模仿他的短视频，内容充满了王祖蓝风格的搞笑和幽默风格，引起了粉丝的大量关注，这条微博引起了超过 3 万 6 千条转发、超过 4000 条的评论和超过 8 万条的点赞，在王祖蓝的号召下，不少粉丝纷纷发出各种形式的模仿，如"@小智-sk8"的模仿在网上发布的模仿视频引起了数百人的关注和点赞，还有一些其他用户的模仿同样引起了不小的关注，#全民模仿王祖蓝#这个话题一共引起了超过 1800 万条阅读和超过 26.4 万条讨论。

图 7-4 王祖蓝及其粉丝的短视频模仿

（四）微博垂直类短视频传播引起用户大量关注，形成文化圈层传播

微博集聚了庞大的用户群体，但是这些群体并非关注一种类型的东西，并非拥有同样的兴趣。正因为群体的差异，才导致微博垂直类短视频的兴起。可以说，短视频也为垂直类兴趣用户找到了更符合他们接受特

点和兴趣特点的博主。数据显示,微博平台目前已经汇聚了分布在各类垂直领域的达人 2000 万。① 微博在 2016 年推出的短视频扶持计划中,将短视频领域分为 21 类。不同的用户关注不同的微博短视频领域,这些领域也形成了不同的大 V,比如"@ 黄文煜小盆友"经常在微博上录制短视频吐槽星座,引起了很多粉丝的关注,在这些关注星座的群体中形成了较大的影响力和传播力,从另一个角度来看,这种传播也形成了星座文化的圈层传播。如"@ 黄文煜小盆友"2016 年 2 月 1 日发布的一则短视频,内容是"十二星座的女生谁最适合做女朋友"在网上引起了超过 2 万 3 千次的转发、超过 3 万 1 千条的评论和超过 5 万 4 千条的点赞,形成了很强的传播效应。

图 7-5　"黄文煜小盆友"的微博

---

① 详见:http://www.199it.com/archives/454415.html。

表7-4　微博短视频垂直领域分类表

分类	视频类型	分类	视频类型
搞笑	幽默搞笑、鬼畜等相关视频	动漫	番剧、动画、二次元等相关视频
综艺	综艺八卦相关视频	音乐	音乐片段等相关视频
电影	电影片段相关视频	萌宠	可爱萌宠等相关视频
电视剧	电视剧片段相关视频	宝宝	宝宝、育儿等相关视频
资讯	社会现场相关视频	科普范	科技、数码、科普等相关视频
美女	美女相关视频	体育	体育赛事、健身等相关视频
舞蹈	舞蹈相关视频	游戏	游戏攻略等相关视频
时尚美妆	时尚类、美妆类相关视频	涨姿势	技能、纪录片、公开课、教学等相关视频
帅哥	帅哥相关视频	财经	财经类相关视频
美食	美食相关视频	旅行	旅游类相关视频
汽车	汽车类相关视频		

（五）微博短视频催生网红的再次崛起，推动了网红文化传播

网红一词早已有之，并非全新出现的概念。但是网红再度引起巨大关注却离不开微博的推动。微博短视频的风口催生了众多如papi酱、艾克里里、张沫凡等网红的诞生。以papi酱为例，她在短短的4个月时间里迅速窜红，现在在微博上已经吸引了超过1000万粉丝的关注，2016年3月16日，papi酱获得逻辑思维等注资1200万元，业内估值更是达到了3亿元，随后开始策划网络广告招标会，入场费8000元，最终获得2200万的投标，papi酱因此被封为"2016年第一网红"，papi酱获得风投等事件又一次引发了大众对于网红的关注，撇开papi酱遭到广电总局的点名整改不看，papi酱的走红其实是短视频背景下网红文化兴盛的缩影。综合来看，papi酱的快速走红除了其自身的个性与实力、话题的选择之外，最为重要的一点就是微博的推动。网红一般都遵循着微博上风靡之后在

其他社交媒体如微信上扩散流行的走红轨迹,微博起到的是源头推动的作用。可以说,新浪微博由于其庞大的用户规模、平台的媒体属性和用户的消费属性,成为网红诞生的主要场所,也是网红与粉丝互动的主要阵地。亿级的微博用户为网红提供庞大的流量,微博的媒体属性为网红发布和扩散信息提供便利,微博的商业变现氛围为网红未来变现提供环境。更为重要的一点,网红的走红同样离不开短视频这种强有力的表达方式。不同的网红汇聚不同属性的微博用户,代表的是各式各样的网红文化。网红的日常生活、衣食住行等的分享和展现反映的是不同的文化,进而影响到粉丝群体的价值观和生活方式。短视频的这种表达方式则为网红提供了全方位、更为深刻影响大众的手段,并催生了网红文化的流行。

三、微博汇聚多元网络文化

微博为网络平台汇聚了大量用户。在很长的一段时间内,由于传统媒体在普通大众利益诉求和话语表达上的缺位,微博的出现恰好弥补了这种缺失,普通大众被微博"赋权",可以利用微博即时性、互动性强、虚拟性的特点,在共同的兴趣或者目标下形成新的社区。因此微博具有天然的亚文化特征,微博是网络亚文化产生和发展的良好土壤。从社会学的角度来看,"亚文化"是指区别于占主导地位的文化,这种文化包括其他群体所不具备的文化要素和生活方式。"亚文化群"是指处于非主流的、从属的社会地位上的一群人,他们有着区别于主流群体的诸多明显特征(如偏理性、边缘性甚至挑战性)以及特殊生活方式。概括地说,"亚文化"就是指社会阶层结构框架里不断出现的、带有一定"反常"色彩或挑战性的新型社群或新潮生活方式。[①] 微博上形成的亚文化如二次元文化、ACGN 文化和 LBGT 文化都比较有代表性。

---

① 详见:http://media.people.com.cn/n/2014/0801/c387273-25386774.html.

（一）二次元文化

何谓二次元？二次元是一个规则和秩序与现存世界完全不同的世界即"异次元"；以动画、漫画等平面的媒体所表现的异次元，因其二维空间的本质，被称为"二次元"。此外，二次元亦可用于指代二次元世界观、二次元角色等。那么，什么是二次元文化呢？目前的二次元已经脱离了动画、漫画等平面媒体，并派生出与主流文化相对独立的次文化体系。这种与主流文化相对独立的次文化体系亦被称之为"二次元文化"。①

二次元用户可以分为泛二次元用户和核心用户。泛二次元用户对二次元的接触大多数处在"基本了解"的阶段，他们会去看热门漫画，玩热门游戏，但这些只是这些用户日常生活的一部分，他们不会在上面投入太多的精力和财力。可以说普通用户对 ACGN 只是略知一二，但并不深入。核心的二次元用户会花费大量的时间和财力在 ACGN 上，他们深爱动漫，经常上 AcFun、哔哩哔哩、动漫论坛、贴吧和微博，他们会深入了解并深爱与二次元相关的诸多事物。②

1. 微博二次元文化用户呈现出年轻化的特点，分布地区偏向经济相对发达地区

数据显示，2015 年，微博泛二次元用户达到 1.1 亿，较 2014 年增长21.9%，其中核心二次元用户达到 1400 万。③ 微博作为自媒体互动社交平台，得到越来越多二次元用户的青睐。用户通过微博不仅能够及时了解最新动漫资讯，还可以通过社交互动、作品发布等获得其他用户的关注。从性别上看，微博二次元用户性别比例持平，男女比例分别为 49%和 51%；从学历上看，与微博整体用户结构相比，二次元用户的初高中学

① 易观智库：《中国二次元产业及二次元内容消费专题研究报告 2015》，2015 年 12 月10 日。
② 艾瑞咨询：《中国二次元行业报告》，2015 年。
③ 新浪微博数据中心：《微博二次元研究报告》（2015 年），本节数据不做特别说明的均来自于此报告。

历占比更高,说明二次元用户以年轻人为主,二次元用户年龄特征同样说明了这一特点,17—23 岁的用户比例达到 50.5%,远高于微博整体用户17—23 岁水平占比的 40%,同时 17 岁以下微博二次元用户的占比为19.9%,高于整体水平的 9%;就二次元用户占当地微博用户的比例来看,上海、浙江、广东、江苏等地的二次元用户更多一些。广西、湖北、福建、重庆的二次元用户也比较突出,这些身份的二次元用户玩微博相对积极一些。从二次元用户微博的内容上看,"二次元"文化往往以两种方式呈现于微博之上:一种是具有明显 ACG 风格的台词或用语,被广泛适用于各种语境之中;另一种是通过谈论与二次元有关的动漫、轻小说作品或周边同人、cosplay 作品等。而这些相关文字或媒体素材也被其他行业领域所快速吸收,成为其微博博文内容的一部分。此外,通过微博,二次元文化用语也在逐渐地融入到正常的网络生活中,比如萌萌哒、根本停不下来等词语。

2. 微博成为联系二次元作品和用户的重要平台

微博作为社交平台,以其开放性、虚拟性、互动性和即时性吸引了大量的二次元用户并形成了二次元文化圈,对于作品生产方和企业机构来说微博是一个极佳的传播和营销平台,在微博平台上容易获取相对精准的覆盖和大范围的网络口碑传播。以微博为平台、以二次元文化作品为核心形成了一个二次元文化的生态链:二次元个人用户可以通过微博了解最新动漫资讯并与其他用户进行互动,可以展示 cosplay 手办等衍生品、创作同人作品等,也可以评价作品交流意见;资深的二次元微博用户则可以发布最新动漫资讯与其他用户进行互动。企业和机构用户可以进行活动营销,原创宣传,获取并发布新番、资讯等,还可以借微博获取消费者需求和反馈,进而更好地满足消费者需求。

如 2015 年最热动漫作品《银魂》的粉丝在微博平台上的表现就很有代表性。《银魂》是以科幻时代剧为题材的搞笑漫画。以风格独特的毒

舌、吐槽、无厘头、异想天开的恶搞为作品的特色与卖点,同时不时穿插感人的故事,以及人生道理的描写。自漫画连载以来,颇受瞩目,在国内也逐渐形成一批忠实粉丝,2015 年 4 月《银魂》新番回归,引起粉丝在微博上大讨论,形成年度讨论高峰,全年热议度超过 500 万条。其中一些资深的博主如"@ 天下银魂一家亲"、"@ 小野妹子学吐槽"等在 2015 年《银魂》的微博传播中起到了关键作用。这些资深大 V 在微博上吸引了大量热爱《银魂》的粉丝的关注,并不断发布动漫咨询,在粉丝群体中形成快速传播的态势。

表 7-5 "银魂"提及博文的相关账号被转发量 TOP10

昵　　称	用户类型	相关微博累计被转发次数(次)
天下银魂一家亲	橙 V	259092
小野妹子学吐槽	橙 V	173697
银坊通贩	蓝 V	163666
动漫基地	普通	147492
土豆动漫	蓝 V	107272
辣条娘	橙 V	101778
八卦—我实在是太 CJ 了	橙 V	94889
蛊　兔	橙 V	87349
动漫大巴	橙 V	86274
进击的阿木君	橙 V	85062

数据来源:新浪微博数据中心

(二)ACGN 文化

1. 微博上的 ACGN 文化的缘起

与二次元比较相近的一个词是 ACGN,一般情况下不作区分,但是二次元的概念要大于 ACGN,二次元可以单指 ACGN 文化,可以指动画、漫画、游戏或轻小说中的世界（作品中的人物们生活的世界），也可以指喜爱 ACGN 的人群所构成的的圈子。ACGN 一词源于 20 世纪 90 年代中后期始于台湾的 ACG 一词，ACGN 文化根源主要来自日本。最初在 20 世纪 90 年代的台湾校园网络中流行着大量动画、漫画、游戏作品，这些作品主要产自日本。1995 年 AIplus 在国立中山大学山抹微云 BBS 站开设"ACG_Review 板"，ACG 一词首次被用于动画、漫画、游戏的合称。

随着时代的发展，这些华语圈青少年中流行的不再仅仅是 ACG，作为产业链上游的以小说为代表的文字作品开始受到更多的关注，从而形成了一个新的领域划分——ACGN。它是英文 Animation（动画）、Comic（漫画）、Game（游戏）、Novel（小说）的合并缩写。ACGN 文化圈出现的背后是动画、漫画、游戏、小说这几种作品形式的在产业链上的紧密关联。首先出现的是共同的目标受众，之后是关联的改编创作，最终在受众中形成了相对稳固的文化圈。

微博上的 ACGN 文化与二次元文化具有很大的重叠性，无论是在关注领域还是用户上都有很大的重叠性。相比微博二次元文化，微博 ACGN 文化关注的领域更加集中，主要是指动画、漫画、游戏、小说这四方面的的内容。

2. 2015—2016 年上半年微博用户关注的 ACGN 领域作品以日系来源为主

微博为 ACGN 群体提供了虚拟便捷的交流地和聚集地。根据 2015 年新浪微博数据中心公布的数据可以得知 2015 年微博用户关注的 ACGN 领域的概况，从数据可知，微博 AGCN 用户关注的作品主要以日系来源为主，这些作品在微博上不断被热议、被传播，也影响到了许多 AGCN 群体之外的微博用户。

表 7-6   2015 年十大热议动漫作品及十大热议动漫影视作品

排名	十大热议论动漫作品		十大热议动漫影视作品	
	作品名称	微博提及量	作品名称	微博提及量
1	银　魂	5317711	大圣归来	17280459
2	fate	1870842	复仇者联盟 2	4161668
3	黑子的篮球	1762364	超能陆战队	2727852
4	美少女战士	1524665	朝五晚九	2284555
5	口袋妖怪	1012026	滚蛋吧肿瘤君	2015034
6	元气少女缘结神	975269	蚁　人	1981765
7	无头骑士异闻录	715900	冰雪奇缘	1840038
8	charlotte	695912	银河护卫队	827697
9	黑塔利亚	561067	头脑特工队	670687
10	终结的炽天使	489591	青春之旅	505982

表 7-7   2015 年十大热议国产动漫和十大热议动漫人物

排名	十大热议国产动漫		十大热议动漫人物	
	作品名称	微博提及量	人物名称	微博提及量
1	秦时明月	51478227	江户川柯南	7726596
2	大圣归来	17280459	哆啦 A 梦	3877027
3	十万个冷笑话	3833747	坂田银时	1738621
4	19 天	3708257	土方十四郎	1473648
5	一条狗	2799686	艾　斯	1301886
6	快把我哥带走	958357	漩涡鸣人	1222803
7	sq	680171	橘真琴	1109178
8	勇者大冒险	589503	土里埋	990627
9	单恋大作战	565626	晓美焰	860094
10	人性实验	417644	Saber	697819

表7-8 2015年十大热议动漫游戏及十大热议轻小说

排名	十大热议动漫游戏		十大热议轻小说	
	作品名称	微博提及量	作品名称	微博提及量
1	LoveLive	8485497	无头骑士异闻录	715900
2	刀剑乱舞	5966679	刀剑神域	619882
3	战舰少女	321535	冰 果	301443
4	女神异闻录	195646	游戏人生	277458
5	崩坏学园	163756	境界的彼方	228226
6	命运石之门	161354	零之使魔	197425
7	逆转裁判	126776	我的朋友很少	157570
8	乖离性百万亚瑟王	99590	春 物	124982
9	闪战神乐	93396	中二病也要谈恋爱	110197
10	海贼无双	75723	路人女主的养成方法	102228

数据来源:新浪微博数据中心

第二节　微博推动公益事业发展

一、微博公益发展历程

(一)孕育萌芽期

2010年3月,我国西南地区遭遇特大旱灾,为帮助农户渡过难关,新浪网联合中华思源工程扶贫基金会、支付宝共同发起了"思源—甘泉"公益行动,为受灾家庭安装"思源水窖"以解燃眉之急。值得一提的是,新浪网将新近推出的微博作为传播动员的主要平台,并借助新浪微博"名人路线"强大的舆论影响力和号召力吸引了大量网友的关注与参与。"这是我们将公益与微博结合起来的最早尝试。"新浪公益频道主编崔红霞事后回忆道。微博公益活动在探索萌芽期的常见组织形态是个人发布爱心微博,集结网友力量释放小善行、小感动。2010年可称为我国的"微

博公益元年",这一年,来自各个领域的微博意见领袖纷纷尝试以个人名义在微博平台发起一些小型、具体、临时性的公益活动。

(二)全民参与的快速发展期

2011 年,"随手拍照解救乞讨儿童"、"免费午餐"、"爱心衣橱"、"随手送书下乡"、"大爱清尘"等一系列微博公益活动接连登场,他们凭借组织者强大的社会公信力与凝聚力,采用多样化的媒介传播形式汇聚亿万网友的关注与支持,释放出持久的公益能量。至此,微博公益活动已摆脱过去独立的个人表达善心的小范围活动,正式进入"全民公益时代"。这一时期,微博公益活动的典型特征是各级媒体间的融合传播。微博给公益事业带来了传统媒体无法达到的联动效应和社会影响力,但是作为新生事物,微博公益还缺乏公信力,为了形成更大的影响力,促进微博公益的持续健康发展,传统媒体的配合和监督是必不可少的。在这一阶段,传统媒体和互联网媒体紧密配合,助力微博公益活动。传统媒体或进行深度报道和跟进、或监督活动开展、或屏蔽谣言,传统媒体在微博公益发展中的支持和配合对于微博公益事业的顺利开展功不可没。

(三)项目化运营的成熟期

在经过了两年多的快速发展之后,微博上充斥着各类公益信息,受众也出现热度下降的势头,不少真假难辨的微博公益信息更是伤害了用户参与公益的积极性。在此背景下,各大组织机构和个人开始转向团队化和项目化的运作,以期吸引更多人的参与,同时规范微博公益活动。而2012 年 2 月新浪微公益平台正式上线,标志着公益活动正式进入了项目化运营的时期。其最大特点就是流程简单,降低了参与公益的门槛。无论是求助者、救助者还是公益机构,均可通过微公益平台进行简易、便捷的操作。该平台上的求助内容,主要分为支教助学、儿童成长、医疗救助、动物保护、环境保护五个重点方向,每个项目都简要清晰地描述了项目介绍、发起人、捐助对象、目标金额、救助时间等信息,网友可根据自身情况随时奉献爱心。微公益平台目前拥有个人求助、品牌捐、微拍卖、转发捐助、公益话题五条产品线和二十余名专职运营人员。通过资源整合,微公益平台将微博上碎片化的求助信息汇聚到一起,能使求助者受到更大范围更有影响力的关注,以产品和技术的创新实现"一站式"救助过程。

在 2012 年 1 月 17 日到 2015 年 1 月 17 日三年时间里,新浪微公益平台累计劝募善款超过 2.4 亿元,累计发起 15704 个公益项目,已完成 90 个国内知名公募机构的网络劝募官方授权,已经上线了 108 个品牌公益项目,基本覆盖了国内知名的公益项目,已有累计 2000 万名爱心网友有直接的微公益行为,总捐款人次超过 400 万,重复捐款用户高达 26.7%,总共超过 3 亿人次开始通过微博传播正能量、扩散微公益。①

图 7-7　微博公益平台界面

---

① 详见:http://gongyi.sina.com.cn/gyzx/2015-01-14/115951212.html。

二、微博公益传播的特点

（一）微博公益传播成本低、地域限制小

首先，微博的使用成本低，注册方便。用户在注册完之后就可以在微博上随时随地发布公益信息，无需额外的投入。微博公益倡导举手之劳、积少成多，网友参与的压力和负担小，参与的人数随之而增多。其次，微博参与的地域限制小。理论上说，只要有网络的地方，微博的覆盖面都可以达到。微博用户可以关注他人成为他人的粉丝，覆盖范围更加广泛。微博传播改变了原有的中心化传播模式，使得每一个人都可以发挥自己的力量，每一个人都是传播的节点之一。微博公益的参与者除了通过转发评论，还可以直接通过网络捐款捐物，减少了地域限制，把原来由少数机构组织或个人参与的公益活动转化为便于人人参与的全民公益活动。

（二）微博公益传播的主体多元化

过去微博公益传播的话语权集中在少数人手中，个人或组织发布信息需要经过传统媒体的筛选和同意。微博的出现改变了这种状况，微博的便捷性使得人人可以参与公益活动、人人可以发布公益信息，微博用户从被动的公益信息接受者变为主动的公益信息发布者。目前来看，参与微博公益传播的主体有草根平民、明星大 V、政府机构、慈善机构等。新浪微博从活跃度①、传播力②和覆盖度③三个层面对公益账号

---

① 指公益账号主动@次数、主动发私信次数、主动转发次数、主动评论次数、登陆频次、主动原创博文数。
② 指公益账号单条博文被转发次数、人数、被评论次数、人数、被赞次数、被阅读次数、媒体属性、媒体被动行为、被私信次数、被@次数、被订阅次数。
③ 包括直系粉丝数，即公益账号的粉丝中，在统计周期内有活跃行为的粉丝数；以及有交互活粉数，即在统计周期内与该账号有互动行为的粉丝数。

进行评价,数据截取时间为 2014 年 8 月 1 日到 2015 年 7 月 31 日,一共有 292 个公益账号入榜。研究发现,全部 292 个公益账号分布的领域以综合类账号数量占优,覆盖几乎所有的媒体、企业公益账号和过半的公募、非公募基金会;动物保护类账号活跃度最高;NGO 数量占优,活跃度高;名人长期做公益,但仍需努力。年度前十公益账号排行榜是:"@ 天天正能量"、"@ 变形计官方微博"、"@ 好狗好猫义工团上海站"、"@ 宝贝回家"、"@ CCTV 等着我"、"@ 淡蓝同志新闻"、"@ 科学松鼠会"、"@ 大众汽车蓝创未来"、"@ 武汉市小动物保护协会"、"@ 平安阿福流浪动物救助。"①

（单位：%）

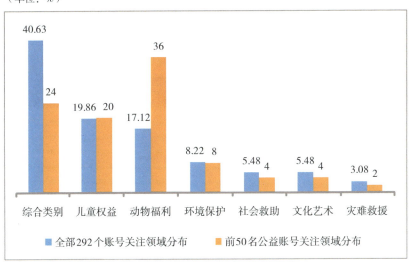

图 7-8 公益账号关注领域分布情况

① 新浪微博数据中心、公益时报:《中国公益新媒体影响力榜 2014—2015》,2015 年。

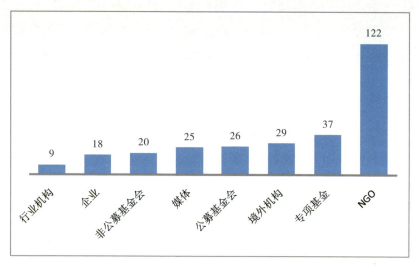

图 7-9　分类账号个数（有重叠）

表 7-9　明星公益排行榜

排　名	明星公益
79	张杰@北斗星空爱心基金
110	韩红@韩红爱心慈善基金会
137	群星@lovelife公益
140	成龙@北京成龙慈善基金会
193	姚明@姚明爱心基金
271	崔永元@北京市永源公益基金会

表 7-10　各类公益机构 2015 年年度五强排行榜

公募基金会年度五强	非公募基金会年度五强	国际机构年度五强
壹基金	它基金—爱及生灵	亚洲动物基金 AAF
中国扶贫基金会	安利公益基金会	WWF 世界自然基金会
中国红十字基金会	爱佑慈善基金会	全球儿童安全组织
中国青少年发展基金会	小红花关爱项目	联合国儿童基金会

公募基金会年度五强	非公募基金会年度五强	国际机构年度五强
SEE 官方微博	东南大学教育基金会	PETA 亚洲善待动物组织
媒体公益年度五强	专项基金年度五强	企业公益年度五强
变形计官方微博	大爱清尘	天天正能量
CCTV 等着我	免费午餐	淡蓝同志新闻
公益慈善论坛	爱心衣橱	大众汽车蓝创未来
新浪环保	扬帆计划	绿社会
NGOCN	嫣然天使基金	51Give 我要给予

（三）微博公益传播方式较为简便、多样、互动性强

新浪微博中博文字数被限制在 140 字,用户所发出的每条博文内容简单,不受限制。"随时随地分享新鲜事儿"是微博的口号,微博用户在发微博的时候不需要考虑谋篇布局、不用深度策划,所发布的内容多是个人的、随机的心情感悟等。微博使用门槛低,用户只要想表达心情、分享,都可以直接发送。微博不仅可以上传文字,还可以上传图片、视频等。微博的这种低门槛和内容的简单性为微博公益传播提供了条件,只要想,任何人都可以在微博上贡献自己的公益力量。此外,用户还可以与自己关注的用户直接进行即时性的互动,或@、或评论、或转发、或私信、或点赞。在博主看到这些信息后,可以直接与自己的粉丝互动。因此微博公益传播方式较为简便、多样并且互动性强。

（四）微博公益传播时效性强、速度快,裂变式碎片化传播

微博具有移动化随时随地传播的特点,当一位用户看到有人需要帮助的时候,可以实时拍照、上传、扩散和传播,如在天津滨海大爆炸事件中,不少微博用户使用微博进行现场信息报道和医院信息扩散等,帮助更多的人离开事故现场并寻找到医院进行救治。还有的人寻找失散儿童,

用户拍照上传,让更多的人看到。在上传之后,可以@其他知名博主或者用户,自己的粉丝也可以看见,如果转发,那么这种传播将是几何级的扩散。并且微博的短篇幅内容和即时性传播符合移动互联网时代网络受众碎片化阅读的特点,其他受众更容易接受阅读并在几秒之内进行扩散。

三、微博促进公益事业的发展

(一)降低参与门槛,扩大公益事业参与的群体

可以说微博为公益事业带来的最大好处便是其低成本、低门槛的参与方式扩大了公益事业参与的群体数量,使全民公益成为趋势。微博使得个人的爱心得到最大的释放,法国社会心理学家古斯塔夫·勒庞在其经典著作《乌合之众:大众心理研究》中曾提出一个著名的"群体心理理论":law of the mental unity of crowds(群体精神统一性的心理学定律)。他认为,人在群集时有一种思想上的互相统一,会产生一种思想的感染。[①] 在微博传播模式中,原本陌生的人们因"转发—关注"功能键的设置而形成了某种程度上的"熟人关系网络",其成员会表现出明显的群体感染性和行为跟随性。因此,在微博公益活动传播过程中,原本被隐藏、忽视、羞于表达的爱心善念极易在群体成员的引导与鼓励之下毫无保留地释放出来,以保证自身行为与群体行为的一致性。微博公益活动能够以简单有效的方式激发微博用户的爱心,使其在不断的"利他"行为中提高社会价值和自我满足感。正因为微博的此种效应,微博才能够在短短三年内促使超过 400 万人参与到公益活动中来,并成功募集善款 2.4 亿元。除了培养了全民参与公益的行为之外,更为重要的是通过微博传播了公益理念,让越来越多的人有了做公益的意识。

---

① 古斯塔夫·勒庞:《乌合之众:大众心理研究》,中央编译出版社 2004 年版,第 56 页。

（二）名人效应大，影响范围广

微博通过橙色 V，蓝色 V 等方式给微博中的用户分层，虽然这种不平等被人诟病，但是这种方式无疑加速了网络舆论领袖的形成，尤其是明星等加入之后，明星的一句话甚至是一个表情都能够引起粉丝的疯狂转发和评论。明星等舆论领袖在网络上依然拥有巨大的号召力。公益活动除了由媒体和公益组织开展之外，现在政府部门、有影响力的明星、名人、草根大 V 等也加入了，这些机构、组织、个人的影响力各有不同，其中最有号召力的当属名人明星。名人明星参与公益事业的传播往往会形成较大的影响力和号召力，能够得到成千上万粉丝的响应。

（三）传播迅速，公益筹资快捷

微博实现了 PC 端、移动端和互联网的融合，其传播速度呈几何级扩散的，比其他媒体更加快速便捷。微博的传播速度有助于公益资金迅速筹集，如"卖花救子"事件。据新华公益的报道，中央电视台报道了"卖花爷爷卖花救养子"的感人事迹，引起众多网友关注。央视新闻、中华思源工程扶贫基金会（以下简称"思源工程"）联合发起微公益救助项目，汇聚多方力量，为"卖花爷爷"的养子募集治疗费用。之后在爱心企业捐赠价值逾万元的治疗仪器和广大爱心网友的支持下，社会各界为郭成刚手术所捐赠的款物，共计万元的目标已经实现。短短的两天，这场感人的微公益运用其快速传播的特点，帮助爱子心切的老人实现了救子的梦想。

（四）即时互动，促进信息有效沟通

微公益最大的传播优势在于，信息传递形式丰富，包括一对多、多对一、多对多等多种形式，实现了真正意义上的双向互动传播。如以"免费午餐"为代表的微公益项目，它的成功不仅在于运用了"名人效应"进行

微博传播,而且还有其他值得借鉴的方式。2011年4月14日,广州刘崎发出第一条支持免费午餐的微博,表明"此微博转发一次,我就捐出九块钱",此举迅速得到广大网友响应,4小时内被转发7000多次,最终被转发十万次,共募捐万元。募捐的成功,正是得益于微公益及时互动的优点,据估计,此次事件微博覆盖粉丝上千万,十万用户参与其中,不仅引起网友参与和热议,还引起数十家传统媒体的积极、及时、持续报道。

当然微博公益也存在着一些问题,如救助渠道不透明、信息把关不严、虚假信息时有存在、相关法律法规缺失等问题。但是不可否认的是,微博极大地促进了公益事业的发展,促进了全民参与公益活动。

第四节 微博成为国际文化交流桥梁

在国际文化的传播交流中,微博已经在越来越多地承载一个国际、跨区域的重要桥梁与平台。不管是文化的交流,或者是企业家、明星,甚至是一部电影,要更好地覆盖到中国的消费者和产生更多的沟通,微博已经成为了他们的第一选择。在未来,微博在国际文化交流上将能够发挥更大的作用。微博的传播特性和互动性很符合国际文化交流特征,越来越多的专业人士、文化学者开始利用微博传播他们的观点,也借此影响到更多的大众。同时,也会有更多的普通人借助微博参与到文化传播当中。

一、微博成为中外政府和组织机构展示自身文化的窗口

(一)政府机构利用微博向中国展示本国文化

新媒体的使用和发展为国际信息的传播、观点的论争提供了便利的

平台。微博以低成本、无需中介的传播优势越来越受到世界各国的重视，日益成为国际信息传播的重要手段。如同 2006 年推特在国外创立后便迅速成为各国开展国际信息传播、公共外交的重要途径，实现乐社交网络和政治传播的有机结合。在中国，微博自 2009 年上线以来，发展迅速，目前月活跃用户人数超过 2 亿，是中国民间舆论场的重要阵地，因此国外各大组织机构也纷纷利用微博开展国际传播活动。国外机构使用微博比较典型的代表就是国外驻华使馆对微博的运用。目前约有 70 多个驻华使馆及相关机构在我国新浪微博注册，且多为同我国来往密切、经济实力较强的西方大国。大使馆频频通过微博发布讯息、表达观点、展开互动，改变了原有政治传播的行为方式，让外交不再是政治精英对精英的传播，而变为精英同广大受众的对话。微博不仅提升了本国在新媒体舆论场的话语权和议程设置的能力，还让原本处于传播链末端的受众有了直接同大使馆交流互动的机会，大大增强了受众的关注度和参与度。

其中美国属于较早在中国新浪微博开设账号的国家之一，其在 2010 年 5 月 21 日注册了"@美国驻华大使馆"的官方微博账号。截至目前共有粉丝近 100 万，发布了超过 10000 条微博。统计发现，美国驻华大使馆的粉丝数和发博数均靠在各国使馆的前列，其所发布的微博也多次成为热议话题，让美式民主、美国教育、自由观念、官员廉洁、环境问题等一次次成为媒体热议话题，引起了众多网友的关注。美国大使馆通过官方微博这一手段不断向中国展示着自己文化的方方面面，在中国微博用户中也形成了较大的影响力。

(二)企业与组织机构利用微博向中国进行文化传播

中国市场对于不少跨国企业来说都是一个非常重要的市场，微博凭借其庞大的用户数量和传播特性成为跨国企业营销传播的重要渠道，这些企业在进行营销传播活动的时候也会将其母国文化如价值观等一并附

4月6日 15:05 来自 微博 weibo.com

"当人们可以自由发表言论而不会受到报复时，他们就更有可能对他们社区中导致激进化的因素提出担忧。如果他们觉得他们可以公开谈论—腐败、本地警察队伍的滥用职权、或边缘化的感觉—而不必担心激起强烈反对，他们就可以提醒政府，在潜在危险增加之前就加以解决。"— 负责平民安全、民主和人权事务的次部长萨拉·苏沃尔于3月30日发表的讲话，链接（英文）： 🔗网页链接

收起全文 ∧

☆ 收藏   ↗ 379   💬 198   👍 215

图 7-10　美国驻华大使馆微博截图

带传播。以好莱坞为例,好莱坞电影可以说是美国文化的典型代表,好莱坞电影企业在中国市场登陆既是获取利润的行为也是文化传播的行为。电影不同于一般产品,一般用户不会进行重复消费,因此电影上映前的造势和口碑传播特别关键,而微博则成为好莱坞电影公司宣发部门的重要传播地,如《美国队长3》在中国内地5月6日上映,但在5月6日之前微博上早已经引起广泛讨论,"@漫威影业"和"@美国队长3"两个微博官方账号早已开始造势宣传,并取得了不错的传播效果。此外,宣传方还发起了#美国队长3#的话题讨论,吸引更多微博用户参与互动,截至4月22日,#美国队长3#话题引起了超过2万个关注和超过2.3亿次的阅读量。基本上每一部好莱坞大片登陆中国都会在微博进行传播,在进行电影传播的同时也传播着美国的文化。

图 7-11　@漫威影业关于美国队长 3 的微博传播

（三）微博成为世界了解中国文化的重要平台

除了国外机构组织和企业利用微博传播文化之外，微博同样也是中国展示自身文化、传播文化的重要平台。目前在微博认证的外国政府机构、大使馆、领事馆达百余个，境外旅游局有 70 余个。海外中文用户近千万，且规模增长迅速。随着中国国际地位和全球影响力的提升，越来越多的外国人日益需要了解不断发展变化的中国。而微博用户群体大，活跃度高，正在成为外国人了解中国更为大众化、更加直接有效的方式。海外用户中还包括很多媒体机构，微博成为了他们报道中国的信息来源，很多微博内容被作为引语直接引用。如在英国媒体《经济学人》杂志在分析中国相关事件的时候，曾多次直接从中国微博引用网民的观点。

（四）微博成为国内机构展示中国文化的舞台

当前中国文化传播中存在着一些问题。首先，有许多人对中国文化不了解或者存在误解，还有一些对中国文化感兴趣的人想了解和学习中国文化，但是缺乏合适的学习和交流平台。其次，有一些国内机构想展示和传播中国文化，但是缺乏有效的传播渠道。而随着微博的快速普及及其自身的特殊传播优势，恰好解决了这一难题，微博为国内机构传播中国文化提供了一个非常具有影响力的传播渠道，同样也为对中国文化感兴趣的人提供了一个交流和学习的平台。中国文化部官方微博就是一例，目前文化部的微博粉丝数量超过了 33 万，文化部通过设立官方微博有效地传播了中国文化，促进了中外文化的交流，同样也为人们学习和了解中国文化提供了极好的平台。日前，文化部的一则关于上海昆剧团的剧目巡演微博在网上引起了不小的反响，这条微博引起了超过 1300 条评论、超过 140 个赞和超过 60 条的转发数。

图 7-12　文化部的一条关于中国文化传播的截图

二、更多个人参与国际文化交流

除了组织机构之外,个人通过微博参与国际文化交流也是寻常可见的。随着互联网在全球的逐渐普及,网络消除了各个国家之间的藩篱,让越来越多的人可以通过网络便捷地了解他国文化,感受他国文化的魅力。互联网连接了国内外想了解各国文化的人们,而微博作为文化爱好者的聚集地发挥了重要的作用。文化爱好者可以通过微博发起兴趣话题,吸引同其他文化爱好者的关注、讨论和分享;还可以通过微博组织在线交流,组织线下活动等;一些资深的博主还可以通过发布相关知识来影响更多的粉丝,从而吸引更多的人参加跨文化交流。2016 年 4 月 12 日,著名物理学家霍金在新浪微博开通账号并发布了第一条微博,在短短的一天时间内迅速获得超过 211 万的粉丝关注,第一条微博在一天时间内引起了超过 34 万条转发、超过 35 万条的评论和超过 76 万个赞。许多粉丝在评论中表达了对天文学、物理学知识的兴趣和对霍金本人的崇拜与欢迎,霍金在微博中也表达出了对中国文化的热爱之情及与中国交流、学习的愿望。在霍金开微博的过程中我们看到了微博在国际文化交流中的重要作用。

图 7-13 霍金的第一条微博截图

第五节　微博对传统文化的影响

微博凭借其平台特点和庞大的用户群体成为一个强大的传播渠道。对于传统文化来说,微博促进了传统文化的传播,让更多的人,尤其是年轻群体感受到了传统文化的魅力。然而,微博在促进传统文化的传播的同时也带来了一些负面影响,如用语规范受到影响、传统文化被片面曲解等。

一、微博促进了传统文化的深远传播

(一)微博调动更多人参与到传统文化的传播中来,扩大了传统文化的普及面

微博赋予了普通大众生产和传播内容的权利,在微博平台上,普通用户可以通多原创、转发、评论等方式参与到传统文化的传播中来。在现实生活中不乏对传统文化兴趣浓厚的人,这些人开通微博之后会发布或者转发一些与传统文化有关的微博,并影响到自己的粉丝。此外,除了个人用户以外,一些机构组织也通过微博来传播中国传统文化,组织机构的微博一般由专业的个人或者团队进行运作,因此影响力一般高于个人微博用户。如"@传统文化公益论坛"发布的一则关于孔子的微博,引起了不少转发。同样,微博作为一种实时便捷的自媒体,其传播速度是几何级的,如果运用得当,可以在短时间内引起巨大的传播效果,在新的传播环境下,微博对于传统文化传播来说是一个很大的机遇。

(二)微博融入传统文化仪式,让更多人深入参与并感受传统文化

中国的传统文化通常包含着某种特别的仪式,如春节的时候,孩子

图 7-14　传统文化公益论坛的微博截图

给长辈磕头拜年,长辈则会用发红包的方式祝福孩子健康成长。微博以其创新性和适应性也在不断地适应着、融入传统文化的仪式,微博红包就是一例。2015 年新浪微博首次推出现金红包,同时还有粉丝联名红包、群组红包等不同玩法。从 2015 年 2 月 2 日微博#让红包飞#活动以来,截至 2015 年 2 月 9 日,已经有 1500 万用户在微博抢到红包。2016 年微博红包借助"春晚"话题的力量,在除夕迎来高潮,当天微博上发出的红包总价值超过 10 亿。网友在微博上抢红包总次数超过 8 亿次,其中有超过 1 亿网友抢到红包。① 微博自打推出红包功能之后,迅速得到网友的认可,发红包不再局限于实地、长辈向晚辈发放的传统模式,通过微博,发红包卡可以在同辈之间,发红包更加方便有趣。在增加趣味性和便捷性的同时,也让更多人更深入地感受到了中国传统春节文化的魅力。

_____

① 根据公开资料整理。

二、微博对传统文化的消极影响

(一)微博上的不规范用词影响年轻群体,冲击语言规范

微博的勃兴给公众提供了一个自由发表意见的场所。但是由于公众素质参差不齐、微博自身的不成熟等原因,微博上的网络不规范用语时常存在并且影响着年轻群体。由于网络语言很简约,比较口语化,使用者无需在编辑文字上耗费太多功夫,只要交流双方都可以理解文字所传递的意思就可以了,网络用语一般都不是很考究。但是让人担心的是,网络用语的行文特色正在逐渐渗透到语文教学和学生作文之中,成文缺乏严肃性和规范性,随意丢弃主语、错误使用省略语、用错别字等现象屡见不鲜。这对青少年语文能力的形成不利,同时也损害了传统文化。中小学生汉语基础相对薄弱,对规范的语言文字的掌握还不是很牢固,再加上他们模仿能力强、辨别能力弱,更容易受到网络语言的影响。

此外,微博网络用语对语言的纯洁性有一定的影响。微博由于其虚拟性、匿名性、缺乏把关人,用户可以随心所欲地表达,所用语言呈现出随意性的特点,网络语言鱼龙混杂的特征明显。还有些人为了发泄不满或满足自己的低级趣味,在没有现实强关系社交的约束下,微博弱关系的社交环境让这些人失去自律,用语中常常夹杂着不健康不文明的用语,对现代汉语的纯洁性造成了影响,冲击了语言规范。

(二)微博上传播传统文化的知识缺乏系统性,容易造成片面性

传统文化相对流行文化而言,具有显著的深邃性和内涵性,微博作为传播的新型平台,尚无法充分满足上述特征。以公益团与国家博物馆主办的"砚台宣传"活动为例,尽管活动影响力较好,但亦有网友反映由于背景知识破碎而无法理解部分知识。此情况反映出微博在传播传统文化的过程中,限于传统文化的复杂性和微博固有的局限性,易引致传统文化

图 7-15　小学生将网络用语用于作文中

在传播中出现断裂和破碎——微博只能局部而节选地传播相对独立的知识或文化符号,无法实质性传播传统文化,甚至引致部分网友认为微博传播的传统文化是不科学的。再比如网络上部分微博账号以传统文化为名,宣扬传统文化的糟粕思想,比如封建迷信、宿命论等,引起了人们的误解和部分人对传统文化的厌恶,这些都对传统文化造成了很不好的影响。

下　篇

趋势篇：微博发展中面临的挑战及展望

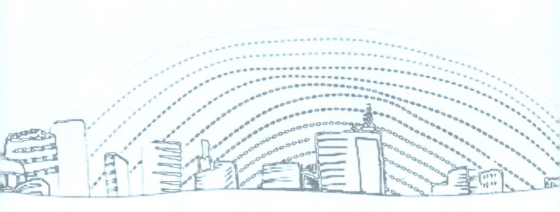

第八章　微博发展过程中面临的挑战

在良好的发展态势下,微博仍然面临着不小的挑战。与其他依赖信息建立起来的平台一样,优质信息的稀缺问题仍然困扰着微博的发展,如何产生更多优质信息成为运营方面临的挑战。与此同时,面对虚假信息及群体极化现象,运营方是否能够最大程度上提供更为健康、优质、有效的舆论环境,决定了受众是否愿意将稀缺的注意力资源分配到平台上。当受众拥有了微信、移动新闻客户端、垂直类社交应用等更多的可选择渠道时,这种争夺注意力的战争就更显激烈。除了对于注意力资源的争夺之外,商业变现能力同样考验着微博对商务资源的争夺。当互联网平台开始纷纷由平台迈向生态时,微博正处于关键的变革时代。

第一节　微博生态中的信息平衡力

一、优质信息的稀缺性与平台扩大的稀释作用

对于所有以信息作为主要承载内容的平台而言,优质信息的稀缺始终是一个永恒的话题。在萨缪尔森经济学体系中,经济学被解释成了"研究稀缺资源分配的学科"。由此可见无论是哪个行业,任何稀缺的资源都将为该行业中的领军者竖起一道坚实的壁垒,对于微博所处的互联网社交领域同样适用。

但相较于其他行业,媒体还具有一个更为重要的特殊性,即媒介的耗

散性特征。由于媒介始终处于向外输送信息的状态,因此它本身既在创造信息也在消费信息,这要求在创造信息的这一端时刻保持高度的创造能力,否则会面临资源枯竭的问题。这两个要求相互叠加造成的结果就是:一方面,平台中不仅需要有大量作为稀缺资源的优质信息;另一方面,更需要拥有持续创造这种优质信息的土壤和机制。

对于几乎所有信息平台而言,这都是一个难以解决的问题,毕竟真正意义上的优质内容创作者和他们创作出的优质内容都是极为有限的,这成为微博自诞生之日起就存在的先天性问题,需要团队的持续关注并努力解决。

然而,在互联网这种快速变化的市场环境中,产品或服务立足的根本即是迅速扩大规模、抢夺市场份额。这就要求微博本身快速扩充自身的用户数量,但这样的举动会带来本已稀缺的优质内容被进一步稀释的问题。

用户数量的快速增多必然会引起质量的良莠不齐,信息创造能力的差别会在平台成长的过程中不断被凸显。那些原本内容质量更高的信息更容易被淹没在相对低效的信息流之中,被用户无意间忽视。这一方面造成了平台信息质量下降的假象,另一方面又使得优质内容信息提供者的创作意愿被打击。因此,这成为了以商业平台存在的微博与以信息平台存在的微博之间不可调和的矛盾。

二、"娱乐至死"与海量信息的积累

(一)"娱乐至死"

互联网产生之后,人类社会就进入了又一轮解构并消解权威的时代。人们不再被有形或无形的等级观念所束缚,开始追逐更自由和惬意的生活,其中对于娱乐信息产品形成的强需求成为其中的重要表征。

在最早关于大众媒体功能的探讨中,传播学者拉斯韦尔首先提出了三功能论,即监视环境、联系社会与传承文明。随后,赖特加入了第四种功能——提供娱乐。事实证明,这个功能的添加不仅是正确的,甚至已经成为目前媒体所承载的最重要的功能。无论从理论层面还是事实层面,我们都发现了这样的现象,即娱乐对于任何信息平台都有着举足轻重的作用。

　　这种现象在微博平台上广泛存在。新浪微博数据中心发布的《2015年度微博用户发展报告》显示,在微博用户经常参与关注的话题内容版块 TOP20 中,有关娱乐的版块就包括了明星、电视剧、电视节目、电影、情感两性、体育赛事、动漫、音乐、搞笑幽默、游戏竞技、时尚等多个门类。其中,有关明星的话题以 25.0% 的比例位列第二,仅次于社会;尾随其后的电视剧、电视节目、电影的比例也分别达到了 6.5%、6.1% 以及 5.3%,这些数据显示出娱乐在微博生态中占据了绝对主导的地位。

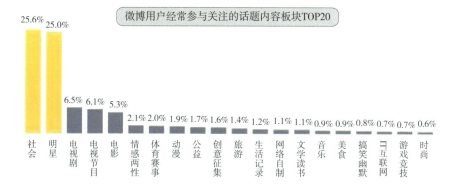

图 8-1　微博用户经常参与关注的话题内容

　　就具体的话题讨论量同样可以看出端倪,在 2015 年微博热门话题阅读榜中,#我是歌手#以年度话题阅读数 106.3 亿、话题讨论数 812 万、话题讨论人数 528.6 万的较高数据位列第一。紧随其后的话题分别是#奔跑吧兄弟#、#爸爸去哪儿#、#花千骨#、#最强大脑#,位列前 10 名的所有话题都与娱乐相关,由此可以看出微博平台的娱乐属性相当明显。

当然,娱乐本身并不带有负面效应,但是就如尼尔·波兹曼的著作《娱乐至死》中所说的那样:"我们要警惕自己成为一个娱乐至死的物种。"当太多娱乐化的东西侵占了本应多元化的信息平台时,平台所能起的作用就被大大局限在了已经拟订好的框架之内。

(二)冗余信息的影响

微博的海量信息是由微博的公开、自由性决定的,但海量的信息也会产生信息冗余的困扰。微博上的每一位用户,不管他的性别、地域、行业、年龄如何,都能保证随时随地在这一平台上畅所欲言。

海量的信息中包括一些微博使用者频繁"刷屏",相对无意义的私人化内容。因此我们常常能够看到诸如"今天去看演唱会很开心"这种承载意义有限的内容,一些真正充满智慧的语言或者重要的新闻事件被淹没在了信息海洋之中。史蒂芬·列维特在他的《魔鬼经济学》中提道:"微博中有价值的信息占到的比例仅为 4% 左右。"而 Twitter 的管理者也曾清楚地表达了自己的担忧,他们认为在其平台上存在过多的垃圾消息,这让人十分头疼。

另外除掉这些无意识的冗余信息,更令人担心的是人为创造出的冗余信息。一些营销意图明显的大号,为了保证自己的曝光量及广告效果,常常不厌其烦地重复发布大同小异,甚至完全相同的内容,造成了大量垃圾广告和垃圾链的诞生。

冗余信息的增多至少带来了两方面的负面影响:首先,对于普通受众而言,这加大了他们获取有效信息的成本,并有可能让他们在无聊信息的接收过程中产生焦虑和紧张的感觉,甚至影响工作效率,这样的观点一旦建立,受众可能就会有意识地远离这样的平台;其次,无意义的信息容易让人更为感性化,降低人们的判断和独立思考能力,从而产生更为深远的社会问题。

总而言之,娱乐化和冗余信息本身并不存在太大的问题。但一旦走向极端,产生泛娱乐化和大量冗余信息堆积这样的问题,对于生态的健康并无助益。

三、微博主体的自由性与信息的难控性

(一)微博主体的自由性

与传统媒体的体制不太一样,微博本身在传播者的审核方面没有太高的要求。任何一个识字且懂得电脑基本操作的人,都能在很短的时间内成为信息的传播者。以新浪微博为例,用户只需完成一个简单的注册程序即可,前后耗时不超过 1 分钟,而这 1 分钟换来的是一个公开的发声管道。

由于用户不再受到体制约束,加之法律法规在一定时间内的监管空白,因此人们可以随意表达自己的所想所思,甚至还包括对他人的辱骂和对政治、社会发展的有害言论,而这些都有可能造成严重的社会影响。

例如 2016 年 6 月中旬,一条有关 L 姓小鲜肉吸毒被抓的新闻在微博平台上流传开来,引发众人揣测此人为著名演员李易峰。这一条未经核实的信息在微博平台上引发轩然大波,对艺人本身形象造成了不利影响。随后北京市公安局官方账号"@平安北京"发布消息对传言进行了一定程度的澄清,事件的不利影响才有所消弭。

从这样的事件中可以看出,微博主体资格的获取与其可能发生的社会影响,在某些极端的情况下不成比例。微博主体的过于自由容易对所处社会和环境产生负外部性,这成为了微博经营者需要考虑的问题之一。

(二)虚假信息现象

微博主体的自由性发展到一个极端,就有可能滋生出大量虚假信息和谣言。因为在传统媒体的环境中发布任何一条信息都要经历层层把关

的过程,从而确保每条消息的真实可信,但微博作为一种自媒体形态决定了其中各种观点与信息的林立,这成为谣言时常出没的原因。

一位名叫克里斯蒂娜·拉森的作者曾在美国《外交政策》杂志网站上发表文章,文中提道:"在中国,微博已成为世界上最好的谣言制造机器。"虽然这句话略显极端,但却表达出了微博生态中不可忽视的虚假信息现象。

2015年3月18日晚,一个所谓新加坡总理公署网站文告的截图在互联网平台上流传,称新加坡建国总理李光耀已经逝世。在没有充分核实信息准确性的情况下,国内多家权威媒体在微博平台上更新了这一所谓"突发新闻",甚至推出纪念专题称:"新加坡总理办公室发表声明称,新加坡首任总理李光耀因病逝世,享年91岁。"

随后,联合早报网发布了一篇名为《假网站截图称李光耀去世 总理公署报警》的辟谣文章,称总理公署未发布任何新信息,呼吁公众查证消息来源的链接。虽然各大媒体在获知此消息后都及时地撤下了相关新闻,但此事确实造成了不好的社会影响。

著名传播学者喻国明曾强调微博的传播效力类似于"核裂变",这种表述形象地表达了微博基于社交链层层扩散所潜藏的能量。因此一旦谣言跟随着这股力量向外扩散,就有可能产生意料之外的结果,污染整个舆论环境,甚至给社会造成恶劣的影响。

虽然微博经营团队专门针对虚假信息拟定了相对完善的预防措施,但这一问题是伴随着社交平台天然存在的,很难完全杜绝。因此,将它控制在一个可控的范围内,成为生态参与者们需要共同努力的目标。

四、群体极化现象与舆论冲突

(一)群体极化现象

在我们的日常生活中也许会发现这样的一种规律:作为个体的人在进

行决策时往往会更加保守和谨慎;但作为群体中的一员时大多数偏向极端。这样的情况被称为群体极化,这种现象普遍存在于我们的日常生活中。

作为群体中的一员对于言论或决策等引发的效应的认知力通常有所减弱,并且群体内成员的态度会强化人们的固有立场,从而使得事件最终的走向逐步偏离,最终产生与预期不相符合的结果。

而在微博环境下,这一现象有着更适于产生的土壤。因为对于大部分微博用户而言,其都是以匿名身份活跃在这个平台上,因此对承担后果的认知度更低。当人们发现有相当多的人与自己持相同观点,那么就会促使他们更容易发表极端言论,即使其背后可能承担着道德和法律层面的风险。这成为微博平台上常见言语之争的理论依据。

(二)舆论的冲突

群体极化现象最终的浅层表现是舆论的激烈冲突和不断升级的"口水战"。微小的意见分歧也有发酵成激烈的言语对峙的可能,这样的情况在微博环境中已经是司空见惯。

言论冲突的事件对于网络舆论与社会的稳定起到一定的作用。一方面,它极易将一件私人纠纷上升为社会事件,浪费人们的精力和社会的资源,例如骂战中双方一次又一次的隔空对质、粉丝间的相互攻讦、媒体的跟风报道,这些都造成了社会形成无谓的裂痕;另一方面,那些真正具有独立思考能力的社会精英也容易受到这些事件的影响,一部分在极端情绪化的状态下无法做到真正深入的思考,另一部分由于害怕舆论重压不得不谨言慎行,思维能力的浪费给社会带来的损失无法精准估量。

总而言之,信息质量与传播问题对于微博平台而言十分重要,由于微博同样具有互联网的开放属性,这使得信息质量的普遍高水准较难维持。这考验着中国微博经营者的管理能力和前瞻性,如何协调好两者之间的关系成为信息平台发展的重中之重。

第二节 信息渠道泛化对微博的影响

对于发展势头良好的微博来说,除了信息本身的矛盾亟待解决之外,信息渠道泛化同样有可能对其将来的发展产生冲击。

美国知名科技媒体《连线》杂志曾有过一个对"新媒体"的定义:所有人对所有人的传播。这句话背后的意涵是,在新媒体环境下,除了受众规模的扩张之外,传播者本身的数量也在急剧膨胀。当传播链条的两端同时放大,那么在其间传递的信息以及承载信息的渠道必然也将通过扩增适应这种变化,最终就表现为大批全新传播渠道的出现。

一、微信的持续活跃

微信之所以能够异军突起,既有其产品的内在因素,也有大环境外部因素的助力。从外部环境来看,微信诞生于 2011 年,但直到 2013 年左右才出现爆发式的增长,造成这种现象的原因是多方面的,但其中最为主要的原因仍然是微博在当时所遭遇的特殊状况。

2013 年到 2014 年,成为微博发展历史上的转折时期。一方面,经历了快速增长期之后,已经出现了大批长时间使用微博的用户,他们使用初期的好感和好奇心已经被熟练使用微博所适应,当用户与微博平台的"蜜月期"度过之后,危机的产生就拥有了一定的条件;另一方面,突然出现的清理大 V 行动以及国家政策的调控,对微博作为"自由"信息平台的自由性有所限制,伴随着人们对公共平台的信任感、话语权等越来越多的质疑,微博的吸引力出现了一个发展较为平缓的阶段。

在微博经历低谷的过程中,微信凭借与微博截然不同的熟人关系,势如破竹地填补了这部分空缺出来的市场,满足了人们简单的熟人社交与分享的基本诉求。虽然外部环境为微信的突然出现提供了基础,但实际上,真正使它脱颖而出的还是其相对完善的产品和简单清晰的发展逻辑,不过多地引入多余的功能。

无论是谁,不可否认的一点都是微信与微博之间存在着根本的区别,即使它们同属社交网络这样一个大的门类。

从平台属性上讲,微博提供的是一个信息平台,而微信提供的是一个关系平台,这决定了前者有着强媒体弱关系的属性,而后者则是强关系弱媒体的属性;从产品形态上讲,留存于微博上的信息都是基于快速表达与信息浏览存在的,而微信上更多的是用户之间相互的对话与交流;从传播属性上讲,微博的用户之间是博主与粉丝的关系,而整个关系链条是开放的,微信的用户之间是朋友与朋友的关系,整个关系链条是封闭的;从人群属性上讲,微博中的人们相互关注的原因是基于兴趣,而微信则是更为精准的人群覆盖;从营销平台的功能来讲,微博更多的是基于长传播链条的核裂变式扩散,而微信更为注重的是互动的深度和效果。

这些从根源上形成的差异点,帮助微信避开了微博的优势领地,从相对薄弱的区域入手避免了与当时强势领导者间的正面交锋。事实证明,剑走偏锋的做法为微信赢得了市场空间,实现了少见的突破。微博中原先所承载的部分社交功能,已经被迁移到了以微信为代表的其他社交应用中。社交功能的丧失逐渐成为了微博发展中的巨大威胁,因为这代表着竞争优势的缩小以及平台黏性的降低。

新事物的诞生总是会被一些人赋予看似战无不胜的力量,但当人们逐渐冷静下来之后,他们会从一个极端,重新理性地思考从而恢复正常。某种程度上讲,微信的异军突起及随后与微博的和平共处,就经历了这样的过程。

在度过了相对困难的两年之后,微博重新找回了自己的定位。在微

博发展的最初几年中,我们能够明显看到这一产品遵循着两条逻辑线向前推进,即社交与媒体的双重属性。社交方面,通过关注与被关注的关系构建起一个相对开放的关系链;媒体方面,由于众多明星和意见领袖的入驻,使得信息的向外扩展能力大大加强。

正如之前分析的那样,在随后的发展过程中,微信的突然杀入使得原本被微博垄断的社交功能部分发生了迁移。但微信的封闭式生态仍然有它的局限性,即信息在其上的传播效力相对较弱,这导致其无法替代微博所具有的媒体属性。至此,微信与微博逐渐形成了明确的分工,即微信更加专注于社交领域的开发,而微博逐渐将自己准确定位在了媒体平台的属性上。

如果从更深层的角度去探究这种变化的原因,能够发现这在某种意义上属于必然。新浪本身是做媒体出身,在其发展过程中就带有相当明显的媒体印迹;而腾讯的真正发迹是从 QQ 这样一款即时通讯软件开始的,社交在它的发展过程中自始至终都扮演着举足轻重的地位。不同的企业基因所产生的影响延续到了移动互联时代,从而造就出形式不同但同样成功的产品。

受众在经过一段时间的教育过程之后,也逐渐理解了两者之间的这种分工和差异。因此对于用户来说,他们开始根据不同的目的同时使用这两种产品。例如当突发事件发生的时候,他们会更多地去微博平台上搜索相关信息;而在日常情况下,他们更习惯于去微信朋友圈中看看朋友们的动态。另外,微博热搜也是大多数用户常常使用的功能,这能帮助他们了解近来最火的社会话题;当了解到这些话题后,他们有可能又回到微信中,与好友们相互分享发现,表达自己的观点。

实际上纵览媒介的整个发展史,一种媒介完全取代另一种媒介的案例十分稀少。更多的是新媒介产品对原有产品的冲击,随后两者最终达成和平共处、合理分工的局面。从这个意义上来讲,微信虽然对微博形成了声量不小的冲击,但最终结果仍然遵循了原有的发展规律。微博凭借其平台的开放性仍有强大的优势。

二、移动新闻客户端的崛起

伴随着移动互联网的不断发展与成熟,越来越多的民众开始将更多的注意力资源分配到以手机为代表的移动设备上。对于媒介产业而言,注意力资源的走向决定了产业的发展方向。在这样一种趋势下,一种新的新闻传播形态得以诞生,这种形态就是移动新闻客户端。由于搭载在手机媒体上,并与移动互联环境有着更好的融合,移动新闻客户端甫一推出便收获了众多受众的好评与赞赏。2015 年以来,除了传统的门户类新闻客户端,聚合类以及垂直类新闻客户端蓬勃发展。

就如之前我们所分析的那样,微博虽然同样也是一个社交平台,但相较于其他社交应用来说,有着更为显著的媒体特征。人们对微博的持续使用,很大一部分的原因就是为了获取新闻资讯。当崛起的新闻客户端与微博已承载的功能部分重合的时候,其对微博后续发展的冲击也就无法避免了。

(一)聚合类新闻客户端

门户网站是最早,同时也是最主要的一批推动新闻客户端不断向前发展的力量。他们在个人电脑时代就致力于新闻内容的梳理和报道,有着丰富的内容编排经验和能力,因此在移动互联时代到来的时刻,它们也成为了最快调整并最终适应的生态参与者。聚合类新闻客户端有着与众不同的发展思路:它们不自己生产新闻,而是通过对全网信息的收集与整合,提供给受众最新的资讯。这样的商业模式和逻辑决定了这一类新闻客户端在内容层面不追求深度,而是追求广度;不通过内容取胜,而是基于大数据、算法等科技手段洞察受众需求并精准匹配取胜。它们的典型

代表就包括了 ZAKER 和今日头条。

ZAKER 是国内较早推出的聚合类新闻客户端之一,它的上线时间可以追溯至 2010 年 12 月,该平台拥有资讯、娱乐、科技、财经、时尚等二十个版块,聚合的信息源涵盖了 2000 家媒体及自建频道内容资源。用户是基于自身兴趣对内容进行订阅,并与拥有相同兴趣的好友分享互动。这样的做法使它在信息平台之外,还提供了社交的功能。

今日头条则是这两年迅速崛起的聚合类新闻客户端,它的推出晚于 ZAKER,是在 2012 年 8 月。但作为后进入者,它的发展速度遥遥领先于其他聚合类平台。数据显示截至 2016 年 3 月,今日头条的用户规模已经超过 4.5 亿,日活跃用户数量高达 4500 万,月活跃人数超过 1.2 亿。与 ZAKER 不太一样的地方在于,今日头条是通过大数据等方式计算每位受众的不同兴趣点,并根据受众的阅读习惯不断改进计算模型,最终实现提供的资讯与受众兴趣间的高度匹配。

图 8-2 凭借大数据等先进技术,今日头条的规模在短时间内急剧扩增

无论是 ZAKER 还是今日头条,这类聚合类新闻客户端相较于其他平台的最大特色在于,充分应用了数字技术提供信息的传播效率。整体的商业逻辑不是基于需求,而是基于兴趣爱好聚合受众。从本质上看,这与微博的内在运营方式一致,成为了微博的强势挑战者。

（二）垂直类新闻客户端

垂直类新闻客户端的最大特色就是最大程度的受众细分化。虽然总体市场的绝大部分已经被其他平台瓜分殆尽，但是存留下来的空白市场仍然能够形成广义上的长尾效应，垂直类新闻客户端就是瞄准了这部分利基市场。

它们专注于在某些细分领域提供专业资讯，更加强调信息的专业性，这样的做法让他们笼络了相当一部分在各自领域拥有话语权的社会精英，以及对细分领域有浓厚兴趣的专门受众。这一类客户端的典型代表就包括了好奇心日报与钛媒体。

好奇心日报是一款专注于商业和时尚报道的轻阅读新闻客户端，旗下涵盖的栏目包括好奇心研究所、这个设计了不起、乙方日报、万物简史等，其在内容的排版、可视化等体现设计感的方面投入颇多。为了实现对公司族群及时尚人群的吸引，好奇心日报甚至在团队建设方面都经历了较为严格的筛选，其记者与编辑普遍具有好奇心、敏锐的嗅觉和现代的生活方式，这种对细节的拿捏都是为了维持垂直类新闻客户端赖以生存的调性。

钛媒体则是专注于 TMT 领域，即科技、媒体和通信领域报道的新闻客户端。它采用了"自采+生态圈"的模式，即一部分新闻内容来自于采编团队的自主创作，一部分内容则由外部作者采写投稿完成。这样的模式确保了文章内容的质量，也保证了对该领域热门信息的一网打尽，更吸引了一批垂直领域的专业人士加入生态圈中，这也为客户端未来的发展提供了更多想象空间。

相较于其他客户端而言，垂直类新闻客户端的优势在于它们能够将精力更专注于特定行业，这使他们在垂直领域的经营更深。对于微博生态来说，众多参与其中的专业人士有可能会被更加专业化的生态环境所吸引，从而降低在微博平台上的活跃度，这也对微博构成了冲击。

总的来讲,以移动新闻客户端崛起为代表的信息渠道泛化,正在成为一种不可逆的趋势,并且这种趋势与整个互联网发展的大环境密切相关。对于媒体属性强烈的微博而言,这种趋势稀释了它的市场份额,影响了它未来的发展空间,成为其未来生存过程中必须面临的挑战。

三、垂直类社交应用层出不穷

如前所述,微博本质上是一个媒体属性明显的社交平台,而它的社交属性在近两年被微信替代了一部分。但与此同时,在微信之外更多垂直类社交应用的崛起又对微博残存的一些社交属性构成了直接的影响。近年来相对细分、小众的垂直类社交应用不断涌现,如娱乐社交、匿名社交、职场社交、婚恋社交等。这些垂直类应用借助 LBS、通讯录等功能,以解决用户沟通、分享、服务、娱乐、工作等为立足点,满足用户不同场景下的特定需求。

图 8-3　移动社交行业图谱

例如近两年较火的女性图片社交应用 in 就是其中的典型代表。实际上,这款手机应用软件的上线时间较晚,2014 年 6 月才面向普通用户开放,却取得了相当不俗的成绩,在半年时间内就获得了超过 1500 万用户的使用,八个月就完成了 2000 万用户规模的目标。用户在使用这个社交应用的过程中,更多是通过达人引领、品牌分享的方式全方位记录用户的生活。应用还提供包括标签、贴纸、大头等多种新颖的玩法,用户在使用过程中不仅能够传递出信息,更能传递出自己的生活态度。

图 8-4 伴随着 in 等垂直类社交应用的不断出现,微博的社交属性被削弱

唱吧也是这样一款对用户具有强大吸引力的应用软件,它正式面向公众开放的时间是 2012 年 5 月 31 日。截至目前,其激活用户规模已经超过了 2 亿,注册用户接近 1 亿,活跃用户超过 3000 万,日活跃用户数量也已超过 500 万。之所以能取得这样的营运成绩,与其内在逻辑是密不可分的。作为一个专注于提供歌唱平台的社交应用,人们不仅能够在其上完成演唱,还能将作品发布出去,并与大家共同分享。另外,唱吧还投资了一些线下 KTV,从而将线上的虚拟社交与线下的真实社交进行联动,迅速确立了自己的优势。

垂直类社交应用大多根据用户共同的兴趣点或者特定需求而打造,

比如从旅游、体育、娱乐、职场等方面切入，这本身就顺应了移动互联网时代定制化、圈子化的用户需求，同时也迎合了90后、00后年轻用户追求个性化的心理特征。陌生人之间在共同兴趣和话题的基础上，形成一个个固定的交流圈，更深入地在线上线下探讨，从而对社交平台的依赖性自然会不断增强。从信息的角度出发，聚集大批用户的兴趣社交平台同时又成为了一个即时的资讯库，用户可以在这里轻松浏览到其他用户发布的最新相关信息。

从商业模式来看，与综合性社交应用相比，垂直社交应用可以很好把握某些特定领域的用户。垂直社交几乎就是带着商业模式出生的，尤其是以母婴、图书、电影、体育等领域形成的垂直社交，在诞生之初就已经完成了用户的筛选和定位。通过精准的受众群体加上场景化的营销方式，能够为众多垂直社交应用带来更加清晰的盈利模式。比如目前火热的视频社交应用，里面聚集了大量的美女微商，她们通过短视频聚起粉丝之后，很多都选择代理销售一些时尚类的化妆品，进行有针对性的营销。

总的来说，由于垂直类社交应用面向的是一个较窄的市场，因此其体量相对较轻，当面对外部环境变动和市场需求变化时，经营团队能够更灵活自如地推出适合的产品或服务。这成为面对微博这样一个巨头时的优势。而微博在面对越来越多更灵活的竞争者时，需要让自己的感知器官变得更加敏锐，简化组织结构和决策体系，从而确保自身能在快速的环境变革中迅速找到属于自己的一席之地。

第三节　商业及变现模式的缺位

讨论微博的商业化及变现模式的问题，多多少少有些尴尬。某种程度上,这是目前微博面对的最大困境。如果对微博和微信的相关运营数据进行对比可以发现,微博仍然是一个非常强势的平台。其坐拥亿级个人用户,除此之外,还拥有着超过 26 万的企业官方微博以及超过 6 万的政务微博。从任何一个角度进行审视,都能感觉到微博平台所承载的巨大想象空间。事实上,它一度还获得了资本市场的追捧,股价从 30 美元一路飙升至百元以上,市值突破 60 亿美元。

但由于商业及变现模式的长时间缺位,微博在很长一段时间内都无法盈利,这打击了投资者的信心,并让微博的发展限于停滞甚至混乱之中。随后,微博在寻找合适的商业及变现模式的过程中进行了诸多尝试,但似乎仍然没有得到最令人满意的答案。

一、推广信息流的尝试与有限胜利

对于互联网产业来说,其与传统媒体有着诸多惊人的相似,例如它们最为仰赖的经济来源仍然是由贩卖受众注意力获得的广告费用。简单地来讲,这就是互联网无法摆脱的"广告化生存"。

对于微博来说同样如此,广告成为了微博最重要的变现方式。新浪微博最早尝试的展示广告与门户网站相似,都是较为中规中矩地分布在微博页面的右侧、发布框下方以及应用顶部等。对于门户网站,这些广告形式能够产生相对较好的广告效果;但是移动端应用的广告效果就会大打折扣,因为这牵涉到了使用者的流量成本以及时间成本。

随后,微博开始尝试其他的广告投放方式,一种名为"推广信息流"的广告投放模式就成为了重点的开拓对象。这种新广告系统基于用户基本资料和兴趣实现精准投放,用户会在时间轴上看到一条与微博类似的推广信息。由于广告内容被包装成了正常的微博推送,因此有效提高了受众对广告的关注度和点击率,新浪微博的相关数据显示,这种"推广信息流"的广告比传统的展示广告点击率提高了 10 倍左右。

图 8-5　新浪微博推出的推广信息流广告成为其重要的收益来源

但这样的尝试却是把双刃剑。一方面,这种形式确实能够提高广告效果,增加微博平台的收入;另一方面,由于消费者是在不知情的情况下被迫接收了相关信息,因此它成为了正常信息流中的噪音,这会干扰存在于平台之上信息流的质量,对平台的持续发展不利。

随后,新浪微博还尝试了更多的投放形式,譬如针对中小企业及小客户推出了自助广告系统,并上线相关的移动终端广告系统;对活跃于平台之上的营销大号收取费用,否则将屏蔽相关信息。这些方式的推出确实拓宽了新浪微博的变现方式,但并没有为平台收益带来质的提升。

因此出现了这样一种吊诡的现象:相当多的营销或草根大号借助这一平台收获了不菲的经济效益,但平台本身却被绕了过去,没有从生态创造的价值之中分到属于自己的一杯羹。如何解决建立在信息流之上的变现问题,还将困扰微博很长一段时间。

二、微博电商的不断尝试

除了在信息流广告方面着力颇多之外,微博的经营团队还着重在电子商务方面寻求突破。2013 年 4 月 29 日,微博与电子商务巨头阿里巴巴的合作可以被视为在这一方向迈出的关键一步。当时的阿里巴巴以5.86亿美元的高价购入微博18%的股份，并且双方承诺将在用户账户互通、数据交换、在线支付、网络营销等多领域进行深入合作。当微博这样一个社交平台，有了电子商务巨头作为靠山，并共享部分资源，这使得在其生态圈中加入电商功能看起来变成了一件可行的事情。

2014年初，微博进一步与阿里巴巴合作，这次合作的对象变成了支付宝。双方数据相互打通最终推出"微博支付"，这使得在微博平台内进行支付的流程得以简化，用户体验获得了提升。理想状态下，微博用户能够在单一平台上完成"浏览—兴趣—交流—下单—支付—分享"的社会化营销闭环过程。由于支付往往被认为是电子商务环节的"最后一公里"，是否能够最终打通这一公里成为电商能否获得发展的关键一步。

2015年7月，微博公布了微电商战略，宣布将联合阿里、微卖等第三方重点合作伙伴，共建以兴趣为导向的移动社交电商体系。微博平台上活跃的各领域专业达人将可使用微博发布器推荐商品，并添加推荐理由、库存量及商品链接等详细信息，商品链接则必须来自第三方重点合作伙伴。用户能够通过在微博中直接将商品加入购物车，甚至通过中间页购买而无需跳转其他窗口，这无疑使整个购买过程更加流畅。

另外，在微博平台的制度设计中，如果达人推荐的是其他商家提供的商品，那么他们还可以根据事先约定的分成比例获得相应的收益。而且是在物流、售后由商家负责，达人并不需要在直接参与交易过程的情况下获得收益。通过这样的方式，达人们拥有了更灵活的变现手段，商品和需求之间也实现了更为精准的匹配。

但值得注意的是，虽然微博在电商层面的尝试从未间断过。然而时至今日，其尝试本身并未给平台带来显著的经济效益，这成为了困扰

微博的重要问题。如何在日益增长的电子商务市场中占领高地，并扮演好自己所能扮演的角色，也成为了新阶段下微博不得不考虑的重要问题。

三、从平台迈向生态的断层

如果对比微信，可以发现微博目前在商业及变现模式方面表现出的困境很大程度上是因为生态建设的缺位。

对于数字经济时代下的互联网产品，平台是极具颠覆性的模式之一。当一个平台从众多产品中脱颖而出之后，需要考虑的就是如何乘胜追击，推出更多重量级的产品形成产品矩阵，进而吸引更多供应方和需求方的加入。在供应方和需求方大量加入之后，我们将看到的是一个相对完善的生态系统的建成。

生态系统对互联网企业发展的助益是显而易见的，它能够帮助企业自身建立更高的竞争壁垒，向外扩张规模，并拥有更多商业模式的想象及选择空间。从这一层面进行观察可以发现，微信走在了微博的前面。

微信作为一款以即时通信为主要功能的应用，其在获得成功之后立马推出了诸如公众平台、微信支付等功能，并将滴滴出行、京东、美丽说、大众点评等第三方网站的服务嫁接到了平台之中。公众平台的建立吸引了大量传统媒体与自媒体人进驻，源源不断地为围绕微信所构筑的生态提供内容；借由微信红包所构建起的微信支付体系，让马云都感叹道"感觉像珍珠港偷袭"一般。这些自身功能的开发与外部服务的接入，丰富了整个微信的产品层次，提高了用户黏性。在众多互联网观察者看来，微信的愿景是成为替代操作系统的产品。

对于微博而言，显然在构建生态上慢了一步。除了微博本身这一产品之外，并没有围绕他构建起其他知名的产品，也没有提供更多高黏性的

图 8-6　通过与大量第三方进行合作,微信建
立起了相对完善的生态系统

功能,这些都使得其一直局限在平台的层面,无法向生态的层面更进一
步。最终表现出来的就是,微博的发展空间被大大限缩了。

　　因此从更深层的角度去看,由平台迈向生态的断层以及早期缺乏对
生态系统建设的长远规划,成为目前微博面临的商业及变现模式缺位问
题的重要原因。

第九章　微博的行业自律与管理

当互联网发展成为社会结构中不可忽视的重要力量时，来自法律法规的他律、自身的自律以及技术、社会等其他因素的介入就显得重要且必需。事实上，从顶层设计的层面，我们已经能够看到越来越多加强互联网管理的趋势。在 2016 年 4 月 19 日，中共中央总书记习近平同志专门针对网信工作发表了重要讲话，充分体现党中央国务院对网信事业的重视，彰显了网信事业在党和国家工作大局中的重要性。习近平专门提到了要为老百姓提供用得上、用得起、用得好的信息服务。而在网络安全层面，提出维护网络安全的责任由全社会共同承担，需要政府、企业、社会组织、广大网民共同参与，共筑网络安全防线。这为微博行业自律与管理提供了指导思想。

从更为具体的层面上，我们能够观察到更多来自不同主体的措施正在积极展开。譬如企业对僵尸粉的清理以及信息过滤机制的完善，政策法规对于实名制的推进以及常态化的法治管理，技术层面对信息安全的完善，社会层面对监管死角的补缺等。任何一种力量都是极为重要且不可或缺的，缺少任何一环都有可能造成微博发展过程中的漏洞。但值得注意的是，仍然需要确保他律与自律的适量、适度，既不能撒手不管，也不能事无巨细，这其中的平衡考验各方智慧。

第一节　微博平台的自律管理

在传统媒体所处的环境中,把关机制是至关重要的一环,它确保了信息的真实可信,树立了传统媒体的权威性与可靠性。但是随着人们自我表达欲的提升,自媒体平台迎来了快速发展的时期。当所有人开始向所有人传播时,传播者不再是机构,而变成了个人。这样的转变意味着层层把关的过程被省略掉,信息的出现与否只与个人意志相关,这进一步造成了平台中虚假信息、不准确信息、低俗信息等的出现。

在自媒体生态下,对于传播环境的净化已经不能单纯依靠传播者自身的自觉了,更需要平台管理者通过各种方式防患于未然。毕竟一方面,这是权责相等的体现,平台经营者在平台攫取利益的同时,也需要防止负面影响从虚拟世界蔓延到真实社会;另一方面,更多的受众希望看到的仍然是一个相对健康的传播环境,经营团队的严格自律本身就有助于平台未来更好地发展。

一、对僵尸粉的清理

(一)僵尸粉的形成及其对生态的破坏

僵尸粉指的是微博上的虚假粉丝,由于这部分粉丝往往在关注之后不会发生转发、评论或者点赞等动作,因此被人们戏称为"僵尸粉"。这是一种在微博平台上的特有现象,与微博的开放平台属性息息相关。

从马斯洛需求层次理论这样一个层面去分析,可以发现所有人都具有不同层次的五种需求,包括生理需求、安全需求、社交需求、尊重与爱的需求以及自我实现的需求。由于与微信的封闭属性不同,微博是完全开放的一个平台,不同的用户之间能够相互看到对方的粉丝数量。这使得

人们内心所潜藏的尊重与爱的需求,乃至自我实现的需求被激发,虚荣心理的驱使成为了僵尸粉及其背后链条存在和发展的土壤。

例如《每日经济新闻》的记者就曾报道,"代刷粉丝"的店铺数量异常庞大,而且粉丝的价格都明码标价为一角一个到一元一个不等。某些刷粉店铺还打出了套餐服务,提供类似"2000 粉丝+500 转发+100 评论"的388 元套餐、"3000 粉丝+700 转发+150 评论"的 588 元套餐等。更为夸张的是,有些店铺甚至还会销售"刷粉机",这是一种能够自动输粉的软件。当人们购买之后,就可以为自己的微博账号增加粉丝。

庞大的市场需求催生出了完整的产业链,但又反过来对其赖以生存的生态构成了破坏。事实上,僵尸粉的出现短时间内看似能满足大家对于尊重的需求,但长久下来对于整个平台而言仍然是弊大于利。

首先,僵尸粉让微博平台的数据失真。数字经济时代下,真实数据的重要性显而易见,所有与大数据相关的搜集、整理及分析活动,都必须基于数据的真实可靠之上,否则获得的结论毫无指导性可言。然而,僵尸粉使得大多数搜集的数据成为无效数据,甚至在无法辨别的情况下进入分析程序,成为污染数据源的罪魁祸首。而且值得注意的是,当有企业希望透过微博平台进行商业营销时,也无法获得精准的第三方数据,这会使得企业经营者产生怀疑,并进一步抑制企业进行广告投放的积极性。

其次,僵尸粉的出现对平台的安全性构成了影响。除普通的僵尸粉之外,还有一种被成为"活粉"的僵尸粉,它指的是那些平常会有微博活动的粉丝。由于这让粉丝数看起来更为可信,因此"活粉"的售价往往是普通僵尸粉的数十倍。巨大的利益驱动诱使某些群体透过植入木马程序等非法手段,暗中控制普通微博用户的关注行为。从根本上讲,这提升了平台的运营风险,也更容易暴露用户隐私,影响用户使用意愿。

所以总的来说,僵尸粉及其背后产业链的形成有用户心理需求作为支撑。但从长远来看,它会损害整个平台的生态,并影响其后续发展。显然,微博的相关运营方已经意识到了这一问题,并采取了有效措施遏制这种现象的进一步蔓延。

(二)平台对僵尸粉的清理

从 2015 年 1 月 21 日开始,微博平台开始出手整顿微博上存在的垃圾粉丝扰乱正常秩序和骚扰用户的现象。这个名为"垃圾粉丝清理计划"的行动,是通过大数据识别与用户举报相结合的方式,对微博刷粉行为及新增垃圾粉丝进行清理。这一行动宣布开始之后便获得了显著的成效,仅一个月时间微博上的整体举报量就减少了 35%。

图 9-1　微博对平台内僵尸粉的打击态度坚决

在这一行动中,一旦用户新增粉丝中的垃圾账号被识别,将面临实时冻结的结果,并被强制解除之前建立的全部关注关系,并修正被垃圾账号关注的用户的粉丝数。这在一定程度上确实造成了用户粉丝增速减慢,甚至减少的情况。

实际上,微博并不是首家对垃圾粉丝进行清理的社交平台。在此之前,Facebook 和 Instagram 就先后进行了对僵尸粉的清理。Instagram 的数据显示,在它们清理完虚假账户之后,平均每位用户损失了 7.7% 的粉丝,其中很大部分是用户"付费购买"的垃圾粉丝。这一现象显示出,僵尸粉不仅是中国和微博特有的现象,在其他国家的社交平台中也广泛

存在。

微博的相关负责人表示,此项清理计划将被长期执行,这将鼓励用户通过原创或者转发高质量的内容获得粉丝,减少人们的投机心理。企业营销人员也能够获得更为真实的数据,从而避免因为粉丝数的虚高和评论数、点赞数的零落,造成微博平台互动率低、不值得投资的印象。

在这一波声势不小的清理行动中,微博展现出了治理的决心。数据显示,被清理的账号覆盖橙 V、蓝 V 及普通用户等不同层次总计超过50.6 万人,清理的垃圾关系高达 111.3 亿。与此同时,刷粉公司展开了新一波的报复,开始更大规模地制造垃圾粉丝,企图影响行动的成效,增加对平台经营者的压力。

但事实证明,微博平台这一次对僵尸粉的清理十分坚决。毕竟相较于短期数据量的膨胀而言,将泡沫赶尽换回更加真实的传播环境,对于一个社交平台而言更为重要。即使面临着巨大的压力,微博也展现出了自律的决心。

二、相对完善的信息过滤机制

虚假信息、低俗信息甚至侮辱诽谤等不当信息也构成了对微博生态的威胁。为了保证信息的真实可靠,微博还将真实世界中相对完善的法庭审理程序搬上了平台,尽力让微博中出现的不当信息以最快的速度被发现并被及时处理。

为此,新浪先后颁布了《新浪微博社区管理规定(试行)》以及《新浪微博社区委员会制度(试行)》两部规定,作为审理平台纠纷的参考准则。随后,微博开始招募社区委员会委员,最终挑选了包括 4971 名普通委员和475 名专家委员在内的庞大团队,普通委员主要审理有关人事纠纷等较为简单的纠纷,不实信息等可能涉及专业知识、处理难度较大的事件则由专家委员负责审理,专家委员中包括了王志安、章立凡等社会知名人士。

图9-2　相对完善的"微博法庭"制度让大部分纠纷在平台内得以解决

在委员之间甚至建立起了严格的遴选制度,那些优秀的普通委员有机会晋升为专家委员。平台的经营者希望通过这些中立、客观的用户,实现程序正义,进而提升微博平台的权威与公信力。随后,微博平台还建立了两级审理制度,对初审结果存在疑问的用户还可以再次申诉,由9位专家委员构成的复审委员会会做出最后的决定。在决定做出之后,被指控散布不当信息属实的一方将面临扣除积分、禁言、禁被关注、冻结账号和注销账号等不同程度的惩罚。

这一被形象地称为"微博法庭"的举措,事实上获得了非常不错的效果。来自新浪内部的数据显示,在这一制度实施一年后,不实信息的举报量从最初的日均4000条锐减至500条左右,显示出微博的传播环境确实得到了净化。

除此之外,微博平台自身还推出了很多其他的信息过滤机制。例如其曾专门成立了由7人组成的微博辟谣小组,对涉嫌造谣的微博进

行严格审查,通过赶赴事发地现场调查或者联系当事人的方式对事实进行确认。由于新浪微博辟谣小组拥有官方的认证,因此在发布辟谣信息后往往能对谣言造成的社会影响成功止损。新浪官方微博辟谣组组长谭超曾说:"想完全挽回谣言造成的影响的可能性几乎为零,这也是为什么在微博上经过官方身份认证的用户辟谣才能最大程度地解决问题。"

例如平台上曾出现过一条疑似老人被城管殴打的照片,引发社会的热议。最终,微博官方辟谣小组的成员专门赶赴上海,总共调查了约一周时间,询问了多位当事人及目击者,最终判定此条消息为谣言。官方调查结果拥有很强的公信力,对此事的讨论随后渐渐平息。

在微信平台官方的努力之外,还有很多来自非平台官方的环境净化力量。一方面,传统媒体在其中扮演着至关重要的角色,在受众眼中它们仍然具有相当程度的可信力,并且传统媒体也往往乐意为受众提供客观信息,因此在诸多的谣言传播案例中,我们时常可以看到传统媒体站出来报道事实真相,最终为受众厘清事实;另一方面,果壳网等来自科技及其他领域的网站也纷纷开设了诸如"谣言粉碎机"这样的微博账号,通过每天保持更新,从科学或专业的角度为民众剖析消息的真伪,也在一定程度上起到了净化环境的作用。

在 2015 年天津滨海新区爆炸事件发生后,人们被一条消息震惊,这条消息直指"在风力影响下,有害气体可能会向北京方向扩散",然而气象专家认为当时的风向更有利于污染物向海上扩散,"谣言粉碎机"立马发布了这样的消息,从而将谣言可能造成的恐慌压缩在了最小的范围内,避免了社会不安情绪的泛滥。另外针对 360 总裁周鸿祎发布的 Wi-Fi 辐射可能影响孕妇的言论,"谣言粉碎机"也通过科学原理的解释直指"这是通过传播谣言、煽动恐慌硬生生地制造需求",这一表态对消费者具有很强的指导性。

图9-3　"谣言粉碎机"等来自民间的力量帮助微博平台实现了舆论环境净化

　　毋庸讳言的是,微博平台确实有着数量不小的谣言存在,但这与社交平台的天然属性有关。为了防止谣言对社会造成严重的影响,微博经营团队一直在进行着各种努力,而大多数微博生态的参与者也在通过自己的力量保持平台环境的纯洁与健康。

第二节　微博平台的法治管理

　　平台内部推出的一系列自律措施有效地解决了信息质量的问题,但由于微博平台上的传播者与粉丝数量规模庞大,以及所牵涉的社会面确实太广。平台经营团队在面对这些问题时,明显精力不够,甚至会出现捉襟见肘的状况。因此,在这样的情况下,引入法律法规等他律手段对平台进行管理,显得非常有必要。值得注意的是,政府以及其他社会组织近年

来对微博平台的法治管理趋向严格。但在管理日益严格的同时,也需要注意言论自由的边界,以免损及民众的话语权,挫伤平台的活力,这同样会给整个社会带来负面影响。

一、推行实名制注册

(一)政府层面对实名制的大力推行

政府在实名制注册方面一直扮演着大力推进的角色。早在 2011 年 12 月,北京市就率先推出了《北京市微博客发展管理若干规定》。《规定》明文提到,微博平台上的用户将实行"后台实名,前台自愿"的原则。具体的操作方式即是在后台注册时,微博用户必须使用真实的身份信息,但用户昵称可以由用户根据个人自愿自主选择。随后新浪、搜狐、网易等门户网站的微博平台都开始正式实施实名制。除北京市之外,广东省的广州市以及深圳市也进行了实名制的试点工作,要求用户使用真实身份信息进行注册。

图 9-4　各大门户网站的微博平台均被相关部门要求全面实行实名制

2015 年,国家网信办再次强调将全面推进网络真实身份信息的管理,对包括微博、贴吧和网站在内的互联网产品形态实行实名制,从而加大监督管理执法的力度。来自网信办的数据显示,通过于 2014 年年底对即时通信工具管理的全面复核,目前包括微博在内的大多数社交平台真实身份的注册比例都超过了八成。

政府之所以积极推动微博实名制的落地实施,其背后的原因是其将成为实名制之后的最大受益者。微博实名制使得政府拥有了更加便利的管理工具,管理成本急剧降低,能够对舆论进行更好的控制,甚至进行相应的约束和引导。因此,它们成为推动这一制度不断向前推进的主导力量。

一方面,这是政府的应然之举,因为保证社会的良好运转是政府不得不承担的责任,因此提防微博可能带来的社会风险也成为了责任中的组成部分;但另一方面,政府本身在获得相应权利之后,也要对权利进行约束,否则容易产生适得其反的效果。对于政府而言,这成为了一道考验智慧的难题。

此外,国家开始将互联网用户账号名称纳入法治管理范围。针对网络上出现的冒用或关联党政机关、企事业单位、社会组织、媒体以及社会名人注册账号名称等乱象,部分账号名称、头像、简介中甚至出现涉淫秽色情、暴力恐怖信息,2015 年 2 月国家互联网信息办公室发布《互联网用户账号名称管理规定》,就账号的名称、头像和简介等,对互联网企业、用户的服务和使用行为进行了规范,涉及在博客、微博客、即时通信工具、论坛、贴吧、跟帖评论等互联网信息服务中注册使用的所有账号,可以说将相关账号纳入了全面监管的范畴。该规定要求互联网信息服务提供者应当落实安全管理责任,完善用户服务协议,明示互联网信息服务使用者在账号名称、头像和简介等注册信息中不得出现违法和不良信息,配备与服务规模相适应的专业人员,对互联网用户提交的账号名称、头像和简介等

注册信息进行审核,对含有违法和不良信息的,不予注册,明确了互联网信息服务提供者,如网易、新浪、腾讯等互联网服务商的安全管理职责,做到了责权分明,协同监管。

(二)微博实名制的风险和隐忧

从短期效果来看,实名制对企业实际上造成了不小的冲击,毕竟这样的管理举措与移动互联环境背后的逻辑存在着根本的冲突。当微博的开放性受到政策的强势管控之后,平台的活跃程度也将在一定程度上下降。投资者对于新政策的疑虑能够反映一些问题,在北京实名注册微博的规定出台当天,新浪的股价开盘就遭遇了大跌,跌幅一度超过了10%。

但值得注意的是,从长远来看,只要政府管控力度适当,这一政策对于平台的长期发展仍然是一大利好。时任新浪微博事业部总经理的彭少彬对此是这样评论的:"网上发言使用真实身份注册,是未来互联网发展的大趋势,有利于营造健康和谐的网络环境。"

但与此同时,国外政府在管理过程中的一些经验教训仍然值得我国政府及相关从业人员警醒。

2015年7月21日,在欧美和亚洲为已婚者提供婚后邂逅机会服务"Ashley Madison"的Avid Life Media被黑客入侵,导致用户的个人信息泄露。8月18日也就是事件发生已一个月左右时,疑似从Ashley Madison泄露的信息数据被公布在互联网上,最终发展成严重事态。泄露的文件中有Ashley Madison用户姓名、地址、电话号码、信用卡以及其他交易往来等数据,受害人数达到3200万。

更加严重的是,社交网站信息泄露会产生长久的影响。如2016年5月19日,职场社交服务商领英(LinkedIn)公司承认,领英在2012年遭遇黑客攻击时,有超过1亿条(1.67亿个)用户登录信息被盗,这比之前对外宣称的650万条多了20倍。同时,这1.67亿个账户信息中有1.17亿个账户信息同时包含电子邮件和密码。

实名制社交网站由于用户信息相对更加完整、真实,含金量更高,从而也对黑客具有更高的吸引力。这些网站一旦被黑客入侵带来的危害也更加严重。

类似的事件确实值得我们警醒,微博实名制客观上对净化网络环境有益,但由于用户需要在不同的平台上分别输入个人隐私信息,这使得隐私泄露的风险大大增加。而且与国家机器所具有的巨大力量不太一样,不同规模的互联网企业在隐私保护的力度上存在差异,而心怀不轨的人士很有可能瞄准生态中最弱的一环下手,这不仅增加了隐私泄露的可能性,更提升了互联网企业在安全方面的支出,增加了成本。

因此,在保证实名制顺利执行的同时,还应该设计出完善的机制对个人隐私进行严密的保护,这关乎这项制度能否长久地保留下去,并一以贯之地维持着理想中的效果。

二、法治化管理成为常态

(一)微博法治管理的深入

随着微博平台的影响力与日俱增,在其上活跃的众多意见领袖也拥有了规模不小的粉丝数量,这些意见领袖的一言一行都有可能主导网络舆论乃至社会舆论的走向。但与此同时,一些微博大 V 却被经济利益所驱使,没有顾及其言行可能对社会造成的影响。一些经由舆论领袖转发甚至发布的谣言,形成了非常强劲的影响,并对社会产生了极大的负效应。

在这样的情况下,我国政府开始意识到对微博平台进行法治化管理的重要,而管理的重中之重就落在了这些拥有强势话语权的微博大 V 身上。法治化管理的标志性事件,就是"七条底线"的提出以及前后对于微博大 V 的治理,成为了对微博平台及微博意见领袖施加压力的第一次行

动。虽然行动取得了一些成果,但事实上仍没有完全解决业已存在的问题,这显示出对微博进行法治化管理仍然任重而道远。

如果说之前对大V的清理更多地表现在社会层面,那么从2016年开始的又一波对微博大V的集中清理就迈入了政治这样一个"深水区"。

这一波清理行动的导火索是任志强微博被封事件。2016年2月,知名房地产商任志强在微博上抨击了"党媒姓党论"这一观点,引发众多官方媒体的强烈批评,认为其制造党民对立、用心险恶、应开除党籍。

随后,国家网信办责令新浪、腾讯等网站依法依规关闭任志强微博账号。网信办发言人姜军表示这一行动是根据《全国人民代表大会常务委员会关于维护互联网安全的决定》《国务院关于授权国家互联网信息办公室负责互联网信息内容管理工作的通知》等法律法规做出的。姜军还表示,决不允许已被关闭账号的用户以"换马甲"等方式改头换面再次注册,惩罚力度前所未有。

在任志强之后,包括罗亚蒙、演员孙海英、王亚军上海、荣剑2001、文山娃、纪昀、大鹏看天下在内的多个网络大V账号同样被网信办禁言。网信办给出的禁言理由包括了无视社会责任,滥用自身影响力,在网上多次发布反对宪法所确定的基本原则、损害国家荣誉和利益以及造谣传谣、扰乱社会秩序等违法违规信息。

这一连串密集且严厉的行为,表现出在对微博平台的信息管理方面,国家开始采取日趋严格的态度,这些行动非常有助于国家的长治久安,不仅必须而且必要。但值得注意的是,严厉行动带来的短期效果固然不错,如何能将这种成果继续下去将成为下一阶段的重要问题,这就需要制定更为明确的法律法规进行管理。通过更为精细化的"法治"以避免"人治"可能带来的不利后果,将运动式集中清理变为常态化的管理,应该成为下一阶段对微博平台进行管理的目标。

（二）新媒体纳入互联网信息管理范围

2016年1月11日，国家互联网信息办公室发布了关于《互联网新闻信息服务管理规定（征求意见稿）》公开征求意见的通知。这一征求意见稿的特殊之处在于对互联网新闻信息的范畴进行了外延，首次涵盖了互联网站、应用程序、论坛、博客、微博客、即时通信工具、搜索引擎以及其他具有新闻舆论或社会动员功能的应用，它要求这些形式的互联网产品如果要向社会公众提供新闻信息采编发布、转载服务，以及提供新闻信息发布平台服务，应当取得互联网新闻信息服务许可。

与此同时，征求意见稿还要求互联网新闻信息服务提供者应当设立总编辑，建立总编辑负责制，并对互联网新闻信息内容负总责。这一措施的推出是为了因应目前自媒体环境所带来的信息质量良莠不齐的现象，通过建立完善的作业流程、进行人员的资格准入认证以及明确相应的负责人，从而确保信息质量维持在一定水平之上。

这一征求意见稿被普遍解读为"史上最严"，也被视为能够控制现有混乱网络舆论格局的方法之一，可以有效避免其对社会造成不利影响。但实际上，这并不是首个针对新媒体领域推出的信息管理规定。在2014年，国家网信办还先后发布了《即时通信工具公众信息服务发展管理暂行规定》、《互联网用户账号名称管理规定》以及《互联网新闻信息服务单位约谈工作规定》等。这些被称为"微信十条"、"账号十条"、"约谈十条"的规定，使得国家有关部门对新媒体信息的管理有规可依、有规可循。

无论怎样，这都是一个好的开始。当针对微博平台等新媒体的管理规定日趋完善时，就可以避免政策的反复，以及平台经营者和用户的无所适从。当所有微博平台生态的参与者都能够自主自觉地依规行事，人们就可以期待平台的可持续发展。无论怎样，微博平台的健康发展对于整个社会而言，都是利大于弊，且利远远大于弊。政府如何利用好这个平台

引导舆论,经营者如何保持这个平台干净的舆论环境并从中受益,用户如何在不违规的情况下利用这个平台大胆表达并为自己发声,都考验着参与各方的智慧。

第三节　微博平台的技术管理

微博平台之所以能够在较长的时间维度内获得持续发展,很大程度上与各种力量对其发展路径的制衡相关。来自平台经营者自身的高标准要求保证了企业发展的大方向不出错,以比法律标准更高的道德标准来要求自己,使得自身得以处在一个相对友好的发展环境内。另外,来自政府层面的法治化管理进一步要求平台发展与国家发展的大政方针有机结合,增强了产品对环境的适应能力,从而提升了企业的生命力。但必须指出的是,自律和法治化管理虽然能够涵盖绝大部分的问题,但仍然难以避免管理死角的出现。在这样的情况下就需要引进更多的力量共同帮助管理平台,从这样的层面来讲,积极引入技术力量不仅是必然之举,而且是迫切之举。

从根本上来说,微博仍然是一个基于互联网技术存在的平台,因此与传统的管理手段不同。在对微博平台进行管理的过程中,引入技术力量的重要性不容小觑。事实上,在实际执行的过程中,我国相关机构也始终将之视为重要的可利用资源。

例如,《计算机信息网络国际联网管理暂行规定》要求在介入国际互联网时,必须使用国家公用电信网提供的信道,任何单位和个人不得自行建立或者使用其他信道进行国际联网。由此形成了由国家运行并控制的互联网"国门",这在一定程度上保证了微博平台上信息的纯粹性。

针对微博平台信息传播这一更具体的维度,则有公安部《互联网安全保护技术措施规定》予以更明确的指导。《规定》指出,直接面向大众提供博客、即时通信、搜索引擎等具体网络服务的互联网信息服务单位,以及提供互联网数据中心服务和联网使用单位,都有义务对违法信息进行过滤筛查,落实具有"发现、停止传输违法信息"功能的"安全保护技术措施",上网服务提供单位也被要求安装并运行"互联网公共上网服务场所安全管理系统"。这一层层设置的互联网技术性审查系统,可以有效拦阻境内外非法信息的流动。

2015 年以来,公安部门在技术层面加强网络安全管理有较大着力。首先是开展网络安全执法大检查,对 2.3 万家互联网企业开展了网络安全现场检查工作,检查了重点网站 2.8 万个,向被检查单位印发了网络安全整改通知书,安全隐患告知书、执法检查反馈意见书共 2.4 万份,消除了重要信息系统和政府网站的安全隐患共 6.5 万处。

其次,深入推进信息安全等级保护工作。多部委联合出台了一系列的政策文件和技术标准,组织开展等级测评机构能力验证,2015 年年底已经向社会推荐了 140 余家测评机构,培养了 4000 名测评师。

此外,针对我国日益突出的网络安全问题,公安部门以等级保护为抓手,以信息通报为平台,以情报侦查为突破,以侦查打击为支撑,构建一个打防管控一体化的网络安全综合防控体系。同时将网络基础设施、重要信息系统、网站、大数据中心、云计算平台、物联网系统、工业控制系统、公众服务平台等,全部纳入等级保护监管对象,可以说是我国在技术层面加强网络安全的一项重要举措,对微博平台的安全管理来说,也是一个重要推进。

除了国家层面的技术管理,微博平台上也存在着针对特定网站和含有特定敏感词 URL 的过滤等更加具体的信息过滤机制。与此同时,违法网站、敏感词名单可以随着舆情发展不断调整,从而防止某些含有敏感词的热点信息扩散,从最大程度上降低社会影响。这样的先行过滤机制相

较事后补救机制而言更为显著,但值得注意的是,在推行这一制度的过程中仍然需要与公众进行更多的沟通。

总而言之,在针对微博平台进行管理的过程中,更多技术层面的努力仍然依赖于相关机构对于互联网整体的监管措施,并伴有少量具有专门针对性的技术力量介入,由此从技术层面建立起了较为完整的管理体系。

第四节　微博平台的社会治理

在对微博进行管理的过程中,政府作为重要力量对平台进行法治管理,平台运营方自身基于产品发展的可持续性,积极对平台进行自律,以及相关机构在技术层面对微博的管理,多方力量间的通力合作保证了微博本身的健康良性发展。然而,这些力量仍然有所局限,不能做到无死角的管理与治理,在这样的背景下,引入规模更为庞大的社会治理力量就非常有必要。

在 2016 年 4 月 19 日习近平总书记关于网信工作的讲话中,他还专门提到了积极调动群众共同构建风清气朗的网络空间这一重要思路,这反映出顶层对于群众与网络管理之间的关系有了更为明晰的认识。实际上,在很长一段时间内,我们看到更多的是民众借由微博平台对政府政务进行监督,从而实现微博本身的社会治理功能。但是,随着微博平台本身的发展,越来越多的社会力量也开始重视这一平台本身如何发挥自身的作用,从而形成社会治理的"反向输出"现象。

例如微博平台开通了多条渠道,以保证当平台中出现谣言等消息时,公众有进行申诉并要求改进的权利。从实际执行情况来看,效果十分显著,大多数谣言或负面消息在被投诉后不久即被平台运营方撤销。

在极个别案例中,平台曾出现申诉仍不见改进的情况,面对这些社会力量作用有限的极端案例,一些公众或社会组织也开始尝试通过外部力量予以解决。譬如微博名为"@圈内老鬼"的用户曾爆料艺人邓某出轨,此事引发轩然大波,一定程度上造成邓某的名誉受损。当邓某协调要求删除微博无果之后,便向法院起诉了微博的平台运营方。这些类似的案例都表明,社会力量在处理相关争议、进行平台净化方面有着不可忽视的贡献。

　　总的来说,社会力量虽然并非微博管理的主导性力量,但在面对政府法治管理和平台自律无法覆盖的死角时,它的作用就得以最终凸显。毋庸讳言的是,微博平台确实有着数量不小的谣言存在,但这与社交平台的天然属性有关。为了防止谣言对社会造成严重的影响,微博经营团队一直在进行着各种努力,而大多数微博生态的参与者也在通过自己的力量保持平台环境的纯洁与健康。

第十章 社交媒体发展趋势与展望

第一节 社交媒体行业发展趋势

某种程度上,社交媒体的出现乃至于后续的兴起,对于整个互联网行业而言都有着划时代的意义。在此之前,互联网虽然通过信息的传递扮演着将人和世界连接在一起的角色,但在这样一个看似完整的生态环境中,仍然缺少着极其重要的一环,即人与人之间的互动。

线上世界往往就是反映线下世界的镜子,对于线下世界来说,人与人之间的关系是维系社会良好运转的重要环节。从这个角度来讲,那些为人际互动提供方便的互联网产品不断出现是必然趋势,这其中社交媒体扮演着主力军的角色。

正是从这样的必然条件出发,我们能够得到一个必然的结论:无论是国际社交媒体还是国内社交媒体,在可预期的未来仍然将持续获得长足的发展。方向的确定昭示着庞大的市场发展空间,但如何在市场中圈到足够的市场份额,就与对行业发展趋势的把握息息相关。

一、国际社交媒体:从平台到生态,无边界竞争加剧

(一)产品发展势头的分化

如果审视目前所有活跃的国际社交媒体平台,不难发现平台间的发展呈现出了一些明显可见的差异,并不是所有社交媒体的发展势头都维

348

持良好,分化的现象已经有所出现。

例如对于 Twitter 来说,2015 年显然不是它的幸运之年。就在年初,其股东高伯格连续发推 44 篇,炮轰 Twitter 在发展过程中迷失了自己的方向,其中既有对营收模式的控诉,也对战略方向进行了抨击。而到年底,当 Twitter 发布第四季度财报及全年财报后,资本市场的失望反映在了股价一度下跌高达 11% 以上。这份糟糕的财报显示 Twitter 的月度活跃用户为 3.05 亿,低于第三季度的 3.07 亿,更低于分析师普遍预期的 3.09 亿。对于社交媒体而言,活跃用户及他们之间建立的高频度互动关系几乎就是平台的生命,月度活跃用户的降低从任何一个维度分析都不是一个乐观的事情。

但在 Twitter 遭遇困境的同时,另外一些新型社交平台开始不断发展,并虏获更多的用户,Instagram 是其中的佼佼者。有调查数据显示,图片社交应用 Instagram 在年轻人群体中已经成为了最受欢迎的社交工具,这种对于用户的吸引力进一步让它受到了企业的热捧。2015 年 6 月,其宣布将面向所有类型和大小的广告主开放广告功能,而年底的一份调研则显示,企业在 Instagram 上的广告投放由此增长了 110 倍。

老牌社交平台 Twitter 的颓势,和新型社交平台 Instagram 的崛起构成了强烈的对比。它反映出社交媒体平台的发展并没有出现僵化的趋势,结构的调整仍然随时随地都在发生。对于整个行业来说,这是一件好事,历史经验告诉我们结构的僵化必然带来整体的裹足不前;而对于身处其中的企业而言,在发展势头不断分化的背景下,找准战略、适时调整并适应整体环境的变化将成为当务之急,那些更加灵活的社交媒体更容易在不断洗牌的市场环境中立于不败之地。

(二)从平台模式到生态模式

社交媒体平台在发展的过程中不断扩大用户群体规模,而用户数量

的扩张必然驱使平台将服务覆盖范围向外延展,不断将更多的全新服务纳入平台之内,为人们提供尽量健全的产品结构。这样的发展路径实际上模糊了产品的界限,将竞争形态引向无边界竞争,由此社交媒体必须从传统的平台模式走向更加适应环境的生态模式。

事实上,如果审视过去一年国际社交媒体的发展状态,不难发现对于生态的布局已然开始,知名社交平台在产品线的扩张和新技术的引进方面不遗余力,从而在尽可能的范围内为用户提供更为全面的"一站式服务"。

譬如 Facebook 一直以来都动作频频。针对目前异常火热的人工智能,Facebook 就发布了名为 M 的智能机器人,它可以帮助完善用户推荐和电商内容。而在内容领域,Facebook 推出了一款名为 Instant Articles 的媒体内容创建工具,降低了内容呈现的时间,从而吸引了更多的出版商和媒体加入这一生态系统。而在 2016 年,Facebook 也将重点放在了市场前景看好的企业社交领域,包括《华尔街日报》在内的众多媒体都预计其将推出企业版的社交网络服务。对于一个拥有 15.5 亿用户的 Facebook,当它从单纯的生活领域进入工作领域时,能够想象其对用户的黏着度将提高到一个史无前例的水平。

即使是一些新型社交平台,他们对生态的布局同样保持着高度关注。譬如基于阅后即焚功能的 Snapchat,在 2015 年 6 月就上线了名为 Our Story 的全新功能,这一功能鼓励用户生产更多的 UGC 内容,而这无疑让整个生态变得更为活跃和积极。

对处于风口的 VR 技术,众多社交平台也都在积极布局,希望能在即将到来的虚拟现实潮中乘势追击,例如同属于 Facebook 旗下的 Instagram 和 Oculus 已经展开合作。就在 2015 年 11 月,Instagram 的首席技术官 Mike Krieger 就宣布,其用户将能通过虚拟现实设备游览世界。一方面,Oculus 能够凭借 Instagram 的庞大用户数量在即将到来的 VR 近身肉搏战中抢得先机;另一方面,Instagram 也能够借由 Oculus 的技术为用户提供更为前沿的体验,这无疑增加了社交平台对于年轻群体的吸引力。这两者形成了生态环境中异常重要的共生关系。

(三)对社会各环节的广泛渗透

社交平台对社会各环节的渗透程度之深,可能已经超出了很多人的想象。2015 年的《牛津词典》将年度热词颁给了一个网络聊天的表情符号"笑 cry",而这个表情符号越来越多地出现在了各种社交平台中。从这样一个小的事件就可以看出,社交平台实际上正真实地影响着我们的生活乃至社会的运转。

在叙利亚难民危机中,名为艾兰的 3 岁小男童溺死在海滩上的画面通过社交平台的传播,引发了人们对此事件的高度关注。全球网民形成的舆论压力迫使欧洲各国政府开始审慎思考是否接纳难民的议题,最终帮助叙利亚难民叩开了欧洲大门。

当美国最高法院裁定同性婚姻在全美合法时,一场名为"彩虹运动"的活动在社交网络上轰轰烈烈地展开。众多个人用户将自己在社交平台上的头像加上了彩虹的标记,以此表示对这一决定的支持;而一些企业通过官方社交平台账号,同样也表达了自身的态度。

而发现类地行星开普勒 452b 的美国宇航局,同样也是通过社交平台让一个科学事件变成了一个社会话题。通过提前预告"发现另一个地球"吊足人们胃口,到最终公布科学发现引发热议。从科学知识普及的角度来看,社交平台在这一事件中无疑担负起了为民众普及科学知识的责任。

叙利亚难民事件反映了社交媒体对全球政治的影响,彩虹运动彰显了社交媒体对社会议题的话语权,开普勒 452b 引发的狂欢则让人们开始思考社交媒体在高精尖技术的普及方面能带来哪些变化。以上不胜枚举

的事实都清晰地展现出,社交平台已经不再是一个普通的互联网商业产品,它正在成为社会的核心组成部分,扮演着至关重要的角色。而这种重要性,在未来不会降低,只会更强。

二、国内社交媒体:商业化路径推进,垂直平台壮大

(一)商业化进程开始发力

对于中国的社交媒体来说,刚刚过去的一年至关重要,微博和微信作为两个具有代表性的社交平台开始更好地分工协作,各自拥有自己的市场空间。一大波新型社交产品则在两大平台之外,寻找空白市场并积极占领,互联网社交媒体行业本身呈现出较好的发展势头。

但值得关注的是,任何一款互联网产品的发展,必然伴随着有很长一段时间都无法找到适合的商业模式,从而无法将庞大的用户资源变现的问题。由于中国资本市场异常活跃,风投资金及其他的资本化操作能够帮助大量社交平台暂时度过困难期。但作为商业产品本身,社交媒体的变现能力仍然非常重要,对如何推进商业化进程的思考也将由此持续下去。

譬如微信就进行了相关尝试。2015 年 1 月,微信朋友圈中首次出现了广告,首波广告推送吸引了三家广告主投放,分别是宝马、可口可乐以及 vivo。对于品牌来说,社交媒体所掌握的大量社交数据相较于其他数据而言,能够更为清晰地展现出用户的清晰画像,有利于广告的精准投放。实际上,这三条不同的广告通过大数据分析被投放给了不同的用户,这种将用户分层的做法甚至引发了人们的二度传播,进一步扩张了广告的覆盖范围。时至今日,朋友圈广告仍然被很多企业视为重要的投放渠道,这样的直接变现模式成功帮助微信解决了变现的问题。

微博的商业化进程也在持续不断地推进之中。新浪微博 2015 年第三季度的财报数据显示其广告营收首次突破了 1 亿美元大关,显示出极强的变现能力。与此同时,移动互联网大数据监测平台 Trustdata 发布的

名为《2015年1月至11月微博移动端用户研究报告》的数据显示,微博用户每天打开电商类应用的比例约为全网数据的两倍,这使得微博成为了营销者眼中的优质渠道。因此可以预估,以信息流为代表的原生广告还将继续成为微博的重要收入来源,从而帮助微博平台实现持续盈利。

但值得注意的是,社交平台本身的商业化进程需要稳步推进,不能让过多的商业信息短时间内涌入用户的信息流中,这将增加用户在使用社交平台的成本,对平台发展本身不利。协调好商业化和用户体验两者间的平衡,同样也将成为国内社交媒体必须思考的问题。

(二)垂直平台的崛起

除了巨头间在商业化路径的寻找中皆有收获以外,垂直社交平台也成为了一股不容忽视的强大力量,这其中既包含了一些在小众领域经营良久的优质平台,更涵盖了近几年突然涌现的后起之秀。数量众多的垂直平台成为了社交行业的有机组成部分,不断涌入的新鲜血液让整个行业都生机勃勃。

实际上,在社交行业的结构中,一直以来都潜藏着一些既优质又低调的小众平台。它们有着自身固有的发展节奏,不追求快速拥抱商业化,更注重优质内容的传播及环境的构建。但伴随着社交媒体厮杀的日益激烈,各种新兴平台的涌现仍然给它们的生存构成了极大的压力。在这样的情况下,它们也开始以更活跃的姿态出现在公众面前,这使得它们的声势不断高涨。

豆瓣和知乎是它们的典型代表,其中最为标志性的事件是这两个一向绝缘于广告的平台,在年初不约而同地推出了自己的品牌形象广告。豆瓣的广告以"我们的精神角落"为题,整个广告内容颇符合豆瓣本身的文艺气质,有GoPro摄影机拍摄的画面也尽显别致。豆瓣甚至将这支广告投放到了微信朋友圈、新闻App乃至电影院中,引发了人们的热议。

知乎的广告投放渠道则锁定在了地铁站,理解门槛相对较高的广告内容也与平台本身相对高智的用户群体契合。除此之外,知乎还推出了自己的实体书籍,例如《创业时,我们在知乎聊什么?》以及《知乎·金钱有术》等,《一小时》、《盐》等系列电子书也颇受好评。作为一家社交媒体,知乎甚至推出了自己的官方吉祥物,这只名为刘看山的北极狐背后反映出的是知乎对品牌形象的重视。

除了老牌优质小众平台对商业化的重视,一些全新的社交平台同样展现出了惊人的爆发力。譬如引入男女互选机制的交友平台探探,就连续在多个年轻人聚集的综艺节目中不断"刷脸"。这些节目既包括了湖南卫视《快乐大本营》、东方卫视《金星秀》这样的卫视综艺节目,也包括了腾讯视频《拜托了冰箱》等网综节目。

这是一个令人欣喜的现象,在微博、微信两大平台之外的第二梯队,仍然储备着庞大的生力军队伍。某种程度上,是它们让整个生态环境变得更为优质和健康。

第二节　社交媒体产品发展趋势

如前所述,社交媒体正由平台模式向生态模式积极转变,但无论是那种模式,附着于其上的产品才是各媒体间竞争的焦点。无论何时何地,那些拥有更加优质产品的平台或生态才会保有更强的竞争力。从这个视角出发,可以发现探究社交媒体产品本身发展趋势的重要性。

总的来讲,在可预期的未来,社交媒体产品的发展仍然依靠两条路径:技术引领及交叉综合。一方面,层出不穷的新兴技术构成了目前日趋繁荣的数字生态,很多富有生命力及创造性的新技术都能够与社交平台进行很好的协调,这成为新产品不断涌现的源泉之一;另一方面,通过将原本已经存在的多项产品进行交叉融合,从而打造出一项全新的业务,这同样能给平台带来新的生机。

一、视频直播:竞争的重中之重

社交媒体产品本身的发展,有意无意间遵循着与传统媒体发展一样的路径:内容都是先以文字的形式出现、随后进入到读图时代,最终各种视频不断兴起。同样的,已经发展多年的社交媒体产品已经先后经历了前两个阶段。眼下,第三个阶段即将到来,这将构成一个全新的风口,已经成为众多从业者的共识。

一向被认为是社交媒体风向标的 Facebook 通过行动为这一共识进行了背书。它宣布 2016 年将推出自己的移动流媒体直播功能,这一功能被暂时命名为 Facebook Live。通过这项功能,用户能够与好友分享直播视频,整个过程无需单独下载应用或离开 Facebook 界面,降低了人们的参与门槛。坐拥 15 亿用户的 Facebook 如果能够实现与视频直播的无缝衔接,将极大地改变人们的互动交流模式,进而主宰流媒体直播市场。

对于中国的创业者而言,他们敏锐的嗅觉已经预判到了由此产生的巨大商机,不胜枚举的视频直播平台开始纷纷出现。例如游戏类的斗鱼TV、虎牙直播、战旗 TV、龙珠直播等,娱乐类的映客、花椒等,财经类的易直播,美妆类的抹茶美妆,健身类的 FeelTV,演唱会类的野马现场,秀场类的 9158、六间房等。几乎所有的垂直领域都能找到相对应的直播平台,由此可以看出视频直播的市场布局已经初步完成。

与此同时,逐利资本的蠢蠢欲动进一步加速了这一进程。2015 年 9 月 5 日晚,万达集团董事王思聪宣布正式创办弹幕式视频直播网站熊猫TV,将视频直播行业推入更广大的公众视线。暴风科技上线暴风秀场,乐视上线乐嗨直播,乐视体育以 3 亿元对价收购章鱼 TV,腾讯投资龙珠直播,充足的资本流动帮助整个行业实现了快速提升。

与此同时,更多的品牌也在这里打开了新的营销推广的窗口。2016年4月14日,赶赴代言现场的Angelababy被堵在上海南浦大桥,一位随行的美宝莲员工全程举着手机直播了她的赶场细节。这两个小时的直播带来了亮眼的数据,总计超过500万人次观看,最终卖出10000支口红。杜蕾斯在4月26日晚推出的三小时广告直播,通过Bilibili、乐视、优酷、天猫热点、在直播和斗鱼等平台同样吸引了高达440万人次的观众。

在这种热烈气氛的催动下,社交媒体已经开始积极地抢滩布局,但其后的风险仍然需要警惕。由于这些自媒体普遍缺乏预先的把关机制,因此导致了色情低俗等现象的泛滥。同样是在4月,文化部出手整顿包括斗鱼、虎牙直播、熊猫TV等在内的多个平台,将它们列入查处名单。对于视频直播的参与方来说,这是一个警醒,这敦促它们更多地思考如何平衡商业利益和社会责任之间的关系。

二、社交购物:更直接的变现手段

对于几乎所有社交平台来说,如何实现影响力的变现一直都是一个不好解决的难题。虽然目前活跃的资本市场为这些或大或小的平台不断地供应粮草和弹药,但最终平台持续的生存与发展仍然需要从产品本身找到盈利的手段。然而,对于社交平台来说,在众多产品共同提供同质化服务的情况下,免费仍然是最为主要的模式。因此,留给它们的变现手段并不多,与购物平台进行密切的合作,将社交用户导流到电商网站成为了眼下最重要的盈利来源。

从国际的层面来看,2015年各大平台已经出现了较为明显的社交购物趋势。Twitter、Facebook、Instagram等都相继将"购买"功能内置到了自己的平台之中,这些功能使得人们得以直接在应用内购买他们心仪的商品。而在中国、韩国等亚洲国家,这一功能也早已在社交平台中出现。

一般来讲,对于全新的品牌或产品,在拥有影响力的传统媒体上投放广告是较为明智的做法,这样能够将传统媒体的公信力和权威性嫁接到品牌或产品本身,形成背书效应;但对于那些业已成熟的商品或品类,人们在做出购买决策的过程中,相较于大众传播,人们更愿意相信朋友和熟人的建议,认为这些渠道的消息相对而言更值得信任。社交平台本身的社交特性成为了优势,有报告显示高达五分之四的人表示朋友发的帖子会直接影响他们的购买决定。

另外,随着仓储、物流等基础设施的日益完善,电商市场的规模正在不断扩张。人们在购买特定商品时,开始习惯于通过线上平台进行购买,这使得通过互联网获取商品信息变得更为重要,毕竟人们更希望在同一个平台上能够一次性完成从信息搜集到最终购买的全过程。因此,对于电子商务从业者而言,他们也理应对社交媒体投入更多的重视。

总而言之,无论对于社交媒体还是购物平台,社交购物都是值得认真思考的方向,很多有先见之明的经营者已经开始认真布局并抢夺市场,这将成为大势所趋。但目前的社交购物仍然存在着一些局限,譬如有些功能的实现需要跨平台操作,这增加了消费者的操作成本;而另外一些不需要跨平台操作的功能,提供给消费者的消费选项又较少。所以,社交媒体需要不断壮大自己的实力,在更加便利的同时也能更加多样化,甚至丢掉"电商中转站"的角色转而成为直接购物的平台。做到这一点并不简单,但它确实是充满前景的一个方向。

三、职场社交:占领最后的 8 小时

一个不争的事实是,社交媒体已经全面入侵了我们的生活,它将几乎所有的碎片化时间变成了媒体接触的时间。起床后、上下班途中、睡觉前,人们每时每刻都在与社交媒体接触,这种变化带来的增量使社会系统的各环节同时受益。但如果将时间轴放大来看,仍然可以发现一些空档,譬如上班的 8 个小时内,人们接触社交媒体的时间就相对减少了一些。

没有被开发出来的市场成为了宝贵的发展空间,越来越多的 IT 业人士开始思考社交媒体是否能够改变人们的工作方式。

事实上,专门针对职场的产品正被源源不断地被开发出来,例如社交平台 Slack 就是这样的一款产品。Slack 融合了聊天、工具集成、文件整合、搜索等功能于一体,为企业成员间的沟通与协作提供了方便。正是这样一款面向职场提供的产品在短时间内获得了快速发展,其同时登陆用户人数已经超过百万。另外,一些传统的老牌强势平台也注意到了这一趋势,纷纷提供适销对路的产品,譬如 Facebook 即将推出的 Facebook at Work 让企业有了更多的选择。而在中国,强势平台微信也推出了企业版本,将用户与社交平台的接触从生活延伸到了工作时间。

更令人欣喜的是企业对此的反应,经营者们普遍抱持着开放的态度。很多公司主动引入社交工具优化内部体系,将会议、报销、请假等流程不同程度地移向了线上,甚至为此专门投入资金进行员工培训。这些举措都帮助社交媒体拓展了影响力,与此同时也帮助企业提高了运作效率,并增强了在数字经济中的适应能力。

第三节　智能技术的应用开拓新的社交形式

一、VR 技术创造新的社交场景

(一)VR 社交正越来越近

如果我们回看一些成功的创新项目,我们会发现它们的成功归结于三个基础:科学、想象力和商业。经过几十年的实验和发展,VR 技术已逐步展示其潜力。VR 的应用将不仅仅局限于社交、游戏、视频、购物等目前可见的领域,其在未来的创造性使用更是惊人的并且是不断演进的。另外,VR 的商业前景也极为可观,全球市场研究公司 TrendForce 预测

2016 年虚拟现实市值将达到 67 亿美元,到 2020 年虚拟现实将会成为年产值 700 亿美元的产业,其中硬件将占 200 亿美元,剩下的产业价值都将由软件来创造。届时,虚拟现实设备的价格将进一步降低,能让消费者买得起的消费级设备也将越来越多,虚拟现实的内容也会越来越丰富。

德意志银行发布的 VR 报告认为,当前的 VR 生态系统相当于 2007 年的智能手机发展状况。在 2007 年之前,智能手机的形式多种多样。直至 2007 年 iPhone 上市后,智能手机时代才真正来临。在美国,智能手机用户突破 1 亿用了 4 至 5 年时间。VR 的普及曲线会相对较慢,但足以撑起一个庞大的市场。在 VR 硬件设备方面,我们可以看到越来越多的虚拟现实设备涌现出来。目前头戴式虚拟现实设备包括 Oculus Rift,索尼 PlayStation VR 和 HTC Vive 相继上市。中国的暴风影音、乐视等企业为率先抢占市场也推出相关硬件产品,尽管它们在产品体验方面还不能令人满意。另外华为、小米等企业也在此领域布局。在 2016 年世界移动通信大会(MWC)上,虚拟现实产品成为展会的重头戏。诺基亚的 OZO VR Camera 和三星的 Gear 360,一个是全景摄像机,一个是全景相机,在展会上亮相。而谷歌称已经有超过 500 万的谷歌 cardboard 头戴显示器进入了市场,用户也已经下载了超过 2500 万个的应用程序。

VR 产业的发展,不光只靠厂商如索尼、Oculus、HTC 等推广硬件设备,还需要许多隐藏在产值下,企业和开发者提供的软件平台、内容、行业解决方案等来共同建立自身的产业生态体系。

目前许多第三方应用开发商和内容工作室开始开发新的 VR 体验,而 VR 与社交的结合是 VR 应用当中极具想象力的一个方面,吸引多家互联网巨头在此领域进行布局。腾讯和 Google 联合投了 Auto Sapce,Second Life 创始人做了 High Fidelity,Gear VR 推出全新 Oculus Social 社交应用,这表明 VR 社交平台将成为未来用户交互重要的集聚地,从而成为各大社交平台巨头必争之地。早在 2014 年 Facebook 就以 20 亿美元收

购了虚拟现实头显制造公司 Oculus VR，正式进入虚拟现实领域，其主要理由就是扎克伯格认为虚拟现实是继文本、图片和视频之后的下一代通信平台，用户在此平台上能体验和分享任意内容。斯坦福虚拟人类交流实验室创始人 Jeremy Baillenson 与其合作者在 2011 年的论文中认为"社交虚拟网络"即将进入大众视野，指出"当前的社交网络和其他的在线网站只是我们即将看到的社交网络的初始版，社交网络未来会充分利用虚拟现实科技。当人们和其他人长时间交流时，当他们操控一个属于他们自己的虚拟化身时，一种新型的社交网络将会产生"。

VR 技术对社交平台的影响将是革命性的，它会让两个相距遥远的人在他们以前从未见过或经历过的场景下进行实时的面对面交谈，同时将极大地推动社交媒体用户生成的虚拟现实内容板块的发展，并吸引更多的用户。尽管电影、游戏甚至色情内容会面临巨大的市场机会，但社交或许才是 VR 的杀手级应用，因为在最深的神经学层面上，同他人建立连接是人类一个普遍的冲动。正如其他成功的社交平台一样，任何帮助我们以一种更有效的方式同他人建立连接的技术，将有极大可能成为一项改变世界的创新。

在 VR 社交领域，Facebook 显然属于先行者，并且一旦将其十几亿的用户同虚拟现实连接起来，必然会创造出巨大的商业机会。但在这一领域 Facebook 也将面临数家尝试在虚拟现实环境中融合视频会议和社交网络的创业公司的竞争，如 Altspace VR、vTime 等。谷歌也在大力投资虚拟现实，研发一款基于智能手机的虚拟现实头盔。

除了收购 Oculus，在硬件方面进行布局，Facebook 还持续在软件方面发力，Oculus 已经通过面向 Gear VR 头盔的 Social Alpha 项目、Toybox 游戏尝试提供通信和社交网络功能。Facebook 已经将 Oculus 技术整合到旗下 360 Video 虚拟视频服务里了，这种独特的视频可以在 News Feeds 里显示，用户可以在网页或移动设备上，从不同角度获得视觉体验（比如向上、向下、向左、向右看），创造出一种更加沉浸式的体验。自 2015 年末发布此项功能以来，用户在 Facebook 上已经上传了 2 万个 360°格式的视频，观众达到数百万人，另外在 Gear VR 头显上已经有总时间超过一百万小时的视频被点击观看。

现在，Facebook 的 360 Video 全景视频已经应用在了 Vice、迪斯尼频道以及电影《星球大战·原力觉醒》的部分镜头中。2016 年，更多沉浸式视频、内容出版商，甚至是品牌商尝试采用虚拟现实技术开发更多内容。

除此之外，Facebook 还在 2016 年初宣布成立"社交虚拟现实团队"，这意味着继斥资 20 亿美元收购 Oculus 后，Facebook 首次开始考虑将虚拟现实环境与其核心的社交网络服务融合在一起，VR 社交正越来越近。

（二）VR 社交的形态

VR 社交网络将会是颠覆式的，可以让身处两地的人通过高度逼真的虚拟化身交流，就好像是在面对面交流一样。人们在虚拟网络上交流时可以不展示真正的形象，而是根据幻想在 VR 中打造出更完美的自己，更苗条、更年轻、更漂亮，或者其他任意的形象。用户之间可以用眼神交流，也可以操控虚拟双方都可以看见的虚拟化身。VR 还能创造一个虚拟的场景，可以在瞬间将用户传送到一个完全陌生的世界，在这里用户可以面对面交流或者共同参与活动。

作为完全沉浸式虚拟现实，Oculus Rift 消费版虚拟现实头盔于 2016 年 1 月正式上市，这也是世界上第一台真正的主流商用虚拟现实头显。虽然售价高达 599 美元，还要加上游戏 PC 电脑的花费，但 4000 台设备 15 分钟售罄，由此可见用户对虚拟现实的热情。这意味着，未来 Facebook 推送 News Feeds 会有更多可能性。与此同时，Oculus VR 已经和三星 Gear VR 虚拟现实头盔合作，发布了一款全新的"社交"App 应用——Oculus Social Alpha，这是一款用户只需在家里带上三星虚拟现实

头盔,就可以和好朋友一起"坐到"一个社交剧场里,共同欣赏视频的应用软件,并且在观影过程中这款程序还支持用户之间进行实时交流。这也标志着 Facebook 正式开始涉足 VR 网络社交领域,并试图在未来打造一个以 Oculus VR 设备为硬件平台,自身社交网络资源为软件平台的社交网络帝国。

Oculus Social Alpha 软件的操作流程相对简单。用户首先需要从 27 个不同的角色中选择自己喜爱的那一个,这些角色既有可怕的小丑脸也有戴着牛仔帽的可爱小牛仔,选定角色之后用户可以根据系统提供的菜单,按照自己的喜好,从八个不同场景的房间中任意选择一个加入,一旦选定一个房间之后,用户将瞬间被转移到一个虚拟的家庭影院中,其他用户也将在第一时间知晓你的到来。这八个房间将分别提供四个由 Twitch,以及四个由 Oculus Vimeo 提供的视频。在房间中用户可以选择只听视频声音或者关掉视频声音而专注与他人聊天。除了虚拟家庭影院之外,Oculus 还将更新一些类似于月球或者小人国背景的虚拟环境。

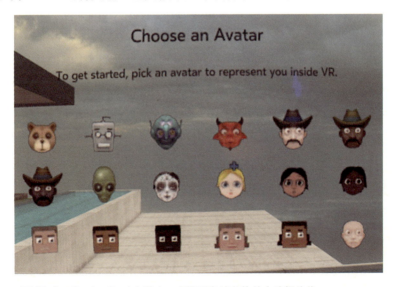

图 10-1 Oculus Social Alpha 虚拟现实社交软件中选择头像

　　初创公司 AltspaceVR 着力打造各种基于虚拟现实的社交方式,目前已获得超过 1500 万美元的总融资,其中包括来自腾讯的投资。目前 AltspaceVR 已经正式登陆三星 Gear VR 平台。

　　AltspaceVR 构建了如茶馆、荒岛、电影院、日本花园、罗马剧场、休息室等虚拟环境,使得任何人,无论是否拥有虚拟现实头显设备都可以在任何时间进行登陆访问。用户登陆后可以用一个虚拟化身来替代,并可以看到其他化身。借助虚拟现实头显和体感技术,用户可以在该平台上和朋友聊天,通过大屏幕观看 Netflix、Youtube 上的视频内容,一起听音乐,还可以通过内置的浏览器分享网页内容,进行聊天、购物,或体验任何想要参与的社交活动,同时还可以打开谷歌应用,和工作中的同事一起参加会议。这一切都不受空间上的限制,你可以身处世界上的任何角落。AltspaceVR 还发布了其软件开发工具包,允许第三方开发者在其 VR 环境中开发应用程序。未来基于 SDK,开发者将会在 VR 世界中开发出更多的聊天之外的社交应用。

　　另外,在 CES2016 上也展出了一款移动虚拟现实社交网络应用——vTime。它是由来自英国的 Starship Group 开发的一个通过 VR 头戴装置接入的社交网络,用户只需下载一个免费的 vTime 移动 App,或者登录到其门户网站,并将 VR 装置与任何可移动装置连接,包括笔记本电脑、智能手机、平板电脑和游戏机等,就可以体验虚拟现实社交。

　　vTime 网络的用户在设置自己的账户时需要自定义一个虚拟化身或者头像,可以像自己也可以不像自己。其中的菜单界面和在虚拟世界里的导航完全通过头部运动来控制,而里面的沟通完全是基于语音的。当用户进入 vTime 后,他们可以找朋友聊天、加入群聊、共同探索或者体验虚拟世界,甚至一起分享或查看图像和视频。但是可不要以为 vTime 的作用只是跟朋友聊天或者分享一些搞笑的视频,这是一个巨大、开放的"中心世界",任何人都可以进入和浏览,他们可以与陌生人随机交谈,或

者加入群组讨论特定的主题或者重要新闻。

此外,企业也可以举行虚拟商务会议,在那里他们能够像在 Facebook 上分享图片那样很方便地分享信息和数据。vTime 上还有一个集成的工具,可以读取 Excel 电子表格并将其转换成 3D 模型、图形和图表。如果用户没有 VR 头戴装置的话他们仍然可以借助一个网络摄像头加入。

(三)VR 社交目前面临的问题

虽然目前 VR 社交正蓬勃兴起,并且有广阔的发展前景,但目前仍存在一些亟待解决的问题并且 VR 社交的潜在风险也值得我们重视。

首先是 VR 技术标准缺失,目前在 VR 硬件方面尚未形成统一标准,各类虚拟现实设备之间还无法实现互联互通,即使能够使用同样的应用,其在不同 VR 头显上的显示的效果也会有差异。而这种差异会造成用户在虚拟场景中进行社交活动产生的体验难以一致。标准问题已经引起了国际各方的关注,目前国际上已经开展相关标准化活动的有 ISO/IEC JTC1/SC24 以及 ISO/IEC JTC1/SC29,建立联合工作机制共同推动相关标准的建立。除此之外也有一些非官方的组织在推动虚拟现实的标准化。国内方面,AVS 标准工作组已联合科研院所、企业界共同启动虚拟现实标准化工作,就虚拟现实内容表示、虚拟现实内容生成与制作、虚拟现实内容编码、虚拟现实交互、虚拟现实内容存储、虚拟现实内容分发和虚拟现实显示等关键技术进行探讨,以期为业界制定出先进、高效的虚拟现实技术标准。

其次是感知及交互问题,在虚拟现实中的感知方面,目前多集中于视觉合成的研究,而基于听觉、触觉等方面的设备还远没有成熟及商品化,更进一步的基于嗅觉和味觉的研究还相对较少,这就使得虚拟场景中的真实性体验还远远不够。另外在与虚拟世界的交互中,自然交互性还存在很多问题。在现实的世界中,人们之间的交流可以通过语音、面部表情、肢体动作等信息进行综合判断，从而达到沟通的无障碍。但目前的虚拟现实社交在语音识别等人工智能方面的效果还远不能令人满意。除此之外，在互相交流过程中，对对方的面部表情的理解以及肢体动作捕获的能力还相对欠缺，从而造成沟通上的困难。

再次是 VR 社交规则问题，VR 社交虽然刚刚起步，但一些潜在的问题也开始浮现。如在 VR 社交平台 AltspaceVR 上，就被爆出平台上的性骚扰问题。一些女性玩家在虚拟世界中逛街或者与好友闲谈甚欢的时候，突然一个男子出来进行威胁或骚扰，这对用户的 VR 社交体验是一个极大的伤害。传统网络社区中的负面问题仅仅局限于文字、图片、视频等类型信息，并且有举报、拉黑等机制进行保护。但 VR 社交所营造的交流互动的真实性以及身临其境的沉浸感将使得网络暴力、性骚扰等问题难以防备，其所造成的伤害也尤其严重。

最后，虚拟现实技术在让人身临其境方面的潜力也是它最吸引人的特性，在不远的未来，人们的交往很大一部分将发生在虚拟空间中。但是，虚拟现实的沉浸感会让人陷入其中，一些用户容易脱离现实交际圈。并且当用户完全沉浸到虚拟现实之中的时候，他也就与周遭的世界隔绝开了，受到影响的不仅仅是戴头盔的这个人，还包括他周围的人，从而造成一种社交疏离感，这将对整体社会的有机构造造成损害。

二、智能设备、物联网与社交网络将深度融合

可穿戴设备之父，MIT 创新媒体实验室创始人 Alex Pentland 认为："可穿戴设备的功能是促进人的社交。"互联网实现了人与人、人与信息的连接，而随着智能设备、物联网的发展，将实现人与物、物与物的连接，从而扩展社交网络的覆盖范围。

由于技术的不断发展，大型主机被小型计算机超越，然后是 PC，直到最近的智能手机和平板电脑，正在崭露头角的是智能设备。每次计算的

版权声明

1.本书凡未特别注明来源的数据、图表,均来自首都互联网协会和DCCI互联网数据中心,任何媒体或个人未经授权不得以任何方式复制发布或发表。

2.转载或引用本书内容必须是以新闻性或资料性公共免费信息为使用目的的合理、善意引用,不得对本书内容原意进行曲解、修改,同时必须保留本书注明的"稿件来源",并自负版权等法律责任。

3.本书部分图片来自互联网,版权归各网站所有,本书引用部分内容并不意味着赞同其观点或证实其内容的真实性。

4.本书凡注明来源的文字、图片等稿件均为转载,版权归来源媒体和个人所有。如其他媒体或个人从本书转载或引用本书中的署名文章,须保留本书注明之来源,并请按规定向作者支付稿酬。

5.如本书引用文字、图片等涉及版权问题,请与DCCI互联网数据中心联系。电话:010—51281006